考古现场

再现消逝远去的古代场景

朱 真 著

台海出版社

目 录
CONTENTS

第一章

文明溯源：源远流长传千古

目 录
CONTENTS

第二章

神秘陵寝：长眠地下待人寻

目　录
CONTENTS

第三章

玄奥天书：文明遗迹岁月痕

目 录
CONTENTS

第四章

故都废墟：辉煌不再掩尘埃

第一章

文明溯源：源远流长传千古

元谋人：极具争议的人类始祖

元谋人、北京人、蓝田人……这一个个神秘的称谓淡淡地散发着让人疯狂的无尽魔力，一次次试探着人类的认知极限，留下幽深的迷惑黑洞。

这些远古人类难道就是"开天辟地"的神人？

人类最初源点的旗帜又该插在何处？

在这群神秘的远古族类中，元谋人是否就是人类的伟大始祖？

据目前人类的认知，元谋人大约生活在170多万年前。元谋人虽有很原始的南猿特征，但确已可被称为"直立人种"。他们不仅会制作、加工石器工具，而且极有可能已开始用火烧烤食物。

因为这一切仅仅是不敢称之为"事实"的推测，所以，一批又一批带着各种质疑的人加入寻找真相的大军中，而所有的谜团便要从两颗牙齿说起……

两颗牙齿改写了历史

在考古学界，曾有人戏言："在中国，随便一脚，就可能踢出个古董。"随着考古工作的不断探索，一个又一个令人震惊的绝世古迹重见天日，且呈层出不穷之势。在中国这片古老的大地下，似乎有着数不尽的秘密与挖不尽的宝藏。

1965年4月初，为配合国家在西南建设成昆铁路的大计划，中国地质科学院派出了地质学家钱方、赵国光、浦庆余和王德山等人组成的野外工作队，深入到云南元谋盆地，进行常规的地质勘探工作。

云南元谋盆地，位于云南省北部，是滇中高原上最低的一个盆地，海拔1100米左右，属亚热带气候。盆地被东侧海拔2500米的东山与震旦纪的低矮山梁包裹。考古学家则称其为早期人类进化的理想环境，与东非的早期人类化石产地地质环境极其相似。

地质考察队在做足准备工作后，开始了有目的的考察。同年5月1日，工作队来到了大那乌村进行第四纪地层和新构造运动调查。当地的老者告诉他们，村东山沟里有化石。兴奋的队员们匆匆赶往老人指点的地方开始寻找。下午5点，钱方发现了几颗半露出地面的云南马化石，紧接着，又发现了类似人类牙齿的化石。

在经过一番研究后，工作队的所有地质学家都不敢确定这到底是否属于人类的牙齿化石，于是，这两颗牙齿化石被紧急运往了北京。著名古人类化石家胡承志先生对其进行了考究，推测其为口腔上内侧的两颗门牙。牙齿齿冠部分较完整，齿根末梢残缺，表面有许多碎小的裂纹，牙齿粗壮，外侧平坦，内侧非常凌乱，具有显著的原始性质。

于是最终鉴定，这两颗化石的形态与北京人同类牙齿基本相似，该化石"主人"属于直立人类型，后被定为直立人种元谋新亚种，一般简称为元谋人。

正应了那句"戏言"，考察队偶然的"一脚""踢"出了个宝贝。并且考察队"踢"出的这两颗化石，其价值远非一般古董可比。

胡承志先生把这些牙齿化石与其他牙齿比较后，发现元谋人牙齿与北京人同类牙齿都呈铲形，它们的基本形态极其相似，差异则微乎其微，远不及元谋人牙齿同南猿类型牙齿之间的差异。这一部分反映了元谋人与猿类接近，可能为纤细种南猿的后系，同时也反映了元谋人同北京人的血缘关系。

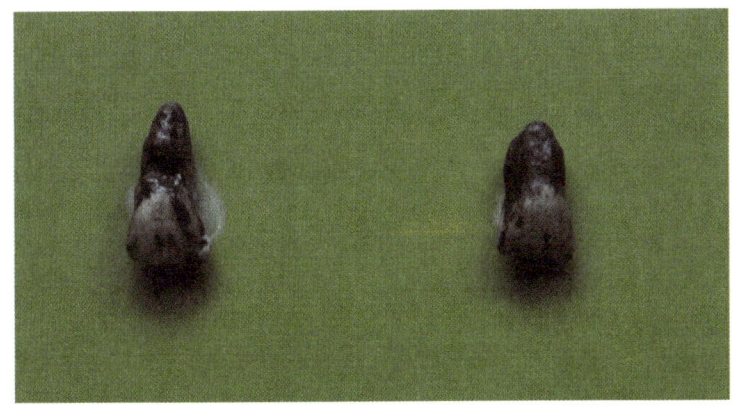

元谋人牙齿化石

云南省博物馆藏。

由此可以推断出，以元谋人上中门齿为代表的原始人，是我国迄今发现的早期直立人类型的代表，同时可能属纤细种南猿的后系。元谋人形态上与北京人的不同之处，正反映出元谋人的原始性，它处于纤细种南猿向直立人的过渡阶段。这样的解释也填补了人类由猿到人进化过程中的一段空白。

元谋人的低调出世，丝毫没有减弱它所带来的轰动。原本信奉北京人为中国最古老的人种和"东人西来说"的各国专家们纷纷震惊于这一重大发现。同时，世界各地的不少考古专家在进一步的论证下，质疑声更是微乎其微。元谋人是中国最古老的人种已逐渐成为一个不争的事实。

而这个事实，把中国发现的最早人类化石的年代向前推进了一百多万年。这两颗质朴且残缺的牙齿所带来的历史意义和科研价值也远非今人所能想象。

元谋人所处年代之争

1972 年，在美国总统尼克松访华期间，新华社向全世界发布了发现元谋人的重大新闻。这是自 1965 年发现元谋人的两颗门齿后首次公开对元谋人的肯定。然而，这一公开肯定并没有让围绕元谋人年代的质疑声消失，甚至使对元谋人的质疑波及了全世界。

在众多的争议声中，大致有两种看法影响最大。一种意见认为元谋人的门齿化石出土的地层大约有 160 万年到 180 万年的历史，属早更新世晚期。这是中国科学院用古地磁法测定出的结果。而另一种意见认为，化石地层应为中更新世，因为古地磁年代不应超过 73 万年，即可能距今 60 万～ 50 万年或更晚。

1976 年，中国科学院地质力学研究所的李普等人用古地磁方法，测定元谋人的时代为距今 170 万年。随后，地质研究所和贵阳地化所分别采集元谋组古地磁样，并得出基本相同的结果。

古地磁年代测定法，主要根据地球磁性的变化规律来测定年代。有不少人认为，地球的南、北两极从未停止过偏移，甚至每几十万年，就会发生一次南北极倒转，所以，古地磁法不可能断定出准确的年份数值，只能产生相对年代，这就会造成非常大的偏差。所以，中国科学院运用此法对元谋人年代做出的结论一直没有得到广泛认可，并且备受争议。

鸡形陶壶

元谋大墩子遗址出土。夹砂灰陶，身部戳印点线纹，背部、尾部饰贴塑乳钉纹。形似昂首翘尾的雄鸡。国家一级文物。

旧石器时代　手斧　9.5厘米 ×6.9厘米 ×2.2厘米

有人提出，为什么不能做同位素测定呢？时任北京自然博物馆馆长的周国兴解释说："C14的同位素法，一般只适合测定四五万年以下的年代，因为动植物遗体中的碳，随着时间的推移会不断衰减，一过四五万年，就无法测定了。"

2005年5月，考古专家黄慰文受邀查看富源县遗址，途中顺道去看元谋人遗址。然而，这次随意的"看看"因网纹红土测定法而注定了不寻常。

网纹红土测定法是直到目前为止世界上最科学的土层年代判定方法。网纹红土，是一种表面有纹路的鲜红色的土层，它是在80多万年前，因长期的湿热气候促使岩石产生化学反应及风化而成，在今天长江以南许多地方仍然可见。黄慰文说，叫"网纹"只是通俗的说法，其实纹路是一层一层的，更准确应叫"蠕"纹，就像虫子爬过的那种蜿蜒痕迹。它有两大最明显特征，呈鲜红色、网纹十分清晰，没有其他任何一种土壤能同时具备。

而早在1986年，网纹红土层测定法就成功运用到了旧石器时代的国际大考察中。这也使黄慰文坚定了信心，迫切想考察元谋人遗址的红土层，破解元谋人所处年代的世纪难题。

黄慰文等人仔细考察了元谋人遗址的红土层，最终确定其为网纹红土。而凡是有网纹红土的存在，那一定是80万年前的土层！而根据网纹红土的酸性特质，此土层是无法保存动物遗体的，这在以往发现的网纹红土层中已得到了很好的验证。所以，元谋人的这两颗牙齿，应该是深埋在更下面的土层中。而当时现场发现的情况与推测基本吻合。

那么元谋人的年代，便要早于红土层的年代，至少不会晚于距今80万年。但这丝毫不影响这样一个事实——元谋人是迄今为止发现的中国最早的人祖。至于，170万年之说是否属实，便有待于人类的进一步考证了。

当之无愧的中国最早人类

如何定义人类，一直是所有人类学、社会学等学科专家的本源课题。以今人的眼光来看，那些百万年前所存在的"族类"，是否可以用"人类"这个熠熠生辉的词汇来形容呢？而以当时的条件来讲，又应该以怎样的标准来衡量它们呢？

元谋人石器模型　上海自然博物馆藏。

就目前人类的认知来讲，"人类"标准应该包括能制作使用工具和语言能力。而鉴定最初的"人类"，火无疑也是一大重要依据。所以，可以说，在非常原始的条件下，能具备这三条标准中一种的"族类"，我们便可称其为"人类"。

那么，备受争议的元谋人是否可定义为中国最早的人类呢？

自1965年5月出土两颗牙齿之后，中国的考古专家们就没有停止过对元谋人遗址的发掘工作。数年间，这里出土了大量极具研究价值的古物，它们身上所携带的宝贵信息，一次次有力地回应着国内外的质疑。

最开始伴随元谋人牙齿出土的，有17件石制品，经鉴定，全为旧石器。这些石制品由石英岩打制而成，类型有石片、石核、尖状器、刮削器等，器身都带有比较明显的人工痕迹。最具代表性的是出自该地层的三件刮削器。这三件石器边缘都经过简单的加工，绝不是最原始的石器。这些石制工具是我国发现与人类化石伴生的最早石器。这也充分说明170万年前的元谋人已经开始使用石制工具了，并且已有意识地做进一步的加工了。仅凭这一点，元谋人便可被称为货真价实的最早人类。随着元谋人遗址发掘工作的深入，更多元谋人的生活面貌慢慢呈现在世人眼前。1973年，中国科学院古脊椎动物与古人类研究所、云南省博物馆、元谋县文化馆联合发掘了元谋人遗址。地层中出土了6件石器，3个层位中分布有大量的炭屑。这些炭屑多分布在黏土、粉砂质黏土中，少量夹在砾石透镜体内。炭屑分布很不均匀，有的地方很集中，呈蜂窝状；有的地方较零散，呈星点状。在炭屑附近，考古队员还发现了两块颜色发黑的动物化石，经鉴定，应为烧骨。然而，烧骨的产生是自然火所为还是人为用火的结果，已无从考证，不过根据周围的环境大致推断，这很可能是元谋人使用的火堆遗存。如果属实，那么，此点无疑使人类的用火文明史向前推进了一百多万年。

　　这就说明，元谋人不仅会使用经过自己加工的工具从事狩猎和采集活动，而且极有可能已学会用火，利用火烤食他们所获取的猎物，开始摆脱了茹毛饮血的时代。而这一切，正是人类文明起源的标志。因此，任何人都不能否认——元谋人是当之无愧的中国最早的人类。

蓝田人：开始制作工具的智能人

20 世纪 60 年代，长眠在陕西西南和东南的蓝田人重现世界。随后，蓝田人便被确认为新出现的人种。这是自在周口店发现古人类化石以来，由中国考古专家发掘的又一重大古人类遗址。

那么，新发现的蓝田人是否可以终结北京人的神话呢？

而自蓝田女人惊艳出世后，大批醉心于考古的专家学者，便急不可待地向陕西蓝田地区吹响了冲锋的号角。

波折的发掘之旅

1921 年周口店发现的北京人让整个世界着实兴奋了很久。这个惊世的大发现在改写人类进化历史的同时，也激励了很多孜孜不倦潜心于探索发掘的考古专家。很多专家都坚信，中国大地上的最早人类绝不会止步于北京人，一定还会有许许多多更早的人类遗迹深埋在某个地方。

在经过多年的精心探察后，20 世纪 60 年代的中国考古学界把目光重点集中在了少数的几个地方。其中，首先有组织地进行发掘的便是位于陕西西南和东南的蓝田盆地。

蓝田县之所以被众多专家定为首先发掘的地点，是因为它独特的地质构造。据古地质学家和古人类学家的联合研究发现，蓝田盆地自创世起，就堆积了大量从秦岭和骊山上冲刷下来的泥沙、石块，形成了几千米深的巨厚堆积层，加之季风从西北吹来黄土，形成了厚厚的覆盖层。地壳运动和河流的切割作用，使这一带林立着沉积地层的剖面，成为一个天然的地质博物馆，许多地层中蕴藏着丰富的化石和遗物。而这些深埋在地层中的化石和遗物无疑就是所有人类

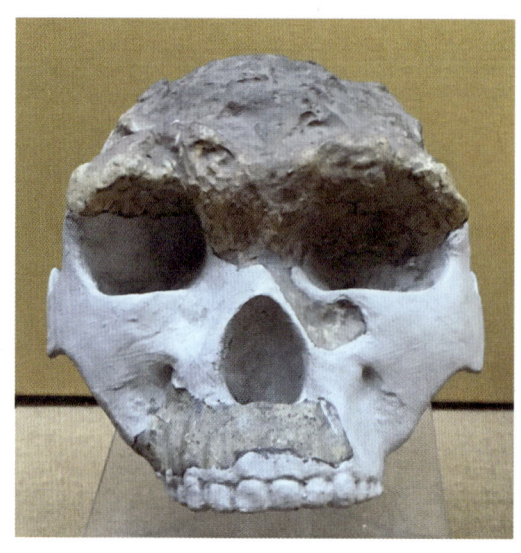

蓝田人头骨化石

中国北京自然历史博物馆藏。

考古学家梦寐以求的宝贝。

　　1963年夏，中国科学院古脊椎动物同古人类研究所组织了一支考察队进驻蓝田地区进行初步发掘。这次先遣考察队的发掘工作还算顺利，基本没有遇到较大波折。就在蓝田泄湖镇陈家窝村，考古专家张玉萍、黄万波有了可喜的发现——他们在大约30米厚的红土层中发现了一枚古老人类的下颌骨化石。这就更坚定了中国考古学家对蓝田盆地的发掘信心。

　　中国科学院迅速组织了一次"蓝田大会战"活动，全国多家科研机构的几十名专家组成了多支野外专家考察队，由著名考古学家贾兰坡先生带队，奔赴蓝田进行大规模的综合考察。然而，接下来在蓝田盆地的发掘工作并没有像一开始那么顺利，可谓是充满了波折。

　　工作队到达蓝田盆地后，首先准备赶往蓝田北岭的三官庙地区进行勘查。但是在行至公王岭的时候，大雨便滂沱而至。无奈之下，工作人员便到附近小村子里避雨。当地的老乡清楚了他们的来意后，告诉他们三官庙的龙骨不是太多，要找龙骨的话应该到公王岭，那里的龙骨非常多。于是，工作队的专家们经过商讨，决定先改变原定的计划，按照老乡的指示，去公王岭进行发掘。

　　公王岭在蓝田县城东南17千米处，是灞河左岸最高的一级阶地，前临灞河，后依秦岭。登上公王岭，即发现厚约 30 米的砾石层，上面覆盖着厚约 30 米的"红色土"。并且公王岭与位于灞河右岸的陈家窝——也即最早发现人类化石的地方隔河相望。在经过一番勘查后，考古工作队的专家们便激动不已，这里有着完整的地层，地层中蕴含着丰富的古动物化石和遗物。但令人遗憾的是，此处地层中的钙质结核比较坚硬，并且埋藏在其中的化石因为潮湿的环境而很脆弱，发掘工作很难展开。无奈之下，考古工作队抱着谨慎的态度，让经验丰富的技工尝试挖掘一颗半露半掩在钙质结核中的牙齿化石。不料牙齿在挖掘时还是很脆弱地断裂了，剩下的一半还留在结核里。没有完整的化石，便等于完全没有判定的可能性。而此时雨还依然在下。

工作队员决定继续发掘，在大雨之中硬是一点一点地把剩下的半颗牙齿清理了出来。破裂的化石最终完整地合在了一起。这颗颇费周折的牙齿化石没有让考古队员失望，经贾兰坡先生初步鉴定，它确实是一颗古人类牙齿。

公王岭化石惊现蓝田女人

在发现古人类牙齿的兴奋之余，考古工作队向贾兰坡汇报了公王岭的发掘困难情况。令人倍感惋惜的是在接下来的发掘中，由于这里特殊的地质状况，损失了很多化石。贾兰坡当即指示改用套箱法采集化石。

工作人员遵照贾老的指示，将化石连同堆积物整块采集下来，根据化石块的大小制作出箱子的四面，然后将化石块套入箱中，先封上顶，再翻过来封上底，打算把这些化石打包运回北京做进一步清理。

1964 年秋，众多考古专家在北京开始清理这批公王岭带回来的化石。其中，有块重达 800 千克的超大化石，是在发现古人类牙齿的地方挖掘出来的，因此受到了大家的特别关注。随着清理工作的不断深入，剑齿虎、熊、三门马、大角鹿等化石一个个被剥离出来，可古人类化石却始终未发现。直到化石被剥到脸盆那么大时，终于发现了一颗人牙。而让考古工作队专家们彻底陷入疯狂的是一块人头骨的出现。

这块人头骨有着比较完整的头盖骨和额骨、大部分顶骨、右侧的颞骨和上颌骨、大部分左鼻骨和右鼻骨的鼻根部，上面还有两颗牙齿。经过鉴定发现，这是世界上发现的为数不多的猿人头骨化石之一。该头骨属于一名 30 岁左右的女性。据初步推断，这个蓝田女人大约生活在 100 万年前，并且是新出现的人种。因此，专家们便按照其出土地为其命名，定为直立人蓝田亚种，简称为蓝田人。之后，蓝田女人的大名迅速传遍世界。

陈家窝与公王岭的定代争议

这次在蓝田盆地的大发现，在轰动整个世界的同时，也同时抛给了中国考古学界一个难题。那便是如何定义公王岭与陈家窝这两处出土人骨化石的地方。

从出土化石的种类来讲，公王岭的红色土中，发现哺乳动物化石 42 种，不但包括较多的华北中更新世常见种属，如中国缟鬣狗、李氏野猪、三门马和葛氏梅花鹿等，而且存在少量的第三纪残存种和第四纪早期典型种，如蓝田剑齿虎、中国奈王爪兽、更新猎豹和短角丽牛等。这表明公王岭人类化石的时代比北京人要早，属中更新世早期，相当于印度尼西亚爪哇岛发现粗健直立人化石的哲蒂斯层，或阿尔卑斯冰期系列的贡兹—明德间冰期。在陈家窝共发现哺乳动物化石 14 种，多半也可见于公王岭，但也有晚更新世的动物。

从出土化石的人骨概况来讲，公王岭的头骨化石包括完整的额骨、大部分顶骨、右侧的颞骨和上颌骨、大部分左鼻骨和右鼻骨的鼻根部以及 1 颗左上第二臼齿，同属于一个 30 多岁的女性个体。头骨有许多明显的原始性状。眉脊硕大粗壮，在眼眶上方几乎形成一条直的横脊，两侧端明显向外侧延展。眉脊与额鳞之间的部位明显缩窄。额骨非常低平。头肌骨壁极厚，同北京人、爪哇人头骨相比较，蓝田人头骨各部分的厚度基本上都位于它们的变异范围的上限，有些甚至超过最大数值。例如，顶骨前囟点附近的厚度，北京人的 6 个头肌的平均值为 7 ~ 9.9 毫米，爪哇人的 4 个头骨平均约 5.5 ~ 10 毫米，蓝田人则为 16 毫米。蓝田人头骨的高度是所有直立人中最低的一个。蓝田人的脑量估计为 780 毫升左右，而爪哇人为 775 ~ 990 毫升，北京人为 850 ~ 1300 毫升。蓝田人比爪哇人和北京人都古老，只有爪哇的莫佐克托人可与之相比。

而陈家窝发现的下颌骨属于一个老年女性，其形态总的来说和北京人的一致，但也不完全相同。原研究者把这个下颌骨和公王岭的头骨归至一起，称为蓝田人。但是，不少学者认为，这两件标本所显示的原始性状程度明显不同，两个地点的时代又有先后之分，建议给公王岭头骨另立新种蓝田人；给陈家窝下颌骨以"直立人陈家窝亚种"的学名，亦可俗称为陈家窝人。

另外从出土化石的地域色彩来讲，公王岭出土的动物骨化石具有强烈的南方色彩。例如大熊猫、东方剑齿象、华南巨貘、中国貘、毛冠鹿和秦岭苏门羚等，都是华南及南亚更新世动物群的主要成员。公王岭动物群中存在着这么多的南方森林性动物，一方面表明当时蓝田一带气候温暖、湿润，林木茂盛；另一方面也表明那时的秦岭不像今天这么高，还未隆起成为妨碍南北动物迁移的地理屏障。而陈家窝与公王岭不同，缺少带有强烈南方色彩的哺乳动物，软体动物也基本上都是现代生活于华北的种类。有的学者认为，两个地点的直线距离只有 22 千米，动物群却存在如此大的差别，这一事实也反映了时代的不一致。

所以，目前考古学界普遍认为，陈家窝的时代晚于公王岭，大致和北京人的相当；也有人认为可能与公王岭相同。最终，用古地磁法测定的年代数据表明，公王岭出土的化石要早于陈家窝。

开启人类制作工具的先河

蓝田盆地的考古发掘，在带给世人人骨化石的同时，也奉献出了众多的早期人类石器工具。仅最初发现的就有 200 多件粗糙石器。其中，从公王岭含化石下颌骨化石层和稍晚层位中发现的有 13 件，另外一些则出自附近与该地层相当的二十来个地点。这些石制品本身的技术差别不大，目前暂时把它们都看作蓝田人的文化遗物。

这些石器主要分为大尖状器、大小各种多变砍砸器、刮削器和石球，还有一些石核和石片。石制品的原料除极少数为脉石英外，绝大多数是采自当地河滩的石英岩砾石所制成的，不少的石制品还保留有原砾石的岩面。匼河石器的制法主要是锤击法和碰砧法，也有砸击法，有的用原砾石的平面做台面，有的则用已打过石片的疤痕做台面。石片大多宽短。石器器形有砍砸器、刮削器、大三棱尖状器、小尖状器和石球等，多用石片加工而成，也有由石核制成者（如

旧石器时代 工具 12.85 厘米 × 7.95 厘米

旧石器时代中期　石器　8.4厘米×5.4厘米×2.1厘米

石球等）。砍砸器分单面刃和双面刃两种，刮削器则多为单面加工，即从劈裂面向背面加工而成。

在石器中，最有特色的是大尖状器。它的断面呈三角形，又称"三棱大尖状器"。除蓝田外，这种石器在丁村遗址、匼河文化、西侯度文化和三门峡市等地点中也有发现。上述地点均位于"汾渭地堑"及其邻近地区，表明大尖状器是这个地区旧石器文化的一个重要内容。在蓝田只发现一件石球，制作粗糙，与丁村、匼河、三门峡市等地点发现的石器比较接近。蓝田的砍砷器、刮削器没有什么特色，制法和类型都和华北其他旧石器时代早期地点的差不多。而其中最早的便首推蓝田地区。

这些出自蓝田的石制品，它们的加工技术粗糙，有单面加工和交互加工工具。器形多不规整，对原料的利用率也较低，表明当时的石器制作技术仍具有一定的原始性。但这始终不影响我们对蓝田人在制作工具方面所做努力的肯定。至少，这些远古最早期的智能人类已经开始尝试着运用工具来更方便地狩猎和采集，有时甚至会粗糙地加工工具。于是，这也就开启了人类制作工具的先河。

北京人：现代中国人的直系祖先

20世纪20年代，北京人的横空出世振奋了整个中华民族。可以说，它在中国的古人类化石考古方面，具有划时代的意义。并且这种影响波及了整个世界。1987年，北京人遗址被联合国教科文组织正式定为世界文化遗产。

然而时至今日，北京人依然存在着众多的研究难题；还有在战争期间神秘失踪的北京人头盖骨化石始终杳无音信。因此，想要完整解读北京人身上的秘密，仍需我们不断地努力。

不分国界的考古发掘

纵观人类的整个发展史，但凡有重大的发现，都不是靠某个人甚至某个国家的力量所能完成的。这在考古发掘中表现得尤为突出。而其中参与国家较多、影响人类史巨大的便当推20世纪周口店"北京人"的考古发掘了。

可以说，从发现北京人到一路探察发掘凝聚了全世界优秀的人类考古学家和地质学家的心血。而这一切的开始便是因为德国医生哈贝尔的中国之行。20世纪初，德国医生哈贝尔在离开中国时，带回了被中国人称之为"龙骨"的药材。他把这些奇特的药材送给了当时德国著名古脊椎动物学家施洛塞尔教授。令人吃惊的是，教授在这些药材中发现了一颗介于人与猿之间的牙齿化石。

这个振奋人心的消息吸引了世界大量的人类考古学家和地质学家。1914年，瑞典著名地质学家安特生受邀成为中国政府的矿产顾问。安特生爱好广泛，学识渊博，不但是一位享有盛名的学者，还是一位出色的探险家。他在随后的几年里到处寻找关于"龙骨"的信息。

1918年2月，安特生偶然遇见了在北京任教的著名化学家麦格雷戈·吉布。

后者向安特生出示了一些包在红色黏土中的碎骨片，说是刚从周口店附近一个名叫鸡骨山的地方采到的，并提及类似堆积物的石灰岩洞穴在周口店一带极多。于是，安特生迫不及待地来到了周口店地区，随后便在鸡骨山发掘出一批动物化石，但他并没有发现似人或猿的骨骼化石。尽管如此，周口店地区还是引起了安特生的特别兴趣。

1921年夏，安特生再次前往周口店地区进行考察，这次同行的还有美国古生物学家格兰阶和奥地利古生物学家斯坦斯基。在当地一位老乡的指点下，他们一行人来到了位于鸡骨山背面1千米的龙骨山。而就在这里，他们有了重大发现。这里不仅有大量的动物化石，而且在洞穴堆积中竟然出现了石英片，而石灰岩洞穴本身是不可能有石英片的。安特生意识到这应该是外来的岩石。由此，他大胆地预测：这里一定有着古人类的化石。

两年后，斯坦斯基主持了周口店地区的发掘工作。这次发掘发现了一颗磨蚀严重的人类牙齿化石，后来又从中找到另外一颗损毁不太严重的人牙，这两颗人牙由斯坦斯基做了记述，鉴定为人属。这便是龙骨山发现的最早的古人类化石，后来交由参加过周口店发掘工作的瑞典古生物学家步达生先生保管。

1927年，安特生与步达生的发掘工作得到了美国洛克菲勒基金会的支持。于是，他们组织了一支考察队，开始对周口店地区进行系统的发掘。当时，中国方面的地质学家李捷先生以及刚从地质学院毕业的裴文中也参与了这次发掘。这次的发掘工作取得了可喜的成就，考察队从大量的龙骨化石中，找到了一颗保存完好的古人类牙齿化石。经研究，众专家认为这代表一种新的原始人类。当时在北京大学任教的古生物学家葛利普为其起了一个新的种属名称，叫作中国猿人北京种，后来也被称为北京中国猿人，中国猿人这一名称也首次被世界考古界承认。

1928年，从德国学成归国的古生物学家杨钟健也参加了周口店的发掘工作。这一年的发掘收获更加丰富，他们发现了两枚"北京人"的下颌骨，其中一枚还保有3颗完整的牙齿。同时，发掘也进入了新的地质层次——堆积层。

1929年，法国著名古生物学家和地质学家德日进在对周口店的发掘工作做了一番指导后，与杨钟健赶往陕西考察新生代地层。周口店的发掘工作则由裴文中主持，这次的发掘收获更大。其中最令世人震惊的便是一颗埋藏于地下几十万年的北京人头盖骨，并且头骨比较完整。这次发现把人类的历史向前推进了 50 万年，并因此被评为 20 世纪古人类学界最重要的发现之一。周口店北京猿人遗址也迅速名震全球。

另外，后来的魏敦瑞以及贾兰坡先生等众多考古学界和地质学界的专家们，也都相继参与了这项 20 世纪的重大考古发掘工作。从发掘前线到后方研究，这项考古事业汇聚了大量的知名人士，这也使"北京猿人"的发掘工作进展非常顺利以及后续研究工作有步骤且成熟、完善地展开。这些考古学家不分国界，一心舍身考古事业，为北京猿人的考古做出了特别贡献。直至新中国成立，周口店的考古发掘工作一直得到世界考古学界的大力支持与指导。

揭开人类进化的神秘面纱

周口店出土的北京猿人头骨，在带给各国古人类考古学家震惊与兴奋的同时，也忙坏了众多考古专家。步达生先生便是由于在北京猿人的研究工作期间忘我工作，于 1934 年病逝的。之后，这项工作便由著名的美籍德裔人类学家魏敦瑞接手。

通过研究发现，北京人头骨的最宽处在左右耳孔稍上处，向上逐渐变窄，剖面呈抛物线形。这与现代人头骨的最宽处上移到脑颅的中部不同，和尼安德特人相比也低一些。北京人的头盖骨低平，额向后倾，虽已比猿类增高，但低于现代人，比尼安德特人也稍低。北京人的脑容量约为 1059 毫升，介于猿和现代人之间。他们的头盖骨比现代人约厚一倍。眉嵴粗壮，向前突出，左右互相连接。颅顶正中有明显的矢状嵴，头骨后部有发达的枕骨圆枕。北京人面部较短，吻部前伸，没有下颏。有扁而宽的鼻骨和颧骨，颧骨面朝前，这表明他们有宽鼻子和低而扁平的面孔。下颌骨的内面靠前部有明显的下颌圆枕。他们的牙齿，无论齿冠或齿根都比猿类弱小，齿冠的纹理也简单，但比现代人粗大、复杂得多。另外，犬齿和上内侧门齿的舌面，有由底结节伸向切缘的指状突；上内侧和外侧门齿的舌面为明显的铲形。

北京人的头部保存的原始性质和爪哇人相似，因而它们同属于直立人发展阶段。北京人的门齿呈铲形，有宽鼻子和低而扁平的面孔，下颌骨内面靠前部有下颌圆枕等，又表明他们具有明显的现代蒙古人种的特征。

北京人的下肢骨髓腔较小，管壁较厚（股骨的髓腔只占骨干最小直径的1/3，现代人则占1/2，胫骨的髓腔更小），但在尺寸、形状、比例和肌肉附着点方面都已和现代人相似，这证明他们已经善于直立行走。北京人的上肢骨除了髓腔较小、管壁较厚外，和现代人的接近程度更甚于下肢骨，说明他们的上肢已能进行与现代人十分相似的活动。北京人的身高，从发现的一条比较完整的股骨长度推算，约为 1.56～1.57 米。这些特征使得北京人成为人类进化链条上的重要一员，为"从猿到人"的进化学说提供了重要的依据。

北京人基本保留了古猿的某些特征，但手脚分工明确，能够制造和使用工具，处于猿类与人类的中间阶段。这就很好地证明了人类从猿进化到人的论断，解决了中国本土人的来源疑问，同时也填补了整个人类进化史的空白。

头盖骨失踪谜团

在周口店地区，自第一枚北京猿人头盖骨出土之后，考古专家继续辛苦发掘，于 1936 年又发掘出了 4 枚头盖骨。这 5 枚头盖骨被一直保存在协和医学院的地下室。之后由于战争爆发，北京猿人化石的研究工作便被迫中断。

然而，这 5 枚北京猿人头盖骨化石也引起了日本侵略者的关注。在这种情况下，这批国宝很难不落入日本人的魔掌。当时地质调查所所长翁文灏及一批考古学者认为，最好的办法便是把北京猿人化石先送到美国，由美国友人暂时保管。

1941 年，新生代研究室主任裴文中带人把化石打包装箱。这其中包括自发掘以来，先后发现的 5 枚猿人头骨、12 枚下颌骨、10 颗牙齿、10 余件体骨等重要化石。这批化石整整装了两大箱，很快便被悄悄地运上火车。然而，随后所出现的情况是任何人都没有预料到的。

这批化石的运送，原本是打算在被美国海军陆战队的专列送到秦皇岛后，就会有专门的人秘密接收，然后将化石送上"哈里逊总统"号船上，从海上运往美国。不巧的是，这期间，美日正式宣战，太平洋战争爆发，而秦皇岛的美国海军军营被日军占领。这批没有来得及运出的北京猿人化石便被日本人控制住了。当接收者收到行李时，装有化石的两个箱子已经不见了。裴文中等人怎么也想不到打包前的最后一面，竟是和这批北京猿人化石的诀别。

虽然，各国政府以及众多考古专家学者，自发性地对失踪的这批人类化石进行了不遗余力的寻找。然而收效甚微，北京猿人化石如同石牛入海，杳无音信。直至新中国成立，中国政府也没有放弃过对这批国宝的追踪搜寻。这批失踪的化石也成为无人可解的谜团。

古人类生活的"百科书"

持续了大半个世纪挖掘工作的周口店遗址，并没有让众多考古专家失望。北京人遗址成为世界上出土古人类遗骨和遗迹最丰富的遗址。先后发现5个比较完整的北京人头盖骨化石和一些其他部位的化石，还有大量的石器和石片，总计十万件以上。这些数量庞大的人类化石及古人遗迹，向世人展现出了一个全面的古人类生活的画卷。

周口店遗址中出土的遗物，最为引人注目的便是石制品和用火遗迹。石器以石片石器为主，石核石器较少，且多为小型。原料有来自洞外河滩的脉石英、砂岩、石英岩、燧石等砾石，也有从2千米以外的花岗岩山坡上找来的水晶。

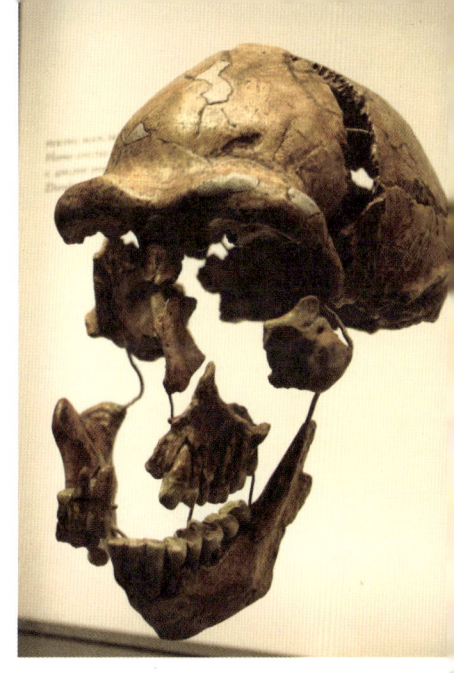

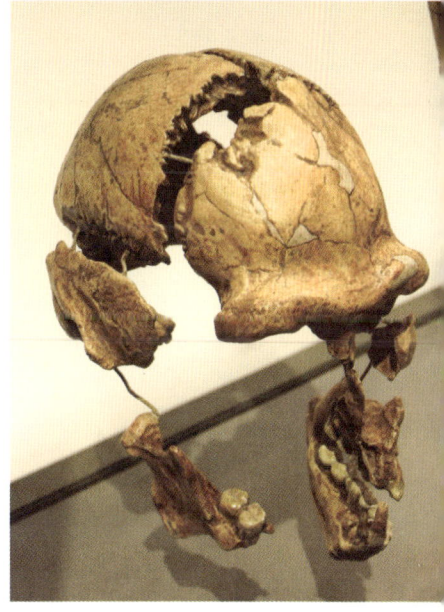

北京人头骨碎片
美国史密森尼国家自然历史博物馆藏。

他们用砾石当锤子，根据石料的不同，分别采用直接打击法、碰砧法和砸击法打制石片。其中，用砸击法产生的两极石核和两极石片，在全部石制品中占有很大比重，这构成北京人文化的重要特色之一。

石器有砍斫器、刮削器、雕刻器、石锤和石砧等多种类型。他们挑选扁圆的砂岩或石英砾石，从一面或两面打出刃口，制成砍斫器。这类石器的尺寸较大。"刮削器"系用大小不同的石片加工而成，有盘状、直刃、凸刃、凹刃、多边刃等形状，是石器中数量最多的一类。"尖状器"和"雕刻器"数量不多，但制作比较精致，尺寸小，有的只有一节手指那么大，制作程序和打制方法比较固定，反映出一定的技术水平。

而更令人感到兴奋的是，北京人遗址中出现成堆行的灰烬层，据推断应该是被管理的火堆。在洞穴的灰烬中，考古专家还发现了许多被烧过的石头、骨头等，说明北京猿人已经开始吃上了烧熟的食物。虽然目前仅认为北京人使用的是天然火，但这已经有着非常大的意义，可以说，这是人类跨入文明世界的一个重要标志。

可以试想，那时的周口店一带，森林茂密，野草丛生，猛兽出没。北京猿人将石块敲打成粗糙的石器，把树枝砍成木棒，凭借着极原始的工具同大自然进行艰苦的斗争。而打雷或火山爆发遗留下来的天然火，被聪明的北京人保存了下来。他们用火烤着东西吃，晚上睡火边，这样不但可以取暖，还可以赶走野兽。因为靠个人的力量很难活下去，他们往往几十个人在一起，共同劳动，共同分享劳动果实，过着群居生活，便形成了早期的原始社会。这一切都表明，生活在周口店的这群北京人已经开启了人类的文明发展史。

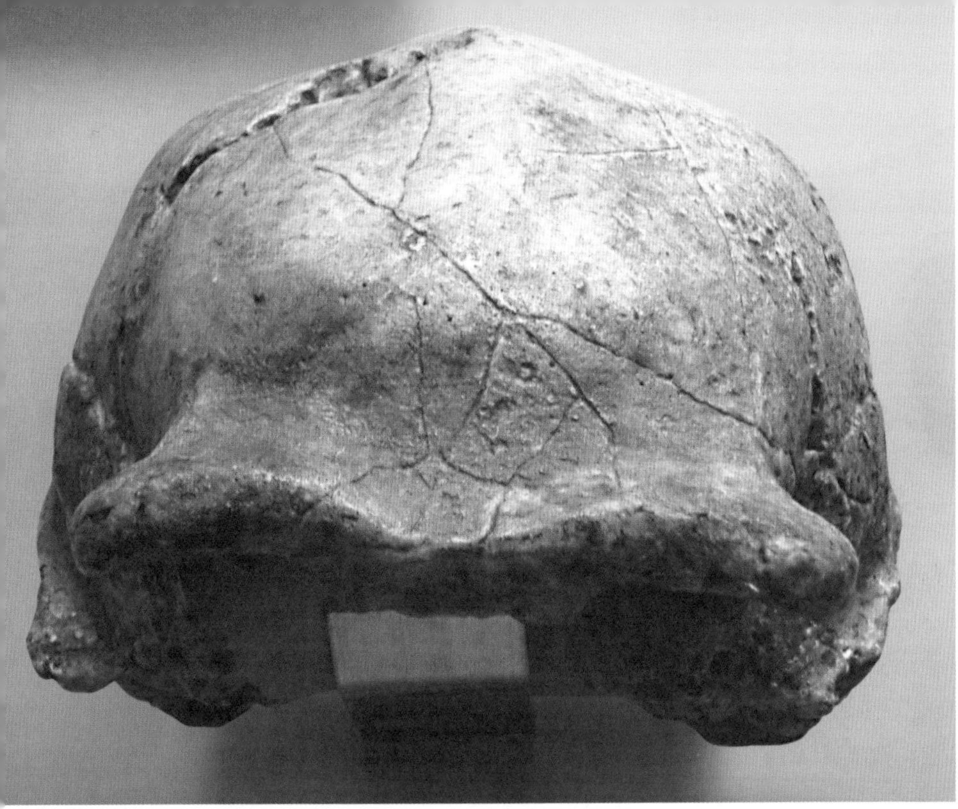

北京人头骨
瑞典哥德堡自然历史博物馆藏。

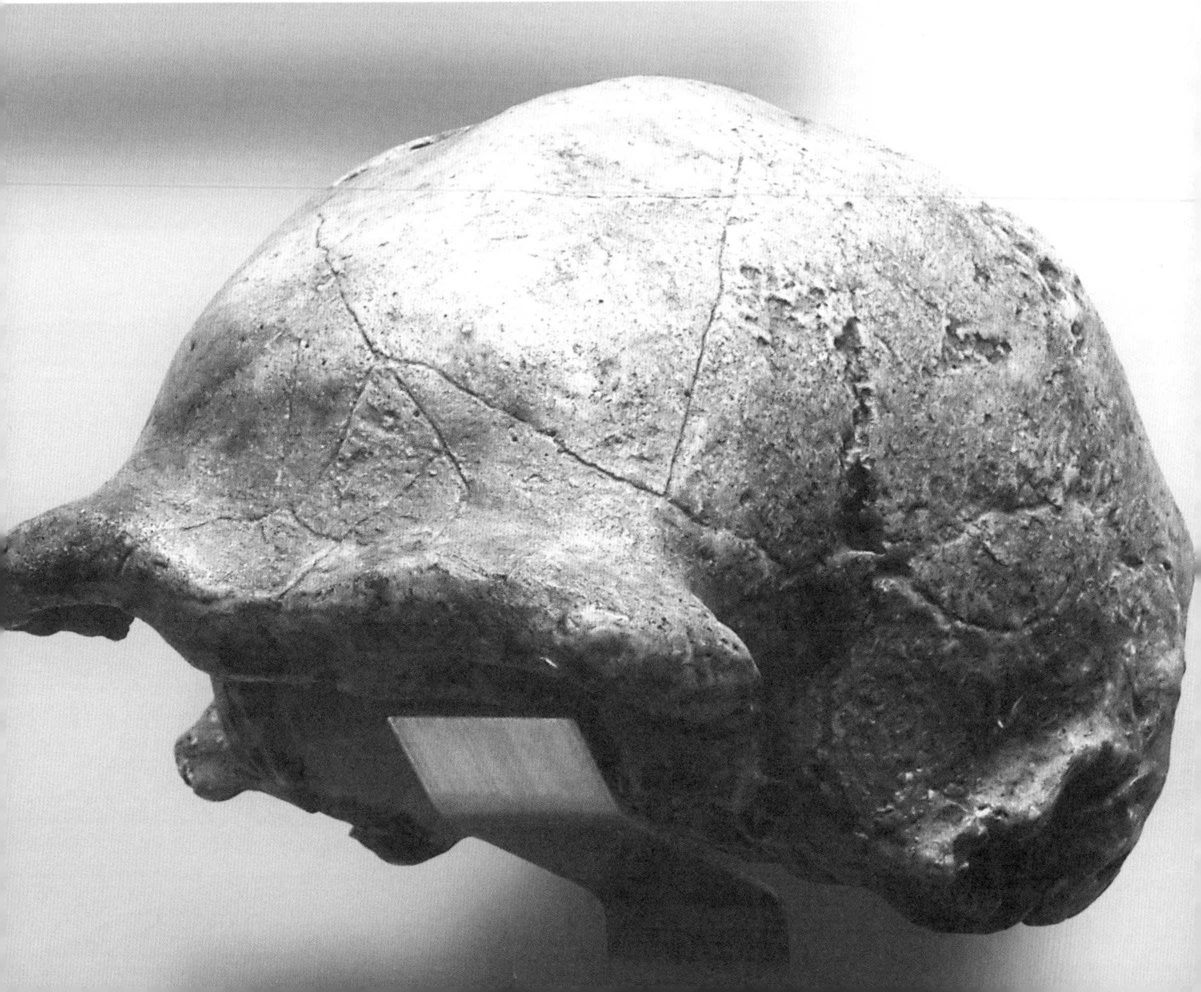

山顶洞人：初具社会形态的后期智人

名扬天下的周口店龙骨山，在发现了北京人遗址后，紧接着又带给世人一个更大的惊喜——山顶洞人。

山顶洞人拥有高度的智慧，非常发达的生产工具，强烈的审美意识及原始的信仰。这些都远远进步于北京人。

然而，同在龙骨山的山顶洞人是否为北京人的后裔？

山顶洞人是否真的已经进入母系氏族社会呢？

……

时至今日，考古学界依然无法对其盖棺定论。山顶洞人究竟有着怎样的神秘外衣呢？让我们本着谨慎的态度去一步步探究他的奥妙吧。

北京人后人的疑团

20 世纪 20 年代后，出土北京猿人头骨化石的周口店龙骨山名声大噪。龙骨山作为研究史前人类的宝库，吸引着越来越多世界各地的考古专家们前来考察发掘。这就为众多依然深埋在龙骨山中的古人类化石或遗迹，提供了重见天日的良好契机。

1930 年，中国考古学家裴文中，为弄清楚北京人遗址的南部边界，便带领着队员们一起清理龙骨山顶部的浮土。当山顶上的浮土被清除后，工作人员发现了一个小山洞。洞中有大量的胶结物，这些胶结物中包裹着大量的化石。这一情况引起了裴文中等考古专家的重点关注，大家都猜测可能会有北京猿人的化石遗迹。然而，当大批化石被清理出来后，裴文中等人都惊呆了，根据这些骨骼化石的特征，这很可能是比北京猿人更加进步的新人种。而这个新人种

山顶洞人头骨化石模型和石器模型　上海自然博物馆藏。

是否与北京猿人有着某些关系呢？

　　1933 年，考古工作队便重点发掘了这个龙骨山山顶洞穴。由于山顶的堆积层直接叠压在下层北京猿人遗址上方，工作队员便从最上层直接向下挖掘。经过清理后，洞穴的四个部分显现出来，分别为洞口、上室、下室和下窖。洞口向北，高约 4 米，下宽约 5 米。上室在洞穴的东半部，南北宽约 8 米，东西长约 14 米。在地面的中间发现一堆灰烬，底部的石钟乳层面和洞壁的一部分被烧炙，说明上室是山顶洞人居住的地方。在上室文化层中发现有婴儿头骨碎片、骨针、装饰品和少量石器。下室在洞穴的西半部稍低处，深约 8 米。发现有 3 具完整的人头骨和一些躯干骨，人骨周围散布有赤铁矿的粉末及一些随葬品，说明下室是葬地。下窖则是一条 3 米见方的裂缝，里边有许多动物的骨架，应该是这群原始人储藏食物的地方。在山顶洞堆积中发现的脊椎动物化石共 54 种，其中哺乳动物有 48 种，大多数属华东、内蒙古和东北地区的现生种。已经灭绝的动物只有洞熊、斑鬣狗和鸵鸟 3 种，仅占动物总数的 12.1%。由此表明，这个洞穴是晚更新世末期的洞穴遗址。

新石器时代　石刀　9.3厘米×2.9厘米×0.9厘米

新石器时代 狩猎工具

另外，考古工作人员共得到了 3 枚完整的人类头骨，还有一些零碎骨骼化石，大约属于 8 名年龄不同的个体，最大的要超过 60 岁。经过对这 3 个保存完好的头骨进行研究，著名的德国人类学家魏敦瑞认为，其中的男性老人与欧洲克罗马农人相似，一名成年女性头骨与美拉尼西亚人类似，而另一名成年女性则与因纽特人相似。魏敦瑞从这一事实出发，认为远古时代人的个体差异较之今日的人种差异较大。

不过从总体特征上，这些人的模样应该是比北京人进化更为完善的新人种。所以，考古学家便以其发掘地为其命名，称这个新人种为山顶洞人，这个龙骨山山顶的古人类遗址也被称为山顶洞遗址。

那么，山顶洞人会不会是同样生活在龙骨山的北京人的后裔呢？通过对出土各类化石及遗迹的鉴定，魏敦瑞等人推断，山顶洞人大约生活在 18000 年前，但北京猿人早在 30 万年前就已经离开龙骨山了。很显然，山顶洞人是从别处迁徙到达龙骨山，开始在这个山顶洞穴中繁衍生息的。

因此，山顶洞人与北京猿人是没有直接的传承关系的。他们是一种进化更加完善，时期晚于北京猿人的新时期智能人。

人工取火的智慧人种

山顶洞人作为比北京猿人更加进步的人种出现后，很快引起了全世界各个学科专家的关注。大批的各学科专家忘我地投入到对山顶洞人的全面研究中。

通过对山顶洞人的骨骼化石的研究发现，这群新出现的人种跟现代人在体质上没有太大的差别。山顶洞人的脑容量达到 1300 ~ 1500 毫升，非常接近现代人的脑容量，这为他们高度发达的智慧提供了生理上的基础；他们的身高也较北京人有了很大进步。在面部骨骼上，山顶洞人的头骨比较粗壮，额头倾斜，眉崤有些突出，仍带有很大的原始性，在人类的发展史上依然处于"新人"阶段，不过整体上已是非常接近现代人。

而通过对山顶洞人生活遗迹的全面研究发现，这群"新人"生活的各个方面都具有相当高的智慧。从山顶洞人洞穴中留存的灰烬遗迹看，考古学家们认为这里有人工取火的痕迹，判断山顶洞人已经完成了从保存火种到人工取火的质的飞跃。这也就表明山顶洞人已经完全脱离了动物界，他们已经是具备高度智慧的人类。

还有就是山顶洞人遗址中出土的石器。这些石器数量很少，只有25件，但大部分都非常精致，要比以往所发现的石器工具先进得多。同时出土的有比这些石器更加精良的骨角器。骨角器中除了一些打击骨器外，最有代表性的是一枚骨针。这件标本保存尚好，针眼上缘残缺，下缘至针尖保存完好。长82毫米；针身浑圆；针尖如芒；针眼由残存部分看，是挖刮而成的，说明山顶洞人已经掌握了磨光技术和钻孔技术。目前为止，这是我国已发现的最早的缝纫工具，由此可知，山顶洞人已懂得缝衣御寒。

此外，山顶洞人的食物来源也大大丰富了。通常情况下，他们是靠狩猎来维持生计，兔子、赤鹿、斑鹿、野猪、羚羊、狐狸等陆地动物都是猎捕的对象，还有一些飞鸟类和水生动物也成为他们的食物来源。这要比北京猿人的食物来源范围要大得多。

山顶洞人的所有化石及遗迹都充分表明，他们已经学会人工取火，各方面体质特征已非常接近现代人，已完全超越了北京猿人的整体发展。所以，毋庸置疑，他们是旧石器时代更具人类高等智慧的远古晚期智能人。

不可思议的装饰品

山顶洞人掌握了人工取火的方法，学会了制作比较精致的石器及骨角器。这些已经让考古专家们相当惊讶了，而最让人不可思议的是，这些"新人"有着非常强的审美意识，并且制作了大量的装饰品。

在山顶洞人遗址内发现装饰品共141件。在这些装饰品中，有穿孔的小石珠，穿孔的小砾石、海蚶壳、鲩鱼眼上骨、兽牙等。这些色彩各异的石珠、砾石、兽牙、鱼骨和海蚶壳等，大多被山顶洞人制成美丽的项链或者手链，挂在脖子或手腕上。他们还给绳子和小孔都染了色，染料大多是粗糙石器在赤铁矿石上研磨出来的粉末。可以看出，山顶洞人制作这些装饰品颇为认真，要求也极其完美。

其中穿孔石珠多用白色石灰岩薄片制成，看起来更像四方或多边形。据推测，这些石珠的制作，是先用石器将石块打磨平整，然后放在小石块上用尖状器钻孔，钻到差不多时，再开始从钻孔的背面打磨，直到磨出孔为止。而这种磨制和钻孔技术，直到几千年前的新石器时代才成为制作石器的流行工艺。

另外出土的装饰品中，兽牙占最大比重，超过120颗。这些穿孔的兽牙是男性佩戴的饰品。他们希望用成串的兽牙来显示自己的强悍，表现自己狩猎技术的高超，以求得异性的青睐。穿孔的兽牙大多是猩猩、狐等小型食肉动物的犬齿，偶尔也有鹿类的犬齿。考古学家们普遍认为，山顶洞人使用犬齿，不仅因为犬齿齿根长、齿腔大，更容易穿孔，而且犬齿形状美观、尖锐有力，在牙齿中最稀有，佩戴这样的饰品更能显示出主人的英勇气概。

出土的装饰品种类非常繁多，而且都相当精致。在当时非常恶劣的生存环境中，这无疑是种奢侈品。很难想象当时的山顶洞人，竟会有着这么强烈的追求美的愿望。

人类社会的雏形——母系氏族公社

在对山顶洞人遗址数年的精心研究后，很多人类学专家认为，距今约3万年的山顶洞人及其文化是母系氏族早期的代表。人类学家们也就此论断，给出了大量的考古依据。

在人类的发展史上，原始初期的智能人类，生产力水平仍然十分低下。自然界为人类提供生活的资源，同时也使他们面临严峻的环境。随着生产力水平的提高，氏族便成为人类向自然界谋求生存的依靠。人类的生产活动——采集、狩猎和捕鱼依然必须集体进行，否则，就不能有效地抵御野兽、饥饿和疾病的威胁。他们还没有私有财产观念，共同劳动，平均分配，是氏族的宗旨。早期氏族多为母系氏族，他们通常被认定为人类形成社会形态的最早起点。

从掌握的资料看，山顶洞人已经到达了必须集体而作的时期。山顶洞人使用的劳动工具中有骨针，装饰品有钻孔的小石珠、砾石和鲩鱼上眼骨等，这说明山顶洞人开始掌握了钻孔技术，因而很可能使用了比前人进步的石制工具。山顶洞人除了在居住地区附近采集和渔猎外，活动范围又有所扩大。他们获取的食物中有海蚶，这说明山顶洞人的足迹已达渤海湾一带，与大自然的斗争能力有所提高。而这不可能是靠个人所能独立完成的。这说明山顶洞人已经从原始初期进化到集体而作的氏族社会时期。

而且，山顶洞人已经开始了劳动分工。这从出土的大量化石及遗物中可以看出，他们存在着按性别和年龄区别的简单的不稳定分工。青壮年男子外出狩猎、捕鱼。妇女则从事采集果实、看守住所、加工食物、缝制衣服、管理杂务、养护老幼等公益劳动。因为当时的采集经济比渔猎经济收获稳定，成为氏族成员生活资料的重要来源，所以是维系氏族生活的基本保证。妇女在生育上的特殊作用以及氏族成员的世系均按母系计算，更使妇女在氏族中具有崇高的威望，居于主导的地位。

此外，据推测，山顶洞人很可能已具备了原始的信仰。他们已知道人死后要埋葬，在墓穴的周围还撒有赤铁矿粉末，或许就是他们的祭奠仪式。山顶洞人的成员都是平等的，遵守共同的习俗。他们生前互相保护，死后也埋葬在一起。山顶洞的下室里，埋葬着一个青年妇女、一个中年妇女和一个老年男子。他们的尸骨上撒布赤铁矿粉粒，随葬有燧石石器和穿孔兽牙等装饰品。对于去世的老年人，尤其是妇女，将其生前使用的装饰品随葬，反映氏族成员对妇女及老年人的爱戴。

山顶洞人拥有着高度的智慧，较发达的生产工具，强烈的审美意识，狩猎采集的大分工，对妇女的特别尊重以及原始的信仰，这种种迹象都表明他们已进入集体耕作、不同分工的母系氏族社会时期。

河姆渡文化：神秘消失的古文明

干栏式的房屋、设计复杂的水井、发达的原始水稻种植、精美的兽牙和玉石装饰品等，这些令人不可思议的创造统统都属于一个文明身上的光环，并且这个文明是处于距今约7000年的新石器时代，你会相信吗？然而，这正是河姆渡文化遗址活生生的标记。

仅仅这些已带给世人足够的震撼，但河姆渡遗址显然并不止于此。它在带给世人足够惊叹的同时，还充满着极度的神秘——活跃两千多年、拥有高度文明的河姆渡人竟骤然间消失了……

纯系偶然发现的文明源头

长江，这条贯穿中华大地、绵延6000千米的亚洲第一长河，尽管总长度超过了黄河，却始终没有像黄河流域那样，诞生一个又一个人类文明。黄河流域也因此成为中华文明的摇篮，被尊称为中华民族的母亲河，而长江在很长的一段时间里俨然与早期的人类文明绝缘。

然而，一个非常偶然的机会，使长江是早期人类文明荒漠的论断成为昔日笑谈。1973年，为响应国家"以粮为纲"的号召，浙江余姚罗江公社开始大力发展农业生产。由于罗江公社地势较低，经常有洪涝灾害的威胁，所以，公社开始对姚江上的排涝系统进行大改造。

而在这个时候，不寻常的事发生了。

6月下旬的一天，公社队员在深掘河道的过程中，发现了许多夹炭黑陶骨，并且还有瓦片、骨头等。公社领导意识到可能挖到"宝贝"了，立即将情况报告给县文物主管部门，并暂停工程，等待文物部门的安排。文化站的同志经初步探察，认为这的确是年代很古老的文物，并且这里的地下可能还会有更多的文物。随后，浙江省文管会派出王士纶先生到现场实地勘察，并带回了许多实物标本和动物骨骼。经对采集实物的初步研究后，省博物馆当即组织力量迅速进行试掘，出土了一批乌黑古朴的陶片、斧痕累累的木构件、斑驳破碎的兽骨。

种种迹象表明，这是浙江境内已知最早的新石器时代的文化遗址，具有非常重要的科学研究价值。

后来，在 1973 年和 1977 年，考古工作人员对这个遗址进行了两次发掘，发掘遗址面积共计 2630 平方米。遗址由相互叠压又有内在联系的 4 个文化层组成。经考古专家鉴定，它们为距今约 7000 年的第一文化层到距今约 5000 年的第四文化层。在发掘过程中，遗址中出现了一口带有井架的水井，可以据此判断出，这里很可能是古人类居住的村落。通过两次发掘，出土了骨器、陶器、玉器、木器等各类质料组成的生产工具、生活用品、装饰工艺品以及人工栽培稻遗物、干栏式建筑构件、动植物遗骸等文物近 7000 件，全面反映了中国原始社会母系氏族时期的繁荣景象。

这无疑是长江流域人类考古方面的重大发现。这个遗址因位于余姚市的河姆渡镇，而被命名为河姆渡遗址，这一消息被迅速传遍了整个世界。河姆渡遗址的发掘为研究当时的农业、建筑、纺织、艺术等东方文明，提供了极其珍贵的实物佐证，是新中国成立以来最重要的考古发现之一。河姆渡遗址出土的文物曾多次出国展览，深深地震撼着整个世界。该遗址的发掘也开启了长江下游地区新石器文化的考古发掘探索。而后陆陆续续在长江流域发掘出的新石器时代的文化也以河姆渡命名为河姆渡文化。河姆渡文化成为新石器时代文化的典型代表，被确立为中华文化的重要源头、亚洲文明的重要组成部分。

可以说，这次偶然发现的河姆渡遗址，开启和确立了河姆渡文化群，扩大了中国新石器时代考古研究的领域。说明在长江流域同样存在着灿烂和古老的新石器文化，填补了长江流域无早期文明史的空白。

人工栽培"水稻"的发达农业

在对河姆渡遗址的不断深入发掘中，考古工作人员一次次震撼于为 7000 年前生活在此的人类的聪明才智。其中几次较大的震撼便起始于水稻与耒耜的发现。

1973年，河姆渡遗址开始大规模的全面发掘。当挖掘到地下大约3米深的时候，考古队员发现了类似于稻谷的炭化颗粒。但当时没人敢相信，六七千年前的河姆渡人会种植水稻。随后，研究人员把这些炭化颗粒同人工栽培的稻谷、野生稻谷进行了对比，发现它的颗粒外形、大小都接近于现代栽培稻，每粒重量也远远超过了野生稻谷。经过专家鉴定，这些稻谷主要是籼型水稻，也有部分粳稻。这个发现让考古学家们激动不已。因为，这是新石器时代考古史上首次发现人工栽培的籼稻。

在先后两次的大规模考古发掘中，考古队发现，大多数探坑都有20～50厘米厚的稻谷、谷壳、稻叶、茎秆、木屑、苇编交互混杂的堆积层，最厚处达80厘米。稻谷出土时色泽金黄、脉络清晰、芒刺挺直，确凿无疑是栽培水稻的原始粳、籼混合种。其中以籼稻为主，占到了60%以上。

伴随稻谷一起出土的还有大量的农具，主要是骨耜，共发现有170多件，其中两件骨耜柄部还留着残木柄和捆绑的藤条。骨耜的功能类似后世的铲，是翻土农具。这表明，早在六七千年前，河姆渡人不但会种植水稻，而且已经摆脱了最原始的农业耕作方法，学会了用耒耜耕作，进入了更高层次的农业种植阶段。当时的稻田分布在发掘区的北面和东面，面积约6公顷，水稻的产量虽然较低，但在当时已经相当可观。稻作农业已成为当时主要的生产活动，河姆渡文化稻作农业的耕作形态堪称世界上最为先进发达的耜耕农业。

河姆渡原始稻作农业的发现纠正了中国栽培水稻的粳稻从印度传入、籼稻从日本传入的传统说法，在学术界树立了中国栽培水稻是从本土起源的观点。这种水稻起源地不是只有一个的多元观点，极大地拓宽了农业起源的研究领域，说明农业是人类自身进步的智慧结晶。

更为重要的是，人类社会从单一的攫取式经济开始向生产式经济发展，这一转变拓展了食物来源，为人类发展奠定了物质基础，所以，在人类发展史上有十分重要的意义。

河姆渡出土牙雕凤鸟

先进的木构建筑

除稻谷和耒耜之外，河姆渡遗址发掘带来的较大震撼，便要数约 7000 年前建造的干栏式建筑了。

在大量囤积稻谷的发掘地附近，队员们惊奇地发现了大量的木板、木桩，并且木板、木桩的两端都有榫卯的印记。同时与木板、木桩相伴出土的还有一些用芦苇编成的席子，它们与当地人现在使用的苇编席子极其相似。这种苇席既可以遮风挡雨，也能供人坐卧休息。

考古工作人员按照榫卯结构重新组装了这些木板、木桩，又层层铺设了苇席。复原的结果令人吃惊，展现在人们面前的正是南方地区常见的干栏式建筑。这种既可防潮又能防止野兽侵袭的"干栏式"建筑，是我国南方传统木构建筑的祖源，至今华南有些地区仍然存在。

河姆渡遗址的这种建筑以大小木桩为基础；其上架设大小梁，铺上地板，做成高于地面的基座；然后立柱架梁，构建人字坡屋顶，完成屋架部分的建筑；最后用苇席或树皮做成围护设施。其中立柱的方法也可能是从地面开始，通过与桩木绑扎的办法树立的。这种底下架空，带长廊的长屋建筑，古人称之为干栏式建筑，它适应南方地区潮湿多雨的地理环境，因此被后世所继承。今天在中国西南地区和东南亚国家的农村还可以见到此类建筑。

河姆渡遗址两次发掘范围内发现大量干栏式建筑遗迹，特别是在第四文化层底部，分布面积最大，数量最多，远远望去密密麻麻，蔚为壮观。建筑专家根据桩木排列、走向推算，第四文化层时至少有 6 栋建筑，其中有栋建筑长 23 米以上，进深 6.4 米，檐下还有 1.3 米宽的走廊。这种长屋里面可能分隔成若干小房间，供一个大家庭住宿。清理出来的构件主要有木桩、地板、柱、梁、枋等，有些构件上带有榫头和卯口，约有几百件，说明当时建房时垂直相交的接点较多地采用了榫卯技术。

这种建造庞大的干栏式建筑远比同时期黄河流域居民的半地穴式建筑要复杂。数量巨大的木材需要有专人策划、计算后进行分类加工；建筑时需要有人现场指挥，否则七高八低，弯弯曲曲的房子是不牢固的。

尤其值得称道的是两构件垂直相交的节点采用榫卯技术，把我国应用榫卯技术的历史推前了 3000 多年。约 7000 年前的河姆渡先民在当时还没有金属工具的生产条件下，仅以粗劣的石器和骨器，创造了多达十余种形式的榫卯，令人惊叹不已。这种木结构建筑设计之科学，规模之宏大，不仅为我国所罕见，也是人类文化史上最早的杰作，被考古学家称为七千年前的奇迹。

"河姆渡"消失之谜

河姆渡遗址的发掘，使长江流域满载着独有的人类早期高度文明的盛誉。河姆渡文化所表现出来的高度发达水准，也迅速征服了全世界。然而，在所有的考古学家和人类学家为之兴奋不已的时候，一个无法解释的难题也摆在了世人面前：河姆渡文明为什么骤然消失了？

根据发掘的各种遗迹，包括干栏式的房屋、设计复杂的水井、发达的水稻种植以及崭露头角的家畜饲养，这些都说明河姆渡人已经开始了原始的定居生活。但遗址中的四个文化层及其他迹象显示，到了大约 5000 年前，河姆渡文明突然终止了，这些拥有高度智慧的先民们神秘地消失了。

众多的考古学家提出了种种猜测，但都无法给出有力的证据。后来，一些考古学家从 1998 年的特大洪灾中得到启发，猜测是否是洪水灾害中断了河姆渡文明。于是，考古学家认真考察了河姆渡遗址地层的地理环境。

考古工作人员发现，7000 年前的河姆渡地区地势低平，气候温暖湿润，植被覆盖良好，而且"工"字形的地质结构，使得这里成为洪水过后最先显露出水面的肥沃淤泥地，先民们正是借助这里的有利条件，创造了长江流域璀璨的农业文化。遗址相关地层中的迹象显示，这里至少出现了两次时间很长的特大洪水。大概 5000 年前，最后一次洪水不仅冲垮了河姆渡人的家园，还在附近冲出了一条一百余米宽的河道。姚江改变了原来的河道，占领了新出现的河道，海水经常沿河道回溯，河姆渡人时刻遭受洪水的威胁，他们不得不离开家园寻找新的栖息地，灿烂的文明就这样淹没于滚滚洪流中。

这种论断也得到了各个学科专家的认可。据目前人类掌握的资料，全新世初大规模海侵在距今六千年前左右结束，大沽塘古海岸线形成，并在海潮作用下不断淤高。四明山北麓的雨水北排渐渐困难直至堵塞，河姆渡高地的优势逐

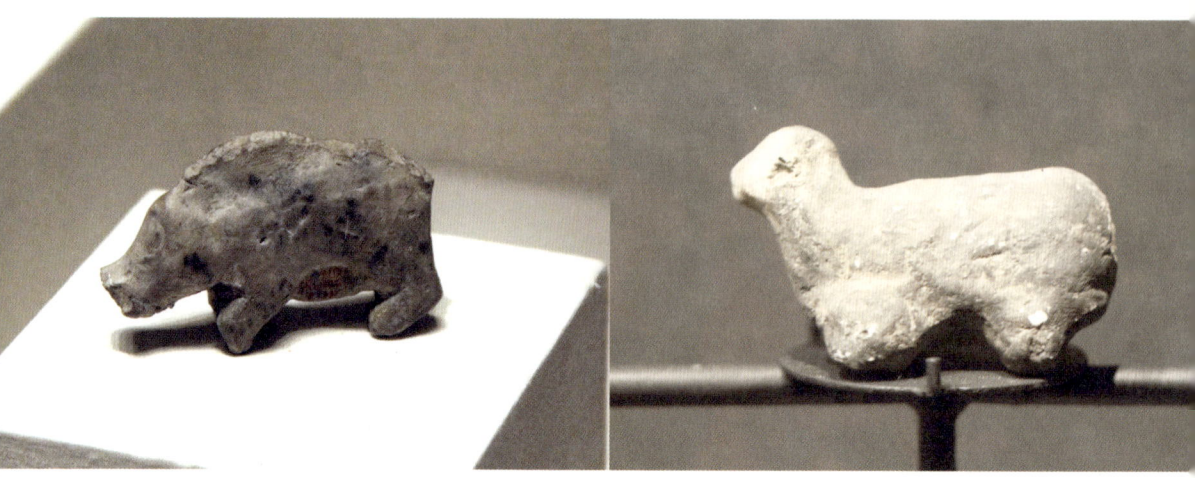

河姆渡遗址出土的陶猪

河姆渡遗址出土的陶羊

渐丧失。从河姆渡遗址形成的四个文化层中的主要器物数量的对比中，可以发现环境恶化严重影响氏族的生存。距今 5000 年前，全球范围又一次发生严重的洪涝灾害，这就是古籍《尚书·尧典》记载的"汤汤洪水方割，荡荡怀山襄陵，浩浩滔天"。

当时的河姆渡地区，在连续不断特大洪水的切割下，"工"字形高地终于被冲出一个大缺口，姚江完成了改道东流的剧变。这时，海水沿河道上溯，河姆渡因此常常经受洪水的威胁，变成一片水乡泽国。先民赖以为生的水稻生产连遭淹没，水稻连年减产，甚至颗粒无收。

他们不得不背井离乡，离开这块生息了两千年之久的土地。于是，河姆渡文明至此便戛然而止。至于他们搬迁到何处以及河姆渡文明的延续文化等问题，就有待于我们的进一步探索考证了。

仰韶文化：繁荣的中原古文明

时至今日，在中国这片古老的大地下，出土的遗址、古迹可以说是让人目不暇接。它们都承载着泱泱华夏某一时期的辉煌，让今人在惊叹的同时也有了许多的疑问。因为它们中有很多缔造了让人难以置信的成就。

其中，尤为让人瞩目的便是第一个以一种文化而命名并进行研究的文明，并且这个文化群的最大标志不是关于为生存去做的努力，而是一种纯粹对美的追求的艺术品——仰韶彩陶，这个独特的文明便是仰韶文化。

七千年仰韶文化"复活"

在中国的考古学史上，20世纪初无疑是非常重要的一个时期。北京猿人、山顶洞人、殷墟遗址以及新石器文明等重要发现，都产生于这一社会局势不太稳定的历史时期。其中，最终成为这一时期考古的代表，并开启近代考古学繁荣的当推仰韶文化的发现了。

正如许多重大考古发现的诞生历程，仰韶文化的发现也是一次实属偶然的发掘。瑞典地质学家安特生自1911年来到中国后，便一直对中国各地出土的古生物化石十分关注。1918年，他听说河南仰韶村有不少古生物化石，便动身去寻找，结果没有什么重大的发现。随后，他便委托地质调查所的刘长山在此地继续收集古生物化石，接着便去了其他地方。

于是，刘长山开始利用各种方式收集化石。1920年，刘长山通过出钱求购的方式收集到了大量石器和陶片。第二年，这些东西便被刘长山带给身在北京的安特生。安特生见到这些东西非常兴奋。这些陶器以及制作比较精细的石器意味着这里曾经有古人生活过。经过研究，他预料渑池县仰韶村附近可能存在新石器时代遗址，并当即决定亲自去考察。

通过现场考察，以及对所采集石器和陶片标本的研究，安特生认定仰韶村是中国远古文化的一处重要遗址，内有重要文物，有必要进行一次科学发掘。在取得中国北洋政府和河南省政府的同意后，1921年10月，安特生组织了一支发掘队伍进行发掘，这支队伍除安特生外，还有骨骸专家布莱克博士，地质所古生物学名誉技师斯坦斯基博士以及地质所的袁复礼、陈德广等中国学者。发掘共历时35天，挖掘了17个点。按照考古学的惯例，将首次发现古文化遗存的地名命名为该文化的名称，于是，"仰韶文化"便随之诞生了。

之后，为进一步了解该遗址的文化内涵，新中国成立后，对仰韶遗址又进行了两次发掘。1951年6月，中国科学院考古所河南调查团夏鼐等专家学者对仰韶村遗址进行第二次发掘，发现了红底黑彩和深红彩的陶罐、碗、小口尖底瓶，以及龙山时期的磨光黑陶、压印方格纹灰陶、带流陶杯和绳纹灰陶鬲等。第三次的发掘是在1981年到1982年。这次的发掘基本搞清了仰韶村遗址的文化内涵，取得了仰韶和龙山两个考古学文化、四个不同发展阶段的地层叠压关系。

仰韶遗址所显现出来的灿烂文明，令世人震惊。最为重要的是，仰韶遗址的发掘，出土了大量新石器时期的化石及彩陶器具，这就无可辩驳地证明了中国不但有新石器时代的遗存和文化，而且相当发达，使过去宣扬的"中华文化西来说"不攻自破。

蔚为壮观的仰韶文化遗址

自河南渑池仰韶村遗址被发掘后，考古工作人员又在黄河周边的地区，陆陆续续发现了很多以彩陶为代表的新石器文化遗址，它们的文化特征与渑池县的仰韶遗址基本一致，都是距今约5000～7000年中国新石器时代的一种彩陶文化。因1921年首次在河南省三门峡市渑池县仰韶村发现，所以，按照考古惯例，将此文化通称为仰韶文化。

这些文化遗址主要分布于黄河中下游一带、以秦晋豫三省为核心的中原地区，以陕西大部、河南西部和山西西南的狭长地带为中心，东至河北中部，南达汉水中上游，西及甘肃洮河流域，北抵内蒙古河套地区。自1921年渑池仰韶村遗址发现后，到2000年为止，全国有统计的仰韶文化遗址共5213处。具体分布情况：陕西省2040处、河南省1000处、山西省1000处、甘肃省1040处、河北省50处、内蒙古自治区约50处、湖北省23处、宁夏回族自治区7处、青海省3处。其中，陕西省主要分布在关中和陕北南部的延安地区，两地相加达1774处，遗址的数量大大超过周边省份。目前，仰韶文化分布区面积最大的遗址，是陕西关中地区耀县的石柱塬遗址，面积竟达300万平方米。

通过对仰韶文化遗址的发掘，及对陕县庙底沟与三里桥遗址、洛阳王湾遗址和孟津妯娌遗址等的发掘，结合陕西半坡遗址等大面积发掘，考古工作者进一步明确了仰韶文化时期的基本面貌。仰韶时期的人们过着定居生活，拥有一定规模和布局的村落；原始农业为主要经济形式，同时兼营畜牧、渔猎和采集；主要的生产工具是磨制石器；生活用具主要是陶器；此时反映人们意识形态的埋葬制度已经初步形成。

仰韶村遗址的发掘，第一次证实了中国在阶级社会之前存在着非常发达的新石器时代文化，并从此开始把考古学的研究领域扩大到旧石器时代、青铜器时代和铁器时代。传说中的炎帝、黄帝、帝喾等大的部落的真实经济生活和文化活动，都可以以仰韶文化为依据来进行探讨。

仰韶文化上下数千年，纵横几千里，在世界范围内来说也是罕见的。它为研究我国社会发展史提供了丰富的实物资料。这不仅是在中国，即使在世界上也是重要的新石器时期的遗址之一，是中外史学界、考古学界人士梦寐以求的古文化"圣地"。1961年，仰韶遗址被国务院正式定为第一批全国重点文物单位。

定居生活原来是被逼的

仰韶遗址位于洛阳市西80千米渑池县东北的仰韶村。仰韶村北面不远处是属于崤山山脉的韶山，峰峦叠翠，山清水秀，令人感到心旷神怡。从发掘出的文化层中，也可以看出7000年前这里的环境便非常适合人类生存。

在对仰韶遗址的三次有计划的发掘中，考古学家在出土的大批石器、骨器、陶器、蚌器等工具的基础上，考察了当地居民的住宅、村落，对这片土地上古代先民的早期生活有了初步的认识。据遗迹显示，原始的仰韶人最初过着山洞野人的生活，但是后来人口的不断增加，迫使他们走出山洞。由于当时已经掌握了熟练的耕种技术，他们便去找肥沃的平原和丘陵地来开始定居生活。于是，仰韶人便来到了土地肥沃且容易灌溉的黄河及其支流岸边。

就这样，仰韶人开始了定居的生存方式。农业生产以种植粟类农作物为主，这在不少仰韶文化遗址中得到了验证。如西安半坡发现的罐、瓮盛放着粟，小窖穴中也有粟壳遗存，其中有一个窖穴中粟壳堆积达数斗之多。还有北首岭、泉护村、下孟村、王湾等地，也都发现了粟壳。临潼的姜寨遗址，还出现了耐旱作物黍。这些情况都表明仰韶人已经具备了非常成熟的农业耕种技术。

然而，在当时无法对抗自然灾害的情况下，仰韶人单靠农业还是无法解决生存问题，他们还需要依赖从远古传来的生存方式——狩猎和捕鱼。很多遗址出土了大量的动物骨骼，有斑鹿、水鹿、竹鼠、野兔、狸、貉、獾、羚羊等，有的遗址还出土了一些飞禽的骨骼。仰韶人狩猎所用的工具多种多样，最常见的是用骨、石、角磨制的箭头，有三角形、柳叶形、带翼和圆锥状等十多种不同的形式，都磨制得很锋利。除此之外，考古工作人员还发现了较多石、角制的矛头和投掷用的石球。遗址中还普遍发现了石、陶制网坠和骨制鱼钩、渔叉等工具，说明当时氏族先民的捕捞方法既有网捕，也有垂钓和投叉击刺。许多遗址的彩绘陶器上都有渔网的描画。这些遗迹都表明此时仰韶人的狩猎工具和技术有了很大的进步，他们可以获得较多的猎物。这些吃不完的猎物便被保留下来，久而久之，他们便学会了饲养牲畜。

农作物粟的种植和家畜的饲养，给仰韶人提供了相当丰富的食物来源，他们不需要再过那种流浪的生活。因此，他们开始尝试着为自己修建住宅。从发掘的遗址中可以看出，当时仰韶人的村落一般分为居住、公共墓地和窑厂。房屋多呈圆形，主要是单间；后期的房屋才渐渐演化成方形，房间也多了。虽然这些房屋结构都比较简单，但对于仰韶人来讲，这足以让他们遮风避雨，过上相对安稳的定居生活。

令人叫绝的仰韶彩陶

在仰韶文化遗址群中，最令人瞩目的恐怕就是仰韶彩陶了。它那堪比后世灿烂文明的艺术荣光足以照亮仰韶文化的半边天，成为仰韶文化的特殊标志。

仰韶文化的陶器，主要有泥质红陶、夹砂红陶、泥质灰陶，也有一些泥质黑陶和夹砂灰陶器。红陶分细泥红陶和夹砂红陶两种。陶器的主要原料是黏土，有的也掺杂少量砂粒。在仰韶陶器中，细泥彩陶具有独特造型，表面呈红色，表里磨光，还有各种各样美丽的图案。细泥陶反映了当时制陶工艺的水平，具有一定代表性，所以考古上常将仰韶文化称为彩陶文化。

仰韶彩陶文化的繁荣，在仰韶各个时期遗留下来的大量陶窑中可见一斑。在仰韶文化遗址群的居住营地中，考古工作人员发现了大量专门烧制陶器的窑场和作坊。目前已发现仰韶文化各时期的陶窑上百座，构造分为横穴窑和竖穴窑两种，以横穴窑最为常见。横穴窑是较原始的一种陶窑，由火膛、火道、窑箅和窑室四部分组成。其特点是火膛、火道与窑室呈横向排列，窑室在火膛后方并略倾斜向上，两者通过两条或更多的火道相连。窑室底部为窑箅，上有箅孔（即火眼），火苗经过火道和火眼进入窑室。横穴窑还可依其火道和箅孔的长短、形状而细分为四种形式。至于竖穴窑，主要特点是火膛位于窑室的下部，两者基本相垂直。如在偃师汤泉沟所见的一座典型的竖穴窑，火膛中还立木柱以支撑上部有 7 个火眼的窑箅。

当时的仰韶制陶业非常发达，制陶技术也最能代表当时的手工业经济发展的水平。从考古发现看，各部落都掌握了相当成熟的经验，包括选用陶土、塑坯造型、烧制火候等一系列技术和绘画、贴塑装饰的工艺。不过，制坯还停留在手制阶段，不少小件器物仍采用直接捏塑的简易方法。仰韶文化中期以前，一般都采用泥条盘筑法制坯造型，后来出现了用慢轮修整口沿部分的技术。制陶的工匠能够在器物表面施加各种纹饰，有的用特制的模具拍打，有的用工具刻画。有的装饰主要是为了加固器体，有的则仅仅是为了美观。其中装饰作用最明显的便是彩陶花纹。

在仰韶文化各种类型遗址发现的彩陶花纹形式与风格互有区别，但它们也有共同特点。早期以红地黑彩或紫彩为多，中期流行先涂绘白色或红色陶衣为

仰韶文化交错三角纹彩陶壶 陕西宝鸡北首岭出土。

地，再加绘黑色、棕色或红色的纹饰，有的黑彩还镶加白边，十分美丽。绘画所用的颜料、磨砚、研磨锤等工具，在西安半坡、临潼姜寨、宝鸡北首岭等遗址的营地、墓葬中都有发现。

这些做工精良、令人叹为观止的仰韶彩陶，以其丰富多彩的纹饰展现了仰韶先民们浪漫加工的实际生活场景。它不仅让人们知晓当时先民的生活状态，也使这些智慧的仰韶人对美的追求与向往之情，深深地留在了悠悠岁月中，经久不衰。

仰韶文化鱼鸟纹彩陶壶 陕西宝鸡北首岭出土。

红山文化：女神崇拜与璀璨玉文化的合体

千百年来的牧民不知这里的秘密：泥土见不到阳光，却守护着穿越时空的宝藏。

红山文化存在于约公元前 4000 年～前 3000 年，其中出土的玉器和雕塑为人类带来了一个又一个惊喜。

那些精美的玉器究竟有着怎样的含义？它们真的能把中国文化推向一个全新的高度吗？

遗迹是否能佐证传说？女神是否真的存在？

越来越多的人加入这场思考盛宴之中。你一定想不到，这美丽文化的觉醒，竟始于几块陶片……

女神塑像震惊世界

赤峰红山位于内蒙古境内，分布在西拉木伦河与老哈河流域，景色宜人。许多年前，当鲜卑族在这里繁衍生息的时候，当契丹族在这里征战四方的时候，他们或许不知道，自己的脚下竟然埋藏着一支古老的文化。

1906 年，当时在喀拉沁王府执教的日本考古学者鸟居龙藏来到这片红色的土地，一眼便被它所吸引，整日奔波，终于发现了一些陶片。这便是沉默的红山文化轻轻发出的一声鼾响。之后，红山文化渐渐浮出了水面。

1919 年，法国学者桑志华等人来此做考古发掘，采集到了一些史前文物标本。1930 年，梁启超之子、中国著名考古学家梁思永来到红山，发掘了一批新石器时期的石器和陶片。1932 年，日本人在赤峰发现了几件具有中国特征的青铜器。之后，红山文化逐渐被重视，但真正使它名声大噪的还要数女神塑像的发现。

1983 年，在北梁山上工作了一天的考古队员赵文彦来到一个被水流冲刷过的沟壑里上厕所。就在这里，他发现了一块土红色的东西，捡起来一看，竟然是一个用泥捏的人耳朵！

这个发现给队员们带来了莫大的惊喜。之后，他们在附近展开严密的搜寻工作。不久，考古队陆续发现了泥塑的人鼻、乳房、手臂和一些造型奇特的陶器等。人们猜想，这里可能曾经是一座神庙。

考古队员继续发掘，终于在东山坡发现了一座土木混合的建筑，里面有主室、东西侧室、南北室和一个连接着南北室的长方形室等多个房间。种种迹象表明，这里是一座祭祀人形神祇的神庙。

1983 年 11 月，考古队员在主室西侧找到了一块特大泥块。队员迅速对其进行处理，随着泥土慢慢被剥落，泥块终于显现出它的本来面目——竟然是一个女性的头部！它的眼睛等部位仍清晰可见。不久后，队员把雕塑的鼻子与其面部进行对接，使雕塑头部变得更加完整。考古队员推测，这名女性可能就是神庙所侍奉的女神。

女神头颅与真人头颅一般大小。它有着方脸、尖下巴、高额头、扁鼻梁、颧骨突出，其中，它的眼睛是由青色圆形玉片制成的。这是典型的蒙古利亚人种，与现代华北人的脸型接近。

到目前为止，红山出土了许多女神塑像残块，它们至少属于六个人体塑像。其中最小的如真人一般大小，而主室出土的大鼻大耳雕塑竟有真人的三倍。它们无一不是杰出的艺术作品，而最出彩的仍是那具较完整的人像头部。它头像结构合理，五官比例准确，表情生动逼真，不仅代表了我国史前文明的一次高峰，更展现了亿万炎黄子孙的祖先形象，对中华文明的起源、史前宗教研究有着非常重要的意义。

红山文化存在于约公元前 4000 年～前 3000 年。从女神崇拜推测，该文明属于母系氏族社会。

匪夷所思的玉器加工

考古学者在发掘红山文化遗址的时候，他们还发现了许多玉器。如今，玉器文化已经成为红山文化的重要标志之一，红山玉器的名声甚至大大超出了红山文化本身。对于任何一个热爱收藏的人来说，红山的玉器绝对如雷贯耳。

红山文化的出土玉器造型各异，主要分为工具类、饰品类、器物类、动物类、人神类等，其中又以动物造型最多，如玉鱼、玉蝉、玉蛙、玉兔、玉蛇、玉龟、玉蜻蜓、玉蝙蝠、玉鸟、玉鹰、玉鸽等。

1971 年的一天，三星他拉村的农民张凤祥在修整梯田时发现一个"铁钩"，并带回家给弟弟玩耍。年仅六七岁的弟弟将"铁钩"用绳子拖来拖去，没过几天，"铁钩"竟然变得莹润光亮。张凤祥一看，才发现这竟然是一件玉器，便以 30 元的价钱卖给了翁牛特旗文化馆。很多年后，这件玉器才被重视起来，并获得了"中华第一龙"的称号，现被珍藏于中国国家博物馆。这件龙玉器通体碧绿，龙头前伸，嘴紧闭，并排两个鼻孔，两眼突起，眼尾细长上翘，头顶端平且刻有纤细的方格网纹，背部有 21 厘米长的鬃毛，高 26 厘米，重 1000 克。因身休呈英文字母 C 的形状，故被称为 C 形玉雕龙。龙背正中有一小孔，若用绳穿过悬起，龙首尾恰在同一水平线上。显然，孔的位置是经过精密计算的。考虑到玉龙形体较大，造型特殊，因此它很可能是与中国原始宗教崇拜密切相关的礼制用具。C 形玉雕龙是目前发现的我国最早、体积最大的龙形玉器，它使中华民族的文明史向前推进了 1000 年。

20 世纪 80 年代，考古工作人员在牛河梁连续发现了几件"玉猪龙"。这些玉器都是猪首龙身，呈鸡骨白色，身体弯曲，首尾相连，肥头大耳，鼻子短平，鼻梁上有细小皱纹。玉猪龙是身份和地位的象征，也是目前所知年代最早的龙形器物之一。古人视猪为一种吉祥之物，具有求福避邪的作用，在祈天、求雨的祭祀活动中以猪为沟通人神的信物。另外，也有人认为玉猪龙不是神兽，而是猪的胚胎造型。将这样的玉器放在死者的胸前，具有转世轮回的含义。

红山文化出土器中还有一类非常典型的器物，即"马蹄形器"。这种玉器以青色玉料制成，截面多呈椭圆形，上口略宽，呈坡状，下口较平，有的在下口处钻有小孔。它一出土，人们便对其作用进行了各种猜测——玉杯、舀米的器具、手腕的装饰品、打击乐器……各种推测都有它的道理。从出土资料看，马蹄形玉器在墓葬中的位置都是位于遗骸头部正上方，而且大多在"直口端"两侧开有对称的用于穿挂的小孔，因此，有的学者认为马蹄形玉器应该是古人的"束发器"。这种说法一直是考古界比较认可的。但也有人根据"玉猪龙"胚胎推测，马蹄形器可能是女性生殖器的概念模型。

当我们在欣赏这些精美玉器的时候，不仅要赞叹古人的高超技术，更能了解到祖先们对生死、对世界的一些认识。即使这其中的某些观念在现代人的眼中似乎充满了愚昧和无知，但对于处在原始时代的古人来说，却是最智慧、最勇敢的探索。这些精美的玉器被埋藏在泥土与黑暗之中，千年之后，终于穿越时空重现在人类面前。我不禁想到《亡灵书》里面的一句话："当众神——报出自己的身份，让我也记起我昔日的名字！"

分歧巨大的源流研究

新中国成立以后，人们对红山文化的源流研究非常重视。目前，学术界大概有五种意见：

一、红山文化是仰韶文化系统的原始文化，或是仰韶文化的变体；

二、红山文化可能是细石器文化和仰韶文化的相互影响之后产生的新文化；

三、红山文化继承了河北磁山文化；

四、红山文化可能是河姆渡文化的延续和发展；

五、红山文化是这个地区独具特征的一种新石器文化，有其自身的发生、发展过程，同时受到其他文化的影响。

这五种说法各持己见，一时众说纷纭。后来，随着考古学者的研究，逐渐确定第五种假设比较符合实际。

首先，泥质陶、彩陶、压印"之"字纹的夹砂陶、石器、细石器共存，是红山文化独具的特点；另外，龙题材是红山文化最具代表性的内容，这一类似"族徽"的图案从红山文化早期一直延续到晚期。该特点与其他文化有很大的不同。

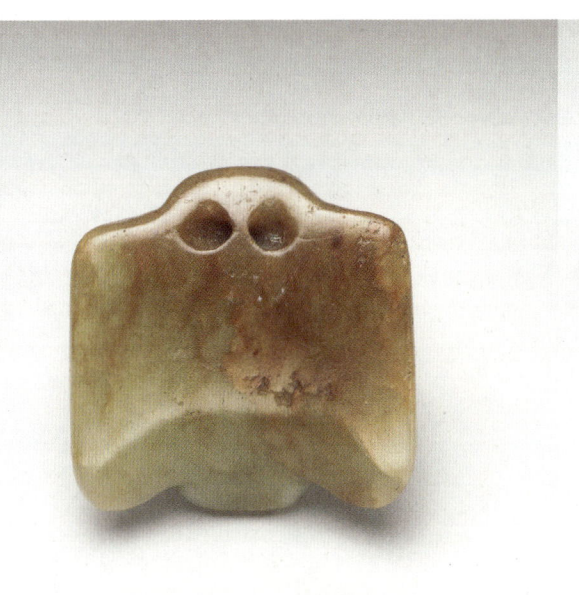

红山文化晚期鸟形玉佩

其次，仰韶义化中的彩陶纹饰是用黑、紫或白色做装饰的，而红山类似类型的陶器是多彩的。仰韶文化的彩陶是带状纹饰中夹有圆圈涡纹、叶形纹、斜格子纹、绳纹等，而且单独配有"S"字形、"X"字形等纹饰，这与红山文化有很大不同；红山陶器中，连点弧线纹是坠落形式的，这在仰韶文化陶器中也是不曾出现过的。虽然红山文化与仰韶文化有一定的相同点，但是这只说明年代相近，而不能简单地判定红山文化是仰韶文化的分支或发展。

最后，红山文化多见一些"红顶碗"式钵器类和三角间涡纹彩陶图案，这说明形成红山文化绝非单一的农耕，而是以农耕为主、农牧渔猎结合的经济类型。新的考古发现为我们揭示红山文化的发展规律和性质提供了依据，认为红山文化是以自身发展为主，并与周围地区和中原的文化相互影响。

某种观点认为我国史前存在着两大文化区系，即中原古文化和北方古文化，其中北方古文化又由红山文化和河套文化组成。红山文化与其他文化既有共性又有个性，而不能把它简单地看成其他文化的分支或地方变种。

红山文化牛首玉人 高 13.2 厘米

红山文化礼盘斧 蛇纹石 直径 13.3 厘米

其实，要认识红山文化的渊源，首要任务是在本地区寻找出早于红山文化的遗存。1983 年，位于内蒙古的兴隆洼遗址被发现，它和红山文化遗址有着很大的相似性：例如，陶器大多陶质粗疏，火候较底器类和纹饰种类较少，一般有夹砂褐陶筒形罐、粗泥（含细砂）陶钵，代表性纹饰是压印"之"字形线纹以及网格状花纹等。经 C14 测定，兴隆洼遗址时间大大早于红山文化，而且已经具备一定水平的农业基础和相当规模的聚落址。因此有考古学家推断，兴隆洼文化可能就是红山文化的真正源头。

红山女神竟是女娲！？

1982 年，喀左县东山嘴出土了两件比较完整的女神立像。在石筑圆形祭坛上，又有盘坐的裸体女像。1983 年，考古工作人员在牛河梁发掘了一座女神庙，里面出土了许多裸体女性的头部、肩部、臂部、乳房等残块。俞伟超、张忠培等人将其考定为"地母神""生育神"，但也有资料表明，红山女神可能正是女娲。

《山海经·大荒西经》中说："有神十人，名曰女娲之肠，化为神。"郭璞注："或做女娲之腹。"又注："一日中七十变，其腹化为此神。"这些语句都突出地介绍了女娲的肚子，"一日中七十变"是说肚子的变化，"其腹化为此神"则与婴儿脱离母体相符。再者，女娲名字中"娲"的女字旁应是后加的，原是"呙"或"鬲"，意为某种鼓肚的东西，既可以指化育万物，也可以比喻孕妇的大肚子。

在红山出土的两尊小型裸体女像均用红黄色胶泥捏成，其中一件制作精细，打磨光滑，挺着大肚子，左手抚胸，双腿微微前屈。另一件形象基本相同。这与古文中所说的女娲形象很是一致。

除了雕塑本身的形象符合之外，还有几处存疑的地方。

其一，在牛河梁女神庙出土的众多女神塑像中，有一件女神上臂泥塑是空心的，里面带有肢骨。它因遭焚烧而多成灰渣，专家推测有可能是人骨。联系中亚曾有地区采用在人头骨上涂泥成像的崇拜形式，牛河梁出土的女神塑像也很有可能是根据真人形象塑造出来的。

如果真是这样，那么，女神塑像就不再是单纯的艺术品，而将对研究中华史前人种有着巨大的意义。

其二，距离牛河梁女神庙 1000 米的地方，有一座人工夯筑的土山，为圆锥形、小抹顶，高 16 米，最底部的直径有 40 米。上面是用 3 圈石头围砌起来的，每一层伸进去 10 米，高度为 1 米，山下面亦由 3 圈石头围砌起来。在小土山周围的山头上，还分布着 30 多座积石冢群，这些石冢都是圆锥形、大抹顶。因与埃及金字塔布局相同，该处遗址被称为中国的"金字塔"。女神庙与这些"金字塔"在一条南北向的直线上，且东西两侧的积石冢群与"金字塔"等距离地排列在一条线上，使人明显感受到"金字塔"的中心地位。不仅如此，"金字塔"的顶端有 1500 个炼红铜的坩埚，每一坩埚约 1 尺多高，锅口约 30 厘米。如今，为了保护这个炼铜遗址，考古工作人员已将这些坩埚全部用土给封上了。牛河梁大"金字塔"顶炼红铜的遗址，与"女娲补天"神话传说中女娲炼五色石的情节十分吻合。

其三，在大"金字塔"旁边的一座积石冢中，出土了一具完整的男性骨架。它的头部两侧有两个大玉环，胸前佩戴着双龙相交的钩云形班次佩，头的上部有玉箍，腕部有镯。双手各握着一只玉龟，一雄一雌。在另外一座积石冢中，死者的胸部也有一只玉龟。这两座积石冢出土的玉龟均无头无尾无足，浑然一体，使人联想到古籍记载女娲补天时"断龟足以立四极"的神话传说。不过，也有考古学家认为，该玉龟可能是当时氏族部落的保护神，死者手握玉龟，意为返回始祖。

很多神话都是根据真实人物和事件改编而来的，如今，有人提出女娲其实是一名伟大的氏族女首领的观点。但无论如何，红山文化为中国的神话传说添上了出色的一笔。

西安半坡文化：北方农耕文化的起源

黄河从这里流过，秦岭在这里屹立，它们见证了新石器时代中期的文明。

陕西西安半坡文化约在公元前 4860 年～前 4300 年，总面积约 5 万平方米，从中出土了大量的陶器和墓穴。

那时的人们如何生活？半坡人的陶器究竟发展到了怎样的水平？著名的人面网纹盆究竟是用来做什么的？

瓮棺葬到底是什么？它又有着何种意义？

随着学者们的研究和推测，曾经的神秘逐渐浮现在我们面前……

农业与渔猎并重的定居生活

西安半坡文化遗址于 1952 年被发现。从 1954 年 9 月至 1957 年夏天，中国科学院考古研究所组织近 200 名考古工作人员前后对其共进行了五次发掘。

半坡文化地处中华民族发祥地之一的黄河中游，距西安市有 10 余里，属于仰韶文化类型，是黄河流域规模最大、保存最完整的母系氏族公社村落遗址，距今大约 6000 年左右。经考古队工作人员测定，该地在当时属于亚热带气候条件下，气候温暖湿润，很适宜人类居住。

半坡部落南依白鹿原，北边是开阔的平原地带，适合发展农业。在平原的后面，有浐河流过，为半坡人提供了大量的水产资源。在半坡遗址中，出土了大量的生产和生活工具，按种类而言可以分为农具、猎具、渔具、炊具、食具、纺织具，按材料而言可以分为石质、陶质和骨质。从这些出土的工具来看，半坡人不仅从事农耕、纺织等农业民族的传统劳作，同时还有渔猎、采集等生产活动。在遗址中还出土了一些盛粟的罐和粟腐朽后的残遗物，证明半坡人已学会了栽培粟。另外，从出土的许多石或骨的箭头说明半坡人已学会使用弓箭，并大量驯养了狗。

于是，我们可以推断出这样的景象：春天，半坡人用石斧等石器砍倒树木，除去杂草，再用石铲翻掘土地，种植粮食。到了秋天，半坡人用石镰或陶镰收获庄稼，把粮食储藏入公共的窖穴中。到了食用粮食的时候，人们就用石磨盘、石磨棒把粮食脱皮碾碎。"农闲"时，男人们带着驯养的狗去打猎；女人们则会到野外采集植物的果实，或者到河边用渔叉、鱼钩甚至渔网捕鱼，或者用部落人发明的尖底瓶沉入河里打水。

考古工作人员发现房屋46座，虽然都已坍塌，却仍然可以从剩余的部分看出当时的建筑形式。半坡人最早的房屋形式是半穴式，即一半在地下，这样的房屋又低矮又潮湿。到了原始社会晚期，才在地面上砌墙，用木柱支撑房顶，并有了倾斜的顶面。这是我国后来的传统房屋建筑的基本模式，在当时是了不起的创举。

这个半坡部落大概有400～600口人。在当时的社会来看，算是一个具有相当规模的部落聚集地了。半坡人的聚集地被一条大围沟分成三部分。沟东是制陶区，北面是集体墓地，大围之内则是居住区。

一座面积约160平方米的大房子是整个半坡部落的中心，前面是一片很大的广场。大房子与该广场，是整个居住区的核心。其中大房子是氏族部落的公共建筑，是大家举行集会的地方，氏族部落首领及一些老人幼儿都住在这里。大房子四周遍布着一系列小型房子，所有房间的门都向大房子而开，分区、布局极有章法。其建筑形式也体现着原始人由穴居生活走向地面生活的发展过程。小房子里住的是有婚姻生活的妇女以及不确定来访的其他氏族男子。也会有相对稳定的夫妻，但他们的婚姻与后来的一夫一妻制绝不相同，此时的子女仍旧是只知其母，不知其父。

半坡文化的代言者——半坡彩陶

半坡时代的制陶业十分发达。在遗址中收集的陶片在50万片以上，超过全部出土物总数的80%，完整的和能够复原的器皿有1000多件。在半坡遗址中，考古工作人员发现了6座陶窑，其中两座为竖穴，四座为横穴。半坡人在制作技术上已经采用了模制法和泥条盘筑法，在半坡时代后期，人们逐渐以慢轮修整器口器形，使器形更加规整。考古队工作人员从陶器上发现22种刻画符号，有人认为这可能是一种原始文字。

半坡陶器的代表物主要有三个。埙：一种吹奏的乐器，半坡人可能以此来模仿鸟兽叫声以吸引猎物；尖底陶瓶：利用重心原理汲水的一种工具；陶甑：一种烹煮器皿。

然而与这些普通的陶器相比，半坡彩陶才是真正的半坡文化代言人。

半坡人多在盆、钵、罐、细颈壶上绘制简练的图案，小口器皿多画在肩、腹和口部，直口器皿多画在外壁和口缘外侧，大口器皿则多画在器皿内壁。

彩陶的图案主要分为两大类。第一类是具象性图案，如张口的鱼、奔跑的鹿、蛙等动物图纹，也有植物图纹。这些动植物形象与半坡人的生活息息相关，都是农耕和渔猎生活的反映。第二类是抽象的几何图案，如三角形、方格、编织纹等。这类图案多在钵、罐、盆、壶类器皿的外壁上部、大口浅腹器皿的内壁、小口器皿的口唇和肩腹部等容易看得见的地方。这些图案都很清晰，笔触疏朗。在这些几何图案中，三角纹可能是由鱼纹图案变化而来，波折纹则可以看作山或水的写意画法。

半坡彩陶中最有代表性的花纹就是鱼类纹，它的数量最多，并贯穿于半坡类型文化的始终。半坡早期彩陶的鱼纹形象比较写实，最常见的造型是一条平展的侧面形象，以直线造型，较为死板。到了中期，鱼纹开始有了变化，造型以直线与弧线相结合，圆点、弧线和弧边三角穿插运用，使鱼纹显得活泼有生气。除了平展样式之外，还出现了回旋、跳跃等姿态。在甘肃王家阴洼出土的一件彩陶瓶，环绕腹部画着四条姿态各异的鱼，或舒展平泳，或俯冲疾下，或相对背向地屈身蹦腾，构图活泼，堪称原始绘画的佳作。在晚期，半坡人对鱼纹采取了夸张变形的艺术处理。其中以鱼头的变化最大，例如突出表现鱼嘴或牙齿，鱼纹也趋于几何图形化。

人面纹也是半坡彩陶的一种具有特色的图纹。甘肃省正宁县宫家川出土的一种葫芦形瓶，上面画着一张獠牙突露、双目眦睁的人面。

另外还有非常著名的人面鱼纹盆，与它类似的还有人面网纹盆，曾出现在中学历史课本中。这类彩陶盆大都有相似的人面纹饰于盆内壁，对称成双，人与鱼相隔而画。陶盆一般都是红色，外表粗糙，内壁光滑。盆上、盆内壁上的花纹、图案均为黑色。画有这种人面图案的彩陶盆已成为半坡文化的典型标记。对居中位的人面鱼纹的解释众说纷纭，但大多数专家认为它具有图腾崇拜的意思，被人格化了的鱼类图像和各式鱼类图纹可能是半坡部族的图腾，具有氏族保护神的性质。

集体墓地与瓮棺葬

半坡部落大围沟的北面是公共墓地，里面多以单人葬为主，也有双人或四人合葬的，死者头部一般向西。有仰身葬、俯身葬、直肢葬、侧肢葬、瓮棺葬等多种方式。在这些丧葬中，以儿童的丧葬形式最为特别。

半坡出土的儿童瓮棺共有73个。半坡儿童大多不葬在公共墓地，而是置于瓮棺内，埋葬在父母房屋的附近，考古学称之为瓮棺葬，这形成了半坡人的一大特色。

由于当时人们的生存条件很差，生活十分艰苦，经常疾病流行，儿童死亡率很高。当儿童夭折后，大人将其尸骨放入陶瓮中，盖上盖子，埋于地下。较大的孩子则用两个陶瓮对起来埋。这些陶瓮以及瓮盖不是专门烧制的，而是随机将日常生活中的储物器皿拿来用于埋葬。因此，出土的瓮棺规格不同，形状各异。其中瓮盖也不尽相同，由陶片、陶钵以及陶盆等随机组成。

此外，很多瓮棺底部或用作棺盖的盆上，大多有一个小孔，有的钻成很规则的圆形，有的则是敲击成不规则的形状。小孔上往往还加盖一块小陶片，其内表面还涂有红色颜料。大名鼎鼎的人面鱼纹盆其实就是瓮棺的盖子，它的底部有小孔。

人们推测，夭折儿童之所以埋藏在居住区而非公共墓地，可能是因为成年人对孩子的爱护，防止野兽伤害他们的尸体；也有可能是因为孩子太小，还未行"成丁礼"，所以不能埋入成人的公共墓地中。

有研究者认为，当时的半坡人虽然对生死还没有彻底的认识，但也有自己的一些粗浅认知，所以，瓮棺是人们模拟"子宫"的形状，希望能加速死者的二次转生。其实除了半坡文化，也有另外的文化出现过瓮棺葬，有的地方甚至还有成人瓮棺葬。据推测，成人瓮棺葬的墓主可能是某些原始氏族部落的精英人物。

关于瓮盖上面有小孔的原因，人们目前也有两种推测。第一种是与人们的信仰有关，认为小孔可以供死者灵魂自由出入；第二种猜测是由于当时技术落后，人们还不能完全分辨死和昏迷，幼儿常常出现"假死"现象，因此，成人存在侥幸心理，凿小孔供儿童"呼吸"。但无论是哪种原因，瓮盖上的小孔都象征着生者对死者、长辈对晚辈的美好希望和祝福。

唯一保存完好的原始社会遗址

陕西西安半坡遗址是我国目前唯一保存完好的原始社会遗址，距今已有6000多年的历史。

1956年3月，当时主管文教工作的陈毅来半坡遗址视察。当他看到那些埋藏了几千年的精美器物时，不禁情有所动，回到住处之后便题诗一首：

半坡村是原人居，彩陶纷陈世所稀。

绝无甲骨方块字，七千年前往可稽。

细孔骨针诚巧矣，鱼钩倒刺不奇欤！

瓮葬婴儿骸骨在，后人何事疑唐虞？

学者羞称五帝德，缙绅先生每难言。

洪荒野蛮成已往，后启文明莫忘前。

学人聚讼华夏史，半坡铁证说自存。

不应拒绝有外铄，齐向大同说文明。

第二天，陈毅便向中央发电报，建议拨款30万元人民币来修建半坡博物馆。1958年4月，半坡博物馆在西安建成，这是我国第一座史前遗址博物馆。

博物馆的大门为几条相交的木条，形成三角形，十分具有原始村落的风格。向里走，能看见鱼池中有一座正在汲水的半坡姑娘的石雕。大厅正面为郭沫若先生所题的"半坡遗址"四个大字。

半坡博物馆陈列展览面积约4500平方米，分出土文物陈列、遗址大厅和辅助陈列三部分。出土文物陈列由第一展室和第二展室组成，主要展出半坡遗址和姜寨遗址出土的原始先民使用过的生产工具、生活用具和艺术品等。遗址大厅是就地发现的原貌保存的半坡先民居住过的一部分，面积约3000平方米。辅助陈列由第三、第四两个展室组成，主要举办一些与史前学相关的专题性展览。

西安半坡博物馆于1958年4月1日正式对外开放，迄今已接待中外游客2000多万人次。1996年，半坡博物馆被确定为"全国一百个爱国主义教育示范基地"之一，1997年，西安市政府将半坡博物馆评定为"西安旅游十大景"之一，半坡遗址成为国务院颁布的全国重点文物保护单位。

红陶尖底瓶　陕西西安半坡出土。上海博物馆藏。

鷹形陶鼎

陝西省華縣太平庄出土。

大汶口文化：原始状态下的"阶级社会"

它位于山东，距今已有6300多年。

它上承仰韶文化，下启龙山文化。

尽管目前发现的遗址多为墓地，居址材料很少，但大汶口依然带给我们巨大的历史和视觉的冲击。

私有制、贫富分化、父系氏族、一夫一妻，这些词汇，都是从大汶口文化开始的。

考古队工作人员如何从墓穴中得出这些惊人的结论？这些墓穴里究竟埋藏着怎样的秘密？

事情要从1959年说起……

一个偶然引出一支文化

在很长一段时间内，考古学家都把史前文化的重心放到了中原地区，直至大汶口遗址的出现。1959年，京沪铁路山东段的施工在泰安市大汶口镇被迫停止。原来，有人从工地上挖出了大量的陶器碎片，一听到这个消息，考古队工作人员立即前去调查。

考古队工作人员在对出土文物进行了初步鉴定后，发现这是一处新石器时期的文化遗址。这个发现震惊了在场的考古队工作人员，他们立刻制订出一个详细的方案，以此对其进行大规模的发掘。

同年6月，考古队工作人员在5000多平方米的特区内发现了多处墓葬群、房屋、窑址，并出土了2000多件陪葬品。20世纪70年代，考古队工作人员又在汶河北岸进行了两次挖掘。前后三次大规模发掘让考古工作人员基本确定了大汶口遗址的范围。它东至宁阳县堡头村，西北至汶河北岸卫家庄，东北至大汶口镇，西南部已被汶河淹没，现存面积 82.5 万平方米，涵盖了 6100 ～ 4600 年前文化发展的各个阶段。后来，考古队工作人员又在古代黄河三角洲地区发现了 200 多处与大汶口文化类型相同的遗址。大汶口文化分布之广、影响之深远令众多的考古学家感到震惊。

在大汶口文化早期，陶器种类不多，造型简单，仅见觚形器、钵、罐、盆、杯、豆（敞口喇叭足的食器）、鼎、大口尊等。

在中期，大汶口人学会使用轮制技术，有了少量轮制小件器物，种类增多，出现了实足鬶、背壶等器物，并能烧制出火候较高的灰白色陶器。

到了晚期，大汶口人开始用快轮生产大件陶器，制陶原料也有了新的来源，出现了制作水平较高的白陶和黑陶。

白陶和黑陶是大汶口文化的典型代表。白陶是用高岭土（柑子土）经 1200℃ 高温烧成的，是一种质地坚硬、胎壁薄匀、色泽明丽的容器，分泥质和夹砂两种，通常有白色、黄色或粉红色等颜色。泥质的器类有豆、壶、罐、杯等，夹砂的器类以鬶为主，也有一些鼎。目前主要出土自泰安大汶口遗址、邹县野店遗址、临沂大范庄遗址等。黑陶是新石器时代继彩陶之后的又一个制陶高峰，被誉为"土与火的艺术，力与美的结晶"，是龙山文化蛋壳陶的前身。大汶口人采用高温下严密封窑技术，使陶土中的铁元素得以还原，有的还在陶土中掺炭，因此烧成的陶器多为黑色。

1959 年的一个意外，却引出了一支庞大的文化，从中出土的陶器等手工艺品更是成为这种文化的最好证明。

大汶口人的独特审美

从出土遗骸来看，大汶口人有着自己独特的审美观。

当时的大汶口原住民盛行枕骨人工变形和青春期拔牙的习俗。一般是拔出一对上颌侧门齿。这种拔齿的习俗流行于古代中国东方、南方，甚至到了南北朝时期还有存留，而大汶口则是该习俗的发祥地。

从王因、大墩子墓中出土的骨骸上，还发现颌骨异常变形的现象，某些个体臼齿外侧严重磨损甚至萎缩，这是因为大汶口人长期在口中含置小石球或陶球而使口腔内部发生变形，使自己的脑袋变扁。

虽然这种审美不符合现代人的口味，但却为大汶口人所推崇。

另外，大汶口还流行在死者腰部放穿孔龟甲，死者手握獐牙或獐牙钩形器。这些习俗在中国其他史前文化中也是极为罕见的。

私有制造成贫富分化

大汶口文化以农业经济为主，主要种植的作物是粟。三里河遗址的一个窖穴中出土了一立方米的朽粟，说明当时的粮食生产已具有相当可观的数量。农业生产工具主要是磨制石器，早期就已使用大量磨砺精良的穿孔斧、刀、铲等，另外，还有骨镰等收割工具及石杵等加工谷物的工具。到了中晚期，又出现了有肩石铲、石镐和鹿角锄。

大汶口的家畜饲养也很发达，各遗址有出土猪、狗、牛、鸡等家畜家禽的骨骼，墓地中还常发现用狗和猪随葬的现象。中期以后，用猪随葬的风气渐盛，墓葬中不断发现整猪、半只猪、猪头或猪下颚骨的遗骸。在大汶口墓地，用猪随葬的墓占1/3以上，胶县三里河的一座墓中随葬猪下颚骨多达32个，表明各氏族部落在中晚期养猪业已十分兴旺。

此时，手工业经济也发展到较高的水平。制陶业、玉石制造业从农业中分离出来，成为独立的经济部门。

无论是剩余的朽粟、大量陪葬用的猪或其他牲畜，还是作为独立经济部门的手工业，这些都表明大汶口时期的经济已经发展到了一定水平，粮食和家畜都有剩余。于是，剩余产品造成了私有制的出现，从而逐渐造成贫富分化。

在大汶口晚期的墓葬里，贫富悬殊特别明显。从墓的规模看，有大墓和小墓的差别。从死者陪葬品的多寡和质量上，更能体现出这种差距。有一组墓穴共七个墓，陪葬品比较丰富，最多的达77件，最少的也有19件，包括陶器、玉石器、猪头等；另一组共四个墓，陪葬品很贫乏，加起来也只有17件，为陶器、纺轮、獐牙等。甚至有的大墓坑有4米多长、3米多宽，陪葬品竟多达160多件，内有多种精致的装饰品。相比之下，该遗址其他已发掘的133座墓葬中，有 80 座的陪葬品只是一般的生产工具和日常生活用品，还有 8 座竟然完全没有陪葬品。

在大汶口 M10 号墓中，有一名老年女性躺在漆过的棺木之中。她的头上插着象牙梳，颈部缠绕着用大理石和绿松石串起来的项链，手戴戒指，左腕有玉臂环，旁边有 90 多件陶器、雕花象牙筒、猪头、兽骨、鳄鱼鳞板等陪葬品，可谓是豪华至极。

由以上发现推断，到了大汶口中晚期，私有制已经出现，贫富分化的现象十分明显。另外，此时已出现了文字，可能是奴隶社会的初级阶段。

父系氏族文化的典型代表

大汶口文化时期，社会生产的劳动者的性别发生了很大的变化。这从男女随葬的石铲、石斧、石锛和纺轮等劳作工具的变化就可以看出。在大汶口文化中期以后，男性死者的陪葬品主要是石铲、石斧、石锛等生产工具，女性死者的陪葬品则主要是纺轮。这说明男性已经成为社会生产，特别是农业生产的主要担当者，而女性主要从事纺织等家内劳动，很少出门打猎或耕种，社会已经从母系氏族公社阶段发展到父系氏族公社阶段了。

这一变化在墓穴中也得到了良好的体现。在大汶口文化遗址的聚落中一般都有集体墓地，所有的墓葬都按照一定顺序整齐地排列着，墓穴多采用北方流行的竖穴葬，死者头部朝向同一方向。在早期，墓葬中最常见的是同性合葬与多人合葬。这种集中一地的多人或同性葬法是氏族制度中墓葬形式的共同特点，反映了当时人们通过血缘关系组成氏族部落共同生活的状况。而在大汶口文化中期，墓葬形式最多的则表现为单人葬；到了晚期，还出现了异性双人合葬以及三人合葬，即一对夫妻和一名儿童，很明显，这是一个三口之家的墓穴。

在异性合葬中，大多陪葬品都偏向于男性一侧。年代更晚些的墓穴中，女性甚至被排挤到了正穴侧面，其陪葬品也明显少于男性，男性占据了墓穴的中心位置。这种埋葬方式表明，女性已经失去了从前的主导地位，完全成为男性的附庸。她们离开自己的家族，嫁到男方的家族中。

为什么会出现这样的现象呢？这与经济发展以及男女的生理区别有着巨大

大汶口陶鬹　25厘米×7.5厘米×17.5厘米

的关系。

随着农业和畜牧业的发展，渔猎在社会经济中所占的比重下降；另外，耕地不断扩大，狩猎的范围日趋缩小，于是，男性便逐渐加入农事活动之中。这样，从前男性外出打猎、女性在家耕地的现象便有所减少。随着生产力的发展，生产工具也不断改良，这样就增加了劳动强度。男性身强力壮，没有生育负担，他们在农业生产上比女性表现出更多的优势。

而制陶业程序繁多，工艺复杂，尤其是采用新技术以后，逐渐发展成具有一定规模的独立手工业生产部门。它需要消耗大量的体力，已非妇女力所能及。制陶业是父系氏族社会最重要的手工业部门，确立了男子在手工业生产中的主导地位。

男女社会分工的变化，使男性成为社会财富的主要创造者，因而他们在财产的分配上就具有较大的发言权，这一点与母系氏族产生了巨大的冲突。所以，随着时间的推移，社会发展出了更符合男性要求的制度，即父权社会。

大汶口文化处于社会转型时期，它从公有制社会发展到私有制社会，从母系氏族过渡到父系氏族，从子女知其母不知其父的"走婚"状况过渡到一夫一妻制，并且有可能是从原始社会末期跨越到奴隶社会的初级阶段。大汶口文化不仅推动了当时社会的发展，也为我国黄河下游的考古研究谱写了新的篇章。

良渚文化：占据半个中国的"古国"

它位于长江下游、太湖流域，它存在于距今约 4000～5300 年的远古。

它被誉为"中华第一城"，出土了"世界第一片丝绸"和"玉琮王"。有人称它为"玉器时代"，有人尊它为"中华文明的曙光"。

它，就是良渚文化。

良渚文化与红山文化并驾齐驱，它的玉器代表着中国新石器时代的最高峰。

可是数量如此之多的玉石原料从何而来？是盛产玉石的遥远西北，还是尚未发现的南郡古矿？

巨大的文明又因何消失？是如庞贝古城一般被掩盖在火山的碎屑之下，还是如亚特兰蒂斯一般沉睡在深深的海底，抑或是如阿兹特克文明一般消亡在西班牙入侵者的枪炮之下？

遥远的古文化，为我们留下了一个又一个谜团，等待着世人去发现、去探索……

有望成为中国朝代之首的"良渚"

1959 年，考古学家夏鼐在长江文物考古队会议上正式提出"良渚文化"的命名，为中国考古揭开了一页新的篇章。经碳 14 测定，该文明距今约4000～5300 年。

随着考古队工作人员的发掘，陆续有许多文物出土，如石犁、各种玉器、彩绘黑陶、"世界第一片丝绸"等。然而最让考古界震惊的，还要属良渚古城的发现。它或许会改变中国的断代历史。

良渚古城遗址的发现非常意外，它源于 2006 年一次保护区域内农民住宅外迁安置点的基建项目。当时，浙江省文物考古研究所在瓶窑葡萄畈遗址高地西侧挖掘时，发现了一条良渚时期的南北向河沟。考古队工作人员非常兴奋，继续深入挖掘。在4米多深的地方，铲头碰到了石块，换个地方再挖，在差不多深度的地方再次碰到了石块。随着泥土被逐渐挖去，一大片石块露出来。经局部解剖发现，这一高地是由人工堆筑而成，宽60多米，深近4米。

另外，考古队工作人员还发现这块土地的土质不同于良渚一带的灰黑色淤泥，而是黄土，这说明这块土地是人工夯筑而成，并且是从外面搬运过来的。在黄土下面，铺着一层比较圆滑的石块。经后来的挖掘证明，该地就是良渚古城的西城墙，稻田下的那条沟渠是护城河。

之后，剩余的三面城墙依次被发现。这座古城东西长约1500～1700米，南北长约1800～1900米，略呈圆角长方形，正南北方向。城墙部分地段残高4米多，宽度达40～60米，上面堆筑纯净的黄土。与西城墙相比，其他三面城墙更加考究：铺垫的石头尖锐很多，明显是人工开凿；城墙外侧石头相对大些，越往里越小；堆筑的黄土层中，有时会掺加一层黑色的黏土层，增加了城墙防水能力。考古专家推测，这些痕迹说明古人最先造的是西城墙，等到建其他三面城墙，经验则更丰富了。

其实，考古队工作人员根据早在之前发现的部分良渚遗址的位置、结构、布局，便认为有宫殿，如今又有城墙出土，则说明该地相当于良渚时期的首都。

良渚文化主要分布在长江下游、太湖流域，东至东海，西北至江苏镇江、常州一代，甚至山东南部和山西南部都曾受到过它的影响。良渚势力如此之大，占据了半个中国，如果没有较高的经济文化水平，是绝不可能做到的。

该古城面积290万平方米，与北京颐和园差不多，其城墙比西安城墙还宽2～4倍。在目前发现的代表中国早期文明的遗址中，良渚遗址的规模最大，水平最高，是证实中华五千年文明史的最具规模和水平的地区之一，被誉为"中华第一城"。

有的考古学家认为良渚古城其实就是"良渚古国"。良渚古城的发现，使一些学者认为中国朝代的断代应该从此改写——即把现在认为的最早朝代夏改为良渚。

良渚文化玉璧　直径 21.3 厘米

神秘的玉石来源

不仅仅是这座面积巨大的古城震惊了世界，良渚出土的玉器也可谓是"惊天地，泣鬼神"。有学者甚至认为"中华文明的曙光是从良渚升起的"，提出了"玉器时代"一说。

良渚古玉材料主要为透闪石、阳起石系列的软玉。按照纤维结构的差异，又可分为两类：第一类玉料未受沁时为半透明的湖绿色，受沁后为"鸡骨白"，多见于琮、钺、三叉形器、冠状器等；第二类玉料未受沁时为不透明的暗绿色，受沁后五彩斑斓，多见于面积较大的璧。

良渚出土的玉器表面薄而精致，有光泽，这是制作抛光并几千年地下深埋受沁的缘故。它的光泽强烈而柔和，在玉器边沿有许多红褐色透光晶点，这是任何仿制品都不具有的特点。

良渚文化带有高柄盖子的黑陶罐

良渚文化早中期　镂空神灵动物面纹玉饰　横长 5.4 厘米

良渚文化中期　青玉　高 4.46 厘米　直径 6.17 厘米

良渚玉器讲究对称均衡，给人一种庄严肃穆的感觉。它采用阴刻线为主、淡浮雕为辅的表现手法，并出现了圆雕、半圆雕、镂空等难度很大的手法。饰纹已学会采用"三层花"手法，即立体纹、地纹和装饰纹三位一体。第一层用阴刻线刻出云纹、直线、涡纹等图案为底纹，然后用浅浮雕的手法表现轮廓，最后再以阴刻线在凸面表现细部。

为解决背面平面形象呆板的问题，设计者还匠心独运地采用两个侧面表现立体图形的方式，将原本单调、呆板的背面形象表现得面目狰狞、变幻莫测，令人感到毛骨悚然。

1986年，一件玉琮出土于浙江省余杭县（今余杭区）反山12号墓。该玉琮呈黄白色，有规则的暗黄色瑕斑，纹饰繁复精细。形为方柱体，内圆外方，高8.8厘米，孔径4.9厘米，重达6500克。上面有目前最完整的神人兽面纹，同时还刻有极其繁密的纹样，线条纤细规整，有时1毫米中就刻有四条细纹，即使在现代也要用放大镜才能看清，可见良渚人工艺高超。

自20世纪50年代以来，良渚不断有玉器出土，其数目之庞大，玉质之精美，种类之繁多，技术之精湛，无不令人赞叹。然而，其所需的庞大的玉石来源又是哪里呢？

在很长一段时间内，良渚文化范围内都没有发现该时期的玉矿，于是有些考古学家认为良渚玉石原料是从盛产玉的辽宁或新疆转运过来的。然而，在史前社会，生产力非常低下，人口也很稀少，交通工具简陋，良渚人又如何从那么遥远的西北、东北地区跋山涉水地把玉料运到良渚文化所在的东南地区呢？

因此，也有人持相反的态度，认为在良渚文化的区域里，尤其是在良渚遗址群内的天目山余脉，一定存留着被人们遗忘了的古代玉石矿藏。

良渚文化可能会消失，但是良渚人所开采的玉石矿藏却是永恒存在的。1982年，在江苏省溧阳小梅岭发现透闪石软玉矿藏，经取样鉴定，此矿藏的软硬度在5.5～6度之间，玉石质地细腻，色泽呈白色和青绿色，透明度较好，呈蜡状光泽，与良渚文化玉器所用玉料相似。这一发现令考古界为之兴奋，考古学家们普遍认为，良渚文化的玉石来源可以确定是就地取材，而非远地转运。

但目前仍存在疑点，例如，位于浙江余杭境内的良渚遗址群内出土的玉器几乎是其他遗址出土玉器数量的总和，其所需的玉料也应是良渚文化圈内最多的，这些大量的玉料都是从江苏小梅岭运来的吗？

如今，良渚遗址群内依然没有发现矿藏，但仍有不少专家和学者坚持认为是"就近取材，来自附近的地区已被遗忘的古矿床"。目前在尚未出现其他推测之前，这个想法为人们普遍接受。至于事实究竟如何，还要考古队工作人员继续调查和研究。

良渚文明的消失疑案

良渚文化有着庞大的"管辖区域"，并掌握着当时的尖端技术。然而，若不是考古队工作人员的发掘，这支巨大的文明将永远被埋藏在漆黑的地下。良渚文化究竟是如何消失的呢？对此，考古学家们进行了各种推测。

一、海侵论

良渚文明出现在距今 4000～5300 年，恰好位于第二个和第三个气候比较温凉干燥的时期，这与大量良渚文化遗址孢粉组合所反映的当时气候是一致的。在第四个千年尺度暖湿气候期（距今 3200～3800 年），地球气温升高，冰川融化，海平面上升，太湖平原除了少数高地和丘陵外，全部沦入汪洋之中，出现了继前 4300 年之后最高的海平面，比现今海平面高出 6 米左右，被称为钟家塝海侵。正是这次海侵使良渚文化毁于一旦。如今，在大量良渚文化遗址的文化层上，普遍存在着一层厚约 0.5 米以上的黑色水相沉积物，这是长期处于浅海底和湖沼底部的证据。

海侵的观点最早出现于良渚文化博物馆的综合介绍《走进良渚文化》中，如今被越来越多的人所接受。

二、洪涝论

这个观点在《走进良渚文化》中也有阐述。该观点认为在良渚文化晚期，太湖地区气候由寒冷变得温暖湿润，平均气温比现在高出 2℃，年降水量多出 200～300 毫米，加之当时的海平面比之前高出 2 米左右，留于内陆的水宣泄不通，造成很大的水患，尤其是长江三角洲地区，顷刻被洪水淹没。以农业为主要生产活动的良渚人无法再继续维持生活，只好被迫举行大规模的迁徙活动，

最终在流亡的过程中被其他地区的民族消灭或同化。

三、战争论

良渚社会时期，在黄河、长江流域有不少类似良渚的部落小国。随着经济的发展，各国的政治也慢慢向奴隶制靠近，逐渐产生了集王权、军权、神权于一体的统治者。他们不满足于已有的土地和财富，开始扩大地盘和人口，同邻周部落古国之间发生激烈的掠夺性战争。

而盛极必衰的"良渚国"的首领日益奢靡，造成激烈的社会矛盾，国家内乱时有发生，其他部落古国趁此击败良渚。内忧外患的社会状况最终导致良渚文化走向了消亡。

四、瘟疫说

该观点由中国近代史博物馆研究员张祖方提出。他认为，虽然地震、火山爆发、饥荒、战争、洪水等灾害都会造成悲剧，但却没有哪一种能像瘟疫那样惨烈。由此推断，在良渚文化末期，当洪水退去之后，太湖流域可能出现某种疫情，人们对此束手无策，只能背井离乡。

然而，躲避瘟疫的良渚人无论迁徙远近，他们都会在某些方面发挥良渚文化的传承作用，这也是良渚文化之所以传布广阔的原因之一。

对于良渚文明消失的原因，至今还未有定论。然而，正因为这种不确定性，才为绚丽的良渚文化更添一丝神秘气息；也正是由于美丽与神秘并存，才使良渚文化如同断臂的维纳斯一般，留给后人无尽的想象与憧憬，同时鼓舞着热爱考古、热爱古文化的有志之士进行探索。

龙山文化："青铜文明"的开启者

龙山文化位于黄河中下游，距今约 4000～4600 年。

它是我国近代考古学产生后由中国学者发现、发掘的第一个史前遗址，有"四千年前地球文明最精致之制作"的蛋壳黑陶杯，还有世界上最古老的观象台。

与此同时，仍有许多谜团尚未解开。精巧黝黑的蛋壳陶是如何做成的？陶寺乡真是尧的都城吗？中国人自称为"龙的传人"，这一习俗究竟是从何时开始的？

让我们跟随考古的脚步，从龙山文化被发现的重要时刻说起……

意义非凡的"中国考古第一案"

1928 年 4 月 4 日，年仅 28 岁的吴金鼎前去平陵古城考察，当时他还只是清华大学人类学专业的一名大二学生。平陵位于山东章丘龙山的东北方向，早在春秋时期就是一个非常重要的城邑。

到达平陵之后，吴金鼎登高东眺，突然，一个小城样子的城台进入了视野，立刻引起了他的兴趣。在向当地人询问之后才知道，该地名为"城子崖"，人们俗称"鸭鹅城"。

城子崖西面的断崖上，火烧的痕迹十分明显，上面还有陶井、贝壳和动物的骨头。吴金鼎只是随手挖了几下，竟然挖出两枚骨锥。从它们制作粗糙的特点上来看，吴金鼎认为它们应该是远古遗物。之后，吴金鼎又在附近进行了挖掘，发现了大量的陶片、贝壳、兽骨，却不见金属、瓷器碎片，于是，吴金鼎更加确信自己的判断。

同年 7 月，吴金鼎再次来到城子崖。这一次，他收获颇丰，先后发现了一把完整的石斧和一种从来没有见过的漆黑发亮的陶片。

吴金鼎将自己的发现报告给自己的老师李济先生。李济先生素有"中国考古学奠基人"的美称，当时正在主持河南殷墟的发掘工作；但殷墟发掘因故暂停，便计划到齐国故城的临淄开展考古工作。李济先生在听了吴金鼎的叙述之后，便与他一起到城子崖进行考察，并在现场观看了那些陶片、贝壳、兽骨。于是，他决定进行进一步的发掘工作。

之后，当时的中央研究院与山东省政府组建了"山东古迹研究会"，并先后进行了多次挖掘。1930 年，首次挖掘工作展开，从城子崖遗迹中发现了大量的石器、卜骨与大量厚度仅 1～2 毫米的黑陶。这些质地细致的黑陶引起了考古界的关注。1931 年，在考古学家梁思永的主持下，第二次挖掘工作开始了。这次挖掘使考古界正式确认城子崖为一处以黑陶为特点的新时期的遗址。1990 年，山东省文物考古研究所对城子崖进行了第三次挖掘。

从挖掘情况来看，城子崖遗址的文化层堆积很厚，一般为 4 米左右，最厚可达到 6 米以上。从文化层可分为两层，上层的出土文物有陶器、石器、蚌器和少量铜器，其中陶器以灰陶为主，所以上层被称为"灰陶文化期"。下层厚 3 米左右，出土了大量黑陶器皿，大都制作精良，其中，蛋壳黑陶更是稀世

珍品。这一时期被称为"黑陶文化时期",距今约 4600 年左右,与我国西部的彩陶文化迥然不同。

城子崖遗址是在中国近代考古学产生后由中国学者发现、发掘的第一个史前遗址,并在发掘过程中首次运用了考古地层学的理论和方法,出版了我国第一部田野考古发掘报告《城子崖》。城子崖遗迹的独立发掘对我国考古学的发展有着十分重要的影响,被誉为"中国考古第一案"。

因城子崖遗址位于龙山镇,故被命名为"龙山文化"。

目前,龙山文化遗址的总数量已经超过了一千座,分为山东龙山文化、河南龙山文化、陕西龙山文化等几大类。其中,山东龙山文化作为龙山文化的主要分布地,以造型精美、漆黑透亮的黑陶和蛋壳陶著称,成为龙山文化中最具特色的一支。

制陶史上的巅峰——黑陶

龙山黑陶是继仰韶彩陶之后的又一陶器巅峰。甚至在龙山文化未被正式命名之前,城子崖遗址被人称为"黑陶文化"。

龙山黑陶的品种丰富,外形规整。主要器皿有尖底瓶、罐、盆、鬲、豆、

龙山文化黑陶三足把杯

杯、鼎等。黑陶装饰简单，强调器皿的造型丰富多变和设计新颖巧妙。黑陶造型千姿百态，以复杂造型为主，简单的较少，但都质感细腻润泽，形象端庄优雅，给人一种柔雅沉静之美，欣赏价值极高。不过早期黑陶采用泥条盘筑法，陶器上留有编织纹、篮纹、绳纹及某些以镂空手法雕镂出的花纹等多种形式的图案。

龙山人还掌握了高超的封窑技术，有效地提高了窑内的温度，缩短了烧窑的时间，使陶土中的铁成分得到充分还原。这样的做法不仅提高了陶器的硬度，还赋予陶器两种颜色——灰色和黑色。当时在制作黑陶时，主要利用轮制的方法，到了器物烧成的最后阶段，从窑顶缓缓加水，使木炭熄灭，产生烟气，让烟将陶土熏黑，因而使陶器呈现出深黑色光泽。山东龙山黑陶在轮制过程中，在器体上留下了许多意外的凹凸线条，也别具一种韵律美。

由于黑陶的应用范围大多为礼器，很少用于日常器皿，所以它的产量较少，更显弥足珍贵。

黑、薄、光、纽为黑陶的四大特点。其中，有一种黑陶造型小巧，漆黑乌亮，薄如蛋壳，被称为蛋壳陶，它代表着黑陶的最高成就。蛋壳陶是一种专为礼仪用的器皿，多见于较大型的墓葬中。其质料全部是细泥质的黑陶，不含任何杂质。

1973 年，于山东日照东海峪出土的蛋壳黑陶高柄杯是一件比较完整的文物，现收藏于山东省文物考古研究所。它高 19.5 厘米，口径 9 厘米，足径 4.7 厘米，最薄的地方仅有 0.2 毫米，重量不足 50 克。该蛋壳陶为泥质，造型细高，有喇叭形大侈口，下加细长柄，柄中部凸起一段作鼓腹状，表面布满竖向细小镂孔，整齐匀和，柄下端为圈足形座，腹部饰有弦纹。它通体散发黑色光泽，质感细腻温润，造型别致秀美，堪称古代陶艺的精华。这件蛋壳陶被誉为"四千年前地球文明最精致之制作"，考古专家如此形容它："黑如漆，亮如镜，薄如纸，硬如壳，掂之飘忽若无，敲之铮铮有声。"

然而，四千多年前的先民是如何制作出如此精巧的蛋壳黑陶杯的？这个问题一直困扰着考古学家们。为了解开谜团，考古学家们模拟当时的环境和技术，进行了一次又一次的实验，却都以失败而告终。于是，考古学家不得不改用现代技术来尝试，却依然无法制作出相同水平的蛋壳黑陶杯。

精致而稀少的黑陶器皿，正如它本身的颜色一般给人以无限神秘的感觉。

細起花文若有神撫無留手
平勻知其是玉疑非玉謂此非
珍飪是珎氣合古人餘汤穆牽
羞時語詡玢瓍千年邈跡一旬
現巢許寧稱善隱淪
乾隆丙午季春御題

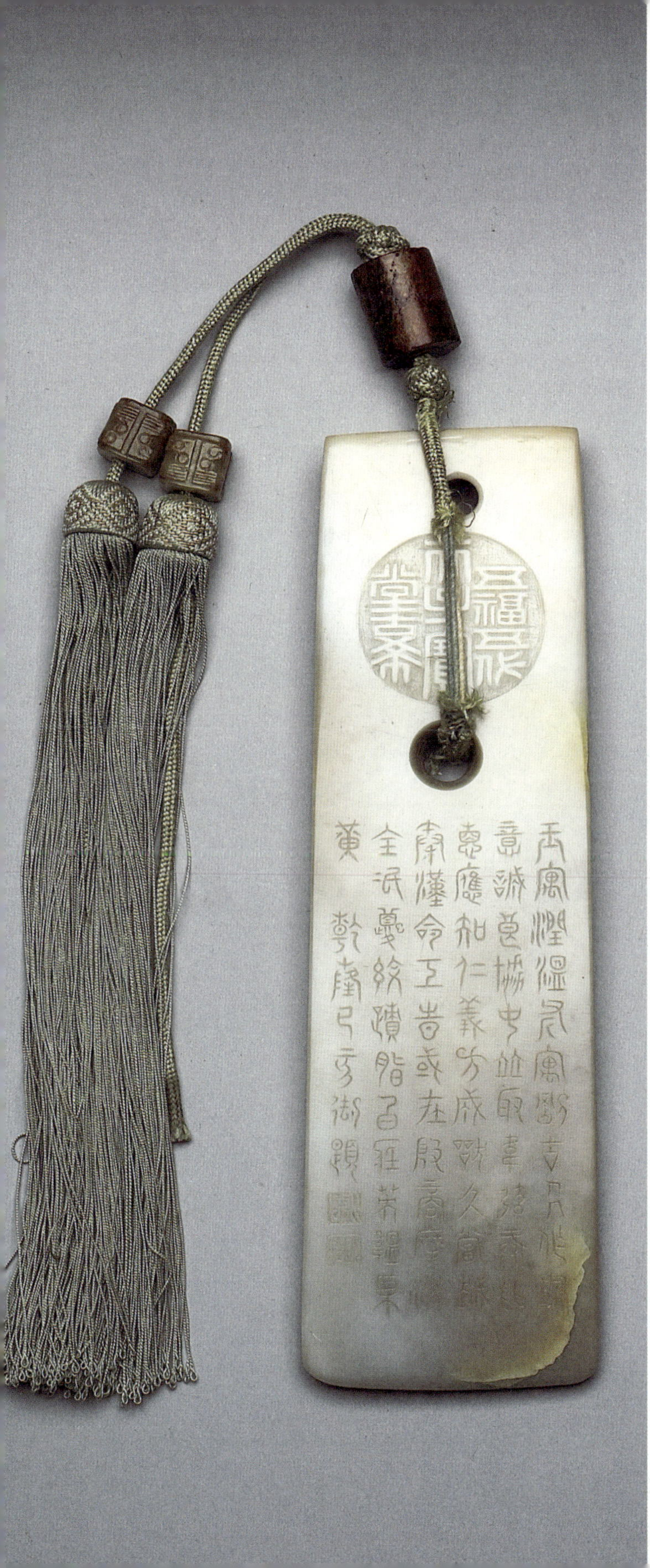

龙山文化晚期玉圭

第二章

神秘陵寝：长眠地下待人寻

罗布泊小河墓地："西域文明"肇始者的亡灵城

如果神秘也有代名词，那么它的名字便是"罗布泊"；如果死亡也有颜色，那么这颜色的名字便是"小河"。

这是另一种样式的文明，它与我们所熟知的任何一种中国远古文明都截然不同。

小河文明距今约3800年，拥有独特的墓葬形式，具有"上千口棺材的坟墓"，出土了举世闻名的"楼兰美女"。这里的每一个发现都使人激动万分。

然而，这些只是这个神秘文化的一部分，有许多同样美丽的存在仅仅现世一次便又沉入历史的沙丘——例如贝格曼所记述的"微笑的公主"。有人说，小河是世界考古史上的孤本。

贝格曼曾写道："在他们的最后睡眠中，一切都忠实地汇入了死亡……直到某一天，有陌生人来到这里，才搅扰了他们不醒的长眠……"

异常艰难的发掘之旅

人类学家摩尔根说过："塔里木河流域是世界文化的摇篮，世界文化的钥匙遗失在了塔克拉玛干，找到这把钥匙，世界文化的大门便打开了。"然而，即使到现在，塔里木和塔克拉玛干依然是世界谜团。人们希望能借助于位于塔克拉玛干的罗布泊小河墓地来打开世界文化的大门。然而，小河墓地的发掘也充满了波折与艰辛。

1900年，罗布猎人奥尔德克担任瑞典探险家斯文·赫定的向导并发现了楼兰古城。他告诉赫定，自己曾于几十年前在雅丹布拉克和库姆河以南的荒漠里发现了一个有一千口棺材的神秘沙丘。这令赫定十分吃惊，他预感这里埋藏着一项史无前例的秘密。

1934年，赫定邀请瑞典考古学家贝格曼参加由中国国民政府组织的"西北科学考察团"到丝绸之路进行勘察，奥尔德克闻讯后也迅速赶来。

几人来到库姆河以南地区，发现这里如同一个巨大的迷魂阵，常常走了一个上午又返回到出发时的地方。两个月过去了，探险队毫无收获，成员们都已心灰意冷，就连奥尔德克也开始怀疑那座有坟墓的小山已经被新形成的湖泊淹没了。

同年5月30日，贝格曼等人意外地来到了一条库姆河的支流，该河宽20米，流向东南方，没有名字，于是贝格曼便随口将它叫作"小河"。6月2日傍晚，奥尔德克终于发现了多年前曾给他带来震撼的墓群。

然而，1934年之后，由于当时的中国政局动荡不安，对小河墓地的考察活动被迫停止，刚刚有希望现世的神秘钥匙就这样再次遗失在沙漠中。一直到20世纪90年代末，贝格曼于1939年出版的《新疆考古研究》才由中国社会科学院编译出版。

1979年，日本NHK电视台和中国中央电视台合作拍摄丝绸之路，新疆考古所原所长王炳华、穆舜英被选作寻找楼兰的考古专家。王炳华带领一支考古队伍进入孔雀河下游，想要寻找小河墓地，却意外地发现了"太阳墓"和"楼兰美女"。

20世纪80年代之后，中国考古工作人员才进入罗布泊工作，并对楼兰文物进行调查。此时，人们还是没有找到小河墓地。

2000年12月，65岁的王炳华和一个摄制组再次开始了寻找小河墓地之旅。可是越往前走，生命气息就越小，沙丘越来越大，连绵起伏，每前进一步都非常困难。当步行到第四天时，仍毫无所获，大家都有所动摇。据测算，小河墓地可能还在30千米外，而干粮和水早已所剩无几。

"再坚持3个小时，就3个小时，不行就往后撤。"王炳华咬着牙做出了决定。

然而，正是这可贵的3小时，令小河墓地得以重新现世。

其实远在4千米之外就可以看到小河墓地，只是人们在沙漠里转晕了才很难一下将它辨认出来。它在一片低矮的沙丘之中显得高耸挺立，上面有许多如

楼兰女干尸

楼兰出土的文物

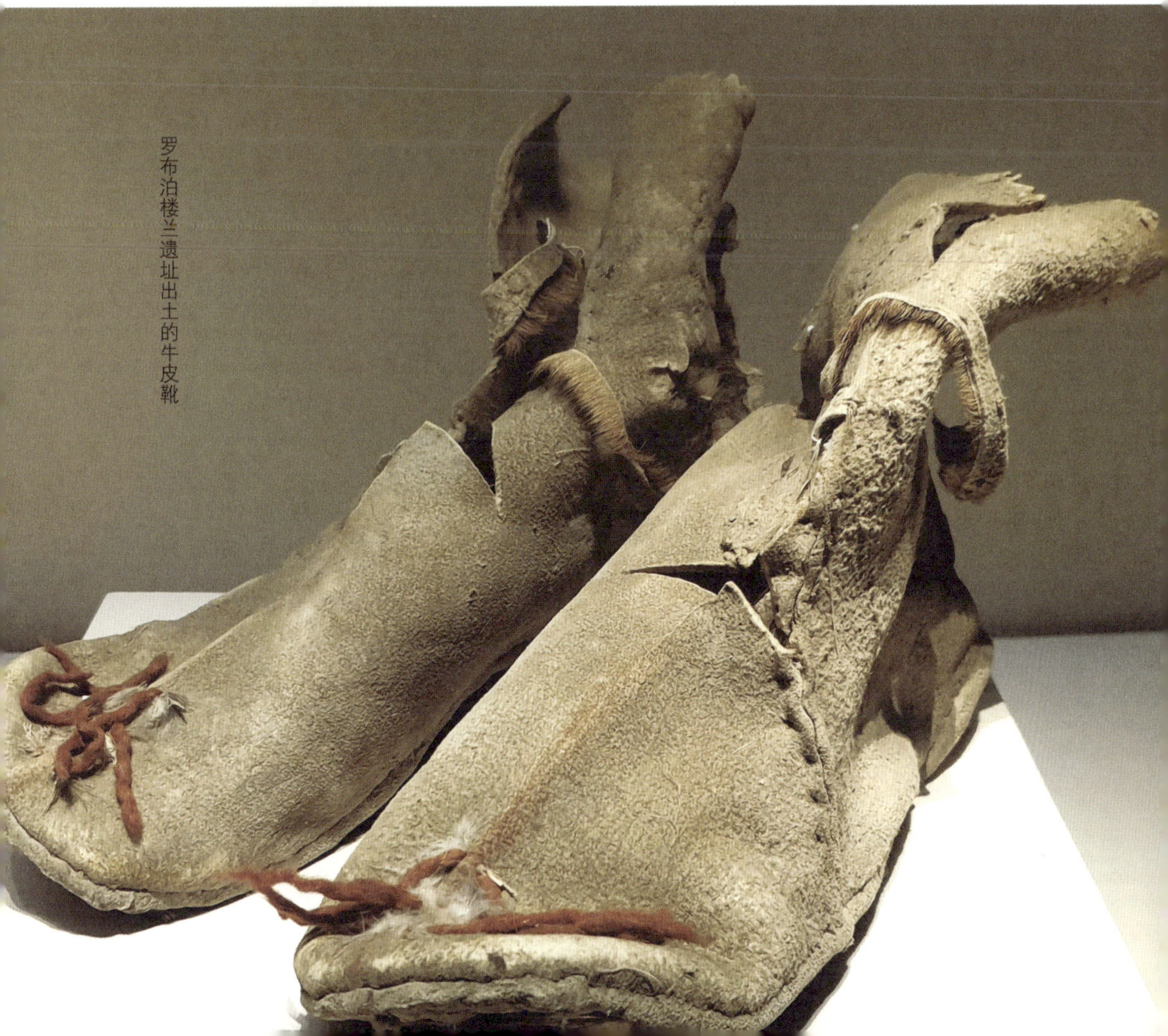

罗布泊楼兰遗址出土的牛皮靴

死胡杨林般的木柱。即使时间已经过了 66 年，小河墓地却依然如 20 世纪 30 年代时所呈现出的样子。

一个在沙漠中沉睡了近 4000 年的文明渐渐被现代人唤醒，它的再次现世被誉为"迎接新世纪的最新发现"。

奇异的生殖崇拜

远远望去，小河墓地最突出的特征便是"死胡杨林"。当年贝格曼远远望见这些"胡杨林"的时候，以为是因为过近的树距使得这些树互相支撑没有倒下。但他很快就搞清楚了那不是树林，而是一些矗立的木柱。它们密密麻麻地插在沙丘顶部，强烈的沙漠风暴和烈日炙烤已将它们的顶部劈开了花，但这些木柱依然倔强地站立着。新疆考古所所长伊弟利斯称赞小河墓地是"一座死亡的殿堂"。

这些木桩超过 140 根，大多高 4 米，非常粗壮，呈棱柱形，有 7 棱到 11 棱等，其中 7 和 11 是小河墓地中经常出现的数字，似乎有着某种含义。

在这些密集的木柱之间，杂立着被雕成长卵形的立木，粗大的木头的顶部被加工成了卵圆形，它们圆润的线条和多棱的柱形成对比，仿佛也有一种不同寻常的寓意。

另外，一种桨形的胡杨木桩也非常耐人寻味。它们形态夸张，宽度远远超过一般常识中的桨，而且上方通常被涂成黑色，下方是血红色，且在红色部位刻画着数道横向的装饰纹。贝格曼曾认为立柱上面有屋顶，只是在很久以前就被风吹走了。然而，随着考古工作人员的发掘，却发现立柱是死者的纪念物。

露在沙丘表面的仅仅是立柱的一部分，它们的大部分都在沙土的深处。每一个粗大的立柱下面通常都有一具棺木。死者头部前方和脚后各有一根立柱，通常头部的立柱粗壮高大，脚部的立柱细小一些。

立柱根据死者的性别不同而不同。男性死者的立柱头部是桨形的，女性死者的立柱顶端则被加工成卵圆形。这两种立柱分别有不同的含义：卵圆形立柱象征男根，桨形立柱象征女阴，二者都有着夸张的比例。目前出土的最大"男根"属于一名老妇人。它通体被涂成红色，上端线条浑圆，中段呈 9 棱柱形，被立放在妇人棺木头部的位置。一位历史学家说，如此对生殖的极度崇拜，在人类早期文化中从未见过。

贝格曼曾写道："看来这死神的立柱殿堂，曾经笼罩在一片耀眼的红色之中。人们将这些木质纪念物涂成红色，源于对魔法的敬畏肯定大于对美学的追求。红色是血的颜色，即生命的颜色。"

出土干尸世界之最

小河墓地是由数层上下叠压的墓葬及其他遗存构成的，相较于平缓的沙漠，墓地形成了一个椭圆形沙丘。沙丘高出地表 7.75 米，面积约 2500 平方米。

至 2005 年年底，考古工作人员测定墓地共有墓葬 330 个，完整保留下来并经科学发掘的有 167 座；发现若干组重要的祭祀遗存，发掘和采集文物近千件，其中有不少文物举世罕见。在最近一次挖掘中，挖获服饰保存完好的干尸 15 具、男性木尸 1 具、罕见的干尸与木尸相结合的尸体 1 具。新疆考古所所长伊弟利斯称："一处墓葬出土如此多的干尸在世界范围内绝无仅有，而究竟还有多少目前仍不清楚。"

在墓地中部和墓地西端各有一排保存较好的木栅墙，它们大体上呈南北走向，以中部的木栅墙为界可将墓地分为东西两区。同时，考古工作人员还发现了象征男根和女阴的立柱，高大的木雕人像，小型的木雕人面像，雕刻有花纹的木箭、冥弓、木祖、麻黄枝、涂红牛头、蛇形木杆、木构上嵌铜片、刻划纹数目相同的器等。这些带我们走入了一个充满原始宗教氛围的神秘世界。

在这些干尸中，要数"微笑的公主"最为著名。这具干尸是贝格曼最早发现并命名的，又称为"小河公主"。贝格曼发现她的时候，她正躺在船形的棺木里沉睡。这是当时唯一一具没有被扰动的棺木，它由牛皮紧紧包裹，没有钻进一丝尘埃。打开棺木，裹尸布立刻风化成粉末。里面的尸体保存得相当完好，干尸身材娇小，身高仅 5.2 英尺（合约 1.58 米）。这是一具年轻女性的木乃伊，"高贵的衣着，中间分缝的黑色长发上戴着一顶装饰有红色带子的尖顶毡帽，双目微合，好像刚刚入睡一般，漂亮的鹰钩鼻、微张的薄唇与露出的牙齿，为后人留下一个永恒的微笑"。

然而，"微笑的公主"却只是惊鸿一瞥，在20世纪30年代的考古工作被迫结束后，就再也没有现世。

70年之后，另有一具年轻女性的干尸出土，她头戴尖顶毡帽，双眼微闭，楚楚动人的睫毛翘着，上面还蒙着一层细细的沙尘。这具干尸是一个具有欧洲白种人特征的女性，让人们不禁想起贝格曼曾发现的"微笑的公主"。

封存不止三千年的墓葬

1934年6月2日傍晚，贝格曼找到奥尔德克口中的"有上千口棺材的坟墓"。之后它被编作"小河5号墓地"，并一直被人们所痴迷。它究竟距离现今有多久的岁月？考古工作人员对此进行了一些考察。

伊弟利斯认为小河5号墓地规模宏大，墓地从最初形成到最终废弃，应延续了较长时间；而目前所掌握的墓葬及文物资料多属上层遗存，所反映的应是墓地晚期的文化面貌。从棺木形制、死者裹尸斗篷、随葬的草编篓、麻黄枝等文化因素来看，小河墓地与孔雀河北岸发掘的古墓沟第一类型墓葬与在罗布泊北发掘的铁板河墓葬有许多共性。但小河墓地的最上层出土的文物比较精细，因此，考古专家初步推断小河墓地年代的下限晚于古墓沟第一类型墓葬的年代，而上限有可能与之相当或更早。

古墓沟墓地位于小河墓地正北偏东方向，距离约50千米，于1979年由新疆文物考古研究所王炳华研究员担任领队并发掘。经碳14测定，古墓沟第一类型墓葬距今约3800年左右。而铁板河墓地位于古墓沟墓地以东约100千米的罗布泊北侧，距小河墓地东北约200千米，是于1980年由新疆文物考古研究所研究员穆舜英发现的，距今也有3800年。

通过现场发掘，考古工作人员发现在罗布泊沙漠中突起的小河墓地沙丘并非自然沙丘，而是由于经过长时间连续建构墓葬而人为形成的，并且可以肯定至少有三层以上的墓葬叠压。2003年10月起，考古工作人员对小河5号墓地进行了1.8米深的考古发掘，发现墓葬33座，服饰保存完好的干尸15具。越往下层，距今的年代应该越久远。

贝格曼在《新疆考古研究》中猜测小河5号墓地的年代"早于中国统治楼

兰王国时期"，即公元 2 ～ 3 世纪，并认为"小河 5 号墓地应该比罗布泊其他土著墓葬更为古老"。

目前，经过现代科学技术的测定，小河墓地的上限有可能早于公元前 2000 年，下限为公元前 1800 年。

西域文明的萌生地

小河文明与其他文明相比，独具风格。在墓穴之中，只见一些简单的陪葬品。除随身的衣帽、饰品之外，死者身上大多覆盖着大量的麻黄草枝条，且每个墓里都有一个草编的小篓。目前，这些做法的具体寓意还不得而知。

据伊弟利斯介绍，小河墓地的发掘显示青铜已经出现，但似乎并没有成为人们日常使用的工具或器皿，它可能是一种饰物或者作为某种象征意义而镶嵌在木制品上，而草、木、皮、毛可能是当年这里生活的主要依赖。

贝格曼在他的著述中分析："小河墓地的出土物代表了两种不同的文化，一种是 5 号墓地，埋葬着楼兰土著；另一种是小河附近的其他古墓，埋葬着身穿丝绸的上层社会人士。"

虽然现在小河已经被沙漠所掩埋，但是墓地的存在无时无刻不提醒着人们小河曾经的重要性。有学者认为，分别位于罗布泊南北的两条河——南面的塔里木河和北面的孔雀河（库姆河）可能是楼兰真正的土著居民的发祥地。古楼兰人正是在这里为族中的贵族修建了充分体现民族文化的小河陵墓。而西域文明的诞生地，就在这南北两河间的小河 5 号墓地之中。

晋侯墓地：难以摆脱的被盗噩运

　　他们生前位高权重、统领万民，死后却遭人洗劫；他生前不可一世、盛气凌人，死后却身首异处。

　　晋侯墓地频频被盗，墓区内的文物损失惨重，但它剩余的古代随葬品依然带给今人无限的震撼。

　　然而，无名之墓的主人究竟是谁？又是谁掠夺了他死后的尊严？

　　让我们随着考古学家的脚步，一起走进晋侯墓地……

盗墓分子频频光顾

　　天马—曲村遗址发现于1962年，第二年进行过小规模的挖掘和钻探。1979年起，北京大学考古系和陕西省考古研究所组成了以邹衡教授为中心的考古队伍，在天马—曲村遗址展开了持续十余年的考古发掘工作。

　　期间，考古队发现了近千座西周至战国时期的晋国中小型墓葬及数万平方米的居住址，其中出土的大量文物更是为世人勾勒出晋文化的风貌。自汉代以来，人们便已经对晋国早期都城的确切位置没有记载了，所以，该遗址才能在各个朝代免于被盗掘破坏。直至20世纪80年代后期，该遗址仍然是全国范围内同时期遗址中保存状况最完好的一处。

　　但是，从1986年开始，中国的盗墓行为空前猖獗。

　　1992年，邹衡、徐天进二人前往设在曲沃县曲村镇的考古工作站，途经太原时，听说去年12月位于天马—曲村遗址的北赵村发生了大规模的盗墓事件。据传，盗墓者都携带有枪支武器，并有警车开道，挖出的许多文物都是用汽车及拖拉机运走的。二人原本对此半信半疑，但之后又陆续听到类似消息。

4月3日，刘绪、徐天进二人赶到北赵村南约300米处的盗掘现场，发现墓内积炭遍地都是，其中，夹杂着大量的绿色铜锈和铜器的小碎片。这样大型的积炭墓葬足以说明墓穴已经被盗。

4月4日，邹衡先生在刘绪、徐天进的陪同下来到曲沃县城，并在附近又发现了一个新炸的盗洞。据现场近旁的窑工说，盗洞是4月2日晚上炸的，4月3日晚还曾发生过枪战。于是，邹衡三人立刻向曲沃县政府报告此事，但却没有引起应有的重视。4月5日，徐天进乘火车赶往北京，向国家文物局汇报盗墓事件。国家文物局得知后，即命山西省文物局局长张希舜处理此事，并同意由北京大学考古系和山西省考古研究所联合对北赵墓地进行抢救式发掘。

经过一段时间的筹备之后，考古队于1992年4月18日开始了对晋侯墓地的首次发掘。

首次发掘工作历时六十余天，到6月30日结束。考古队工作人员只清理了被盗的M1和M2两座墓葬，并发现这是一对有着特别形制的异穴合葬墓。虽然严重被盗，墓内随葬物品已流失许多，但通过这次发掘令考古队工作人员对该墓地的年代和性质有了比较明确的认识，只是墓主人究竟是谁还不得而知。

没过多久，又有一组古墓被盗。考古工作人员立刻对其进行了抢救式发掘，而正是这一次的行动造就了奇迹的出现。1993年年初的一天，当发掘工作快要结束时，土层中突然隐约露出了一尊铜器。这尊铜器是个铜鼎，经过清理之后，发现上面刻有三个清晰的汉字：晋侯苏！

这个发现令考古队工作人员异常激动。从此，晋侯墓地大规模考古发掘揭开了序幕。

商周时期最大的车马坑

从1992年至2001年间，考古队工作人员共发掘出9组19座晋侯及夫人的大型墓葬、众多陪葬的车马坑与祭祀坑等。据推测，这一地区的各类晋墓葬多达2万座，墓葬年代从西周早、中期延续到两周之际，埋葬着晋国的9位晋侯及其夫人。

每组晋侯和夫人的墓葬东部都附葬一个车马坑，其中的1号车马坑是该墓

地已发现的最大的车马坑。

1号车马坑为东西向，平面近长方形，东西长21米，南北宽14.2～15.3米，西端略宽于东端。车马坑上部填土整体夯填，下部有一道南北向的夯土隔梁，它将整个坑分为马坑和车坑。坑上部发现有祭祀坑、汉代墓葬和窑址。坑下部的东部马坑中，经辨认殉葬马匹至少有105匹，马匹放置呈无序状态，互相间多有叠压，可能是死后埋入。西部车坑已清理出车子近40辆，根据剩余空间估计，殉车总数约50辆，是目前国内已发掘的商周时期车马坑殉葬车子最多的。

目前发现的车子都是东西向摆放，车辕都向东，十分整齐，只有车坑东北角的一辆例外。从发掘情况看，在坑底有事先挖好的数条东西向的轮槽，轮槽间是凸起的土梁，车辆骑在土梁上，相邻两排车子共用一道轮槽。

车均为木车，车体保存状况不一，车上有青铜构件。车轮直径125～132厘米，少数轮牙上发现有铜构件，一般为4个，两两一组，等距离分布；车辐的数量多为24～28根，上面也有铜质毂饰。车栏材质有的可能为藤条，部分车子有铜质的栏饰。舆底多由桃木及其上的皮革编织物构成。有的车子在舆底

还发现有布痕、红色织物和狗骨架。舆内多放置马具，最常见的是由镳、衔等铜件组成的络首，少数车子还放置有铜轭和铜质马甲。

在车坑的不同部位还出土有铜镞、铜戈和铜矛等兵器。铜镞多在车舆的左前侧，成束地出现；铜戈在少数车子车舆的右前侧。在几排车子的车舆与车轮之间、车轮旁还发现有长木杆，有的一端有铜矛，最长的约有 270 厘米。

此外，还发现了 6～7 辆在车舆外面挂有连缀铜质甲片的战车，铜甲片像古代铠甲一样整齐密集地编排在车的左、右和后栏上。

在晋侯墓地，还出土了 7 辆"彩车"。这些车上画有漆绘图案，主要绘制在车舆的厢板和车门外面，采用黑、红和绿色的材料绘成，显得华丽高贵，异常精美。

用车马陪葬的习俗从商朝开始出现，周朝时更加繁盛，而车马坑的大小与墓主人的尊贵程度有着很大的关系。从北赵晋侯墓地的车马坑来看，我们不难推断出当时晋侯在众诸侯国之中有着数一数二的国力。

惊现于世的羊舌晋侯墓

2003 年"非典"时期，曲沃县公安局得知，在羊舌村南的岭地上又出现了盗掘古墓的现象。考古队工作人员立刻赶到现场，发现盗墓者掘出的黄土呈花土状，这正是通常见到的墓葬填土。花土之中夹杂有木炭，在盗洞周围还散见有铜鱼。根据多年的考古经验，木炭的发现说明墓葬椁室有积炭，而铜鱼则说明椁室装饰讲究。这些证据都表明，这是一处墓葬级别很高的古墓。

之后，考古队工作人员又对墓室进行了探测。从数据上看，该墓室南北长 50 米，竟然比天马—曲村长 36 米的晋侯墓地还要宏大。那么，古墓的主人又是谁？有谁会把墓地安放在与晋侯墓地如此相近的地方呢？

经过一番筹备，墓口终于展现在众人面前。在墓道口周围有祭祀坑，而且这样的祭祀坑似乎存量相当可观。然而，在墓道口，考古队工作人员竟然发现了木炭灰。一般而言，如果墓室里存有木炭，应该在墓葬内部才能看到。难道，这处墓葬也被盗了？

考古工作人员立刻对墓室进行发掘工作，并发现了一处异穴并列合葬墓，分别被编号为 M1 和 M2。

M1 南北长 6.7 米、东西宽 6.5 米，北墓道长 15.1 米、南墓道长 26.5 米，墓室近方，是山西目前发现的最大的西周墓葬。它几乎被盗掘殆尽，既没有青铜器，也没有其他大件文物，但是比 M2 有更多的散落玉器。考古工作人员在椁室一角发现一个头骨残骸，在棺室内发现一具遗骸，其中上身骨骼已经不见，下身骨骼完好无损且缠绕许多已被破坏的玉器，其中有大玉戈、玉璜、扳指、踏玉、金腰带饰件等。

M2 是一座带南北墓道的中字形土圹竖穴大墓，方向北略偏西。墓室近方，全墓总长约 39.9 米，北墓道为台阶状，南墓道为斜坡状，椁室已经坍塌。考古工作人员在清理出椁室后，发现椁室内的棺或椁板材被移位弃置，整体被翻腾多次，偌大的墓室中竟没有贵重的陪葬品，仅有一些破碎的玉器散落在墓室周围。然而，这座墓却没有出现传统的盗挖痕迹。

考古工作人员在 M1、M2 南部发现并清理了 227 座祭祀坑，坑的深度从 10 厘米到 2 米不等。祭祀坑之间多打破关系且十分复杂，很显然，这是多次祭祀的结果。其中可以辨认的牺牲有人、牛、马、羊、狗等，其中人牲10个，其余以马牲为多。

该墓葬所处的墓地大体范围为南北长400米、东西宽300米，总面积约12万平方米。整个墓地由大型墓葬和中小型墓葬组成。大型墓在墓地北部，沿岭线边缘东西分布，东部2座为一组，西部3座是否为一组尚不清楚。

在M1、M2向东15米处，有一座大型的陪葬车马坑。它为东西向的长方形，东西长23.3米、南北宽11.5米，面积略小于天马—曲村晋侯墓陪葬车马坑最大的一个。

根据以上迹象，专家们猜测此墓被盗时间或许就发生在下葬后不久。当时椁室还没塌陷，墓中随葬的铜礼器可能还保存完好，否则，不会连一丝铜屑都没留下。盗掘者将棺椁间的青铜器全都搬走，但对玉器却毁坏后随便丢弃，这可能是一种有意识的毁墓行为。

之后，考古队工作人员在墓室中发现了瓦当，这证明墓地被盗扰的时间很可能不晚于汉代。且破坏者采用大开挖的形式，在墓口上部，盗洞面积占到墓室的一半还多。

虽然墓室已经被盗，但羊舌墓地依然对考古有着十分重要的意义。羊舌墓地是目前为止同时期、同规格的墓地中保存最完整、排列最清楚、随葬品最丰富的一处墓地。

历史文献中的晋侯

根据天马—曲村晋侯墓地出土青铜器的铭文以及历史文献，天马—曲村晋侯墓地中的9位晋侯有8位已经确定了身份，他们分别是：晋侯燮、武侯、成侯、厉侯、靖侯、僖侯、献侯、穆侯，剩余的一位被怀疑是殇侯或文侯。之后出土的羊舌墓地，经测定，与天马—曲村晋侯墓地在形制上基本相同，年代也相差不远。有人猜测，羊舌晋侯墓地的主人可能是晋文侯，但也有人认为羊舌墓地的主人只是一位同历史时期的贵族。

不过，无论墓主人究竟是谁，这两处墓地都是考古界永恒的话题。我们不妨回顾历史，看看这几位晋侯究竟是什么样的人物吧。

周成王时期，唐叔虞受封于唐。唐叔虞的儿子燮就是晋侯。晋侯燮、武侯宁族、成侯服人、历侯福、靖侯宜臼这五世，历史上并没有详细的记载。之后，历经僖侯司徒、献侯籍、穆侯费生，晋的国都从唐迁到绛。

穆侯四年（前 808 年），娶齐女姜氏做夫人。穆侯七年（前 805 年），穆侯讨伐条地。夫人生下太子，取名"仇"。穆侯十年（前 802 年），穆侯讨伐千亩成功，又得了小儿子，取名"成师"。当时有人说："君主给孩子取的名字真奇怪！太子叫仇，就是仇恨的意思；小儿子叫成师，就是成就他的意思。名字是人取的，但事物在冥冥之中自有运数。现在，嫡长子与庶子的名字正好相反，以后晋国肯定会大乱！"

穆侯二十七年（前 785 年），穆侯逝世，其弟殇叔自立为君，太子仇被迫逃亡。殇叔即晋殇侯。

殇叔四年（前 781 年），前太子仇率领自己的党徒袭杀殇叔。之后，他自立为君，即晋文侯。

从唐叔虞至晋文侯，晋国一直处于统一时期，除殇侯外，君位都是父子相传。晋文侯死后，其子昭侯即位。昭侯把文侯弟弟成师封于曲沃，称为桓叔。也正是从这一时期起，晋国内乱不断，晋国的皇族自相残杀，成师及其后人屡次想要谋权篡位。终于在前 715 年，由成师之孙曲沃武公篡位成功。之后的晋国国君，都是成师的后人。

如今"逝者长已矣"，当年惊心动魄的王权之争化作仅仅千字，徒留给后人凭吊。

商后期　蟠龙纹盘　高 16.3 厘米

三门峡虢国墓地：名列于中国三大遗址博物馆

虢国强盛时，守护着周王朝的安康；虢国灭亡后，带给后人无限警醒。

1957年，封存了几千年的历史再次被打开。世人面对它，唯有赞叹。

这里出土了"中华第一剑"，发现了最早的毛纺织品，埋藏着我国最大的青铜盨，遗留着最早的毛笔字。

高贵的墓主人是谁？他的丧葬究竟豪华到什么程度？

这一切，都等待着虢国墓地为我们揭开谜团……

险没于水下的战国古墓

三门峡市位于河南省西部，每年入冬以后，便会有西伯利亚的白天鹅来这里觅食。

1955年，正值新中国大建设时期，国务院决定给黄河修筑一座大坝。这件事引起了中国考古学家的关注。三门峡位于洛阳、长安两大文明古都之间，自古以来便是交通要道、兵家必争之地，历史悠久，有着深厚的文化积淀。如果三门峡的地下埋藏着文明古迹，那么，大坝的兴建将会使这些历史的遗存永远封锁在水底。

因此，中国科学院和文化部联合组建了"黄河水库考古工作队"，请来著名考古学家夏鼐，对三门峡地区进行一场大规模的考古活动。

1956年冬，考古工作队驻扎在寒冷的三门峡谷地。队伍有上百人，每隔一米一个探工，一条线排开。然而，钻探结束后，考古队工作人员却失望地发现这一带的古墓几乎都已被盗。

后来，考古工作人员来到了现在的三门峡市上村岭湖滨火车站一带，并且在这里发现一座古墓，当时编号为 M1052。这座古墓被压在一条古车道之下，年代久远，地层下陷，被路两旁的庄稼常年遮挡着，因此才逃过一劫。

经发掘，该墓长 5.8 米，深 13.3 米。墓主人的骨骸虽然有一副重椁保护，但早已化成渣滓，但墓内的石戈、青铜器、铜钟、车马器、兵器、玉珏、石璧等文物仍保存完好。在这些出土的器物中，包含了主要由 7 鼎、6 簋、6 鬲组成的青铜礼器。西周时期，其礼制规定天子 9 鼎 8 簋、诸侯 7 鼎 6 簋。这就说明，该墓穴主人的地位非常之高。随后，考古队工作人员在外椁室发现了一件铜戈，上面铸有"虢大子元徒戈"的字样。考古队工作人员推测，这个墓穴的主人是虢国太子。

1957 年，考古队工作人员在 M1052 号墓的周围进行了更大规模的发掘。在 5.6 万平方米的范围内，发现墓葬 234 座，全部都是竖穴土坑墓。最大的墓坑长 5.42 米、宽 3.37 米，最小的长 1.92 米、宽 0.85 米，最深的达 15.2 米，最浅的约 1.25 米。

另外，考古队工作人员还发掘了 3 座车马坑和 1 座马坑。其中编号为 M1727 的车马坑位于墓地东南方向，规模低于虢国太子的车马坑，墓主人应该是大夫一级的人。该车马坑南北长 15.1 米，东西宽 3.82 米，深 4.1 米，其间有 5 辆车和 10 匹马。马车从北向南排成一队，独辕双轮，在第三、第四辆车里还葬有狗。

在这些墓葬中，共出土各类文物 9179 件，其中包括青铜礼器 181 件（有 14 件带有铭文）、玉石器 1200 件（组）。而最令人激动的是，这些随葬品器型相似、年代相近、范围集中。例如，棺内多放置珏和串饰之类的装饰品，棺椁上多放置石戈，棺椁间多放置食器、兵器、车马器、陶珠、石贝、铜鱼等，椁外的二层台上多放置陶器。根据这些信息，考古队工作人员推测这些墓地属于同一个诸侯国。

这些墓地的发现，使考古学家对了解两周时期有了更加丰富的资料，也为世人了解虢国提供了基础。然而，令考古工作人员没有想到的是，这些巨大的发现还仅是虢国墓地的一部分。

因灭亡而名垂千古的"虢国"

虢国是春秋时期的一个诸侯国。西周初年，周武王灭商之后，把临近国都的两块土地分封给自己的两位叔叔，一个称东虢，一个称西虢。东虢后来在历史的征战中逐渐消失，史书上并没有过多的记载。

西周晚期，由于外族不断侵扰，虢国被迫从原封地东迁至三门峡一带。相传，虢国强盛的时候，车骑驰骋于漠北草原、江淮流域、中原地区，其他诸侯国都对其顶礼膜拜。虢国对周王室的守护作用也非常巨大。

然而，真正令虢国名声大噪的并不是它的繁荣，而是它的灭亡。

后来，晋国想要吞并国土相邻的虞和虢。然而这两个国家关系很好，若要攻打其中一国，另一国必然出兵相救。于是，晋国大臣荀息想出了一个办法，那就是离间虞国和虢国。他看虞国的国君贪得无厌，便建议晋献公送宝物给虞公。虞公得到了宝物，很是高兴。

之后，晋国故意在晋、虢边界制造事端，找到了伐虢的借口。晋国要求从虞国借道讨伐虢国，虞公得了晋国的好处，只好答应下来。虞国大臣宫子奇再三劝阻虞公，但虞公始终不听。

晋军从虞国路过，攻打虢国，很快就取得了胜利。晋军回国时，再次路过虞国，把一些战利品分给虞公。这时，晋国将军里克装病，称不能带兵回国，想要在虞都休息几天。虞公答应了。几天后，晋献公来，约虞公前去打猎。就在打猎的时候，虞都被晋军占领，虞国灭亡。

此后，"假虞灭虢""唇亡齿寒"成了经典的亡国教训，经常在臣子向君王的劝谏中见到。另外，该典故被总结为"三十六计"中的第二十四计"假途伐虢"。

尘封两千多年终见天日

从 1957 年 M1052 号墓和 M1727 号墓被发现之后，转眼过去了 50 多年，墓地的周围建起高楼大厦，其北端因靠近黄河谷地边缘而未被征用，仍然是当地农民的零散耕地。

1989 年，三门峡市湖滨区会兴乡会兴村为了改善村民的居住条件，在未通报文物部门的情况下，擅自把这片土地规划为居民居住区。有些村民在建房过程中，发现了大量古代墓葬。这一秘密突然泄露，造成当地文物走私的狂潮。

之后，三门峡市公安局对该案件进行调查。

同年 12 月 31 日，两名刑警在进行现场勘查时，突然发现某一两层小楼附近有一个深约 10 米的坑洞。该坑挖痕很新，符合盗墓特征。二人在洞口埋伏了三个通宵，才终于把盗墓者抓获。之后，又有几人前来盗墓，但均被警方及时发现。

1990 年，河南省文物局决定由省文物考古研究所和三门峡市文物工作队联合对上村岭墓地进行抢救式发掘。考古工作人员到达现场后，发现十余座被盗墓穴，并认为之前两次被盗的盗洞较深，可能是一座大型墓葬。考古工作人员鉴于被盗墓穴安全系数低，便将它作为发掘的第一座墓穴，编号为 M2001，简称 1 号墓。

3 月 5 日，M2001 号墓的发掘工作正式开始。由于表土堆积简单，刚向下挖 0.4 米深就发现了墓口，但原始墓口已被破坏。该墓葬为竖穴土坑墓，南北向，长超过 5 米，宽超过 3 米，盗洞在墓穴的南部偏东处，距墓口南 1.5 米。墓穴四壁平整光洁，自上而下涂抹着一层淡绿色的颜料。整个墓穴口小底大，成覆斗状。

发掘到 9 米多深时，沿墓壁四周先后出现了活土二层台。这是在椁室周围形成的土台。椁室为木结构，顶部盖板已全部坍塌，室内已陷满填土。挖到 11 米深时，盗洞仍向下延伸并已接近塌陷的椁顶了。考古工作人员都开始担心墓穴是否已经被盗。后经探测，才知道盗洞若再向下延伸 30 厘米就将进入文物层。

考古工作人员清理椁盖板后，发现这些椁盖板由东西向横置于椁壁板上的多块木板构成，木板一般宽为 16 厘米，厚 6 厘米。另外，墓中陈设在椁室内的数十件青铜器、兵器和木棺的轮廓也都已经显露出来。这一发现，令考古工作人员大为惊喜。一座沉睡在地下数千年的墓葬终于再次与世人见面了。

墓葬的最底部是用多块木板南北纵向铺成的椁底部。底板上铺有一层席子，木棺和随葬物品放在席子上。木棺放在椁室中部偏东的地方，椁室的西侧和北端放置大型青铜礼器，东侧和南端放置兵器和车马器。

M2001 木棺分为内外两层，棺外的棺罩已腐烂无存，但棺罩架还有存留。它为长方形，用两根长顺木和六根短横木组装而成，在榫卯接合处均用薄铜皮包裹着。原本应该在棺罩上的铜铃、铜鱼、陶珠和石贝等小件饰物都散乱在外棺周围。从已腐烂的棺木灰末可看出，其板壁均已向外倾斜，并且其外表髹以红漆，里面髹以黑漆。在外棺周围有由 12 个铜环组成的棺环，它主要供装饰和下葬时使用。外棺盖上放有玉器，有玉圭、玉戈、玉柄形器、玉戚等，中部还放有一件 37 厘米长的大型玉戈。内棺放于外棺之中略偏东侧，间隙 20～30 厘米，四周壁板也向外倾斜，表面髹黑漆。棺底长 220 厘米，宽 82 厘米。盖板是由几块南北向顺置的木板拼成，盖面上铺有一层丝织物和圭、璧、琮、虎、鹿等玉器。

考古工作人员还在墓底发现一把玉茎铜芯铁剑。该剑插在牛皮鞘内，但因长时间受压而断为两截，残长 34.1 厘米。整个剑由铁、铜、玉三种材料复合而成。剑柄由和田青玉制成，内含有铜芯，剑身为铁，呈柳叶状。该剑被誉为"中华第一剑"，是我国截至目前所发现的、时代最早的一件人工冶铁制品，将我国的人工冶铁史提前了一个多世纪。

经统计，该墓共出土文物 5293 件，以质地分为铜、金、铁、石、玉等十九大类，其中铜器和玉器占总数的 90% 以上。墓内随葬的青铜器由 7 鼎、6 簋、8 鬲组合，并均有"虢季乍"的铭文。墓主人面部、口中、胸部、肩部上下、骨盆两侧、手中、脚部等均放有玉。据推断，这位墓主人可能就是西周著名政治家虢文公。

罕见的稀世国宝出土量

继 M2001 号墓之后，M2009 号墓于 1990 年 9 月 17 日正式发掘。该墓在 M2001 号墓东约 50 米的地方，墓形结构及方向都与 M2001 号墓相同，但规模比前者更大，总深达 19.7 米。

墓内的葬具已经腐朽，其中也有一椁双棺，棺外有棺罩。不过，在该墓外棺盖上还有一件保存较好、形似裙子的衣服。后经纺织部门鉴定，是我国目前发现最早的毛纺织品。

墓主人的尸体被裹在毛毡一样的物质内。头、足和腰部分别用布条捆绑着。人架骨骼除头骨破碎以外，其他都完好无损。墓主颈部和身体上下均有玉器，极为华丽。据测定，死者为男性，身高 168.25 厘米，年龄在 45～50 岁之间。

在 M2009 号墓的随葬品中，青铜器仅礼乐器就达 120 多件，且都是双套，其中用以标志墓主人身份的鼎达 29 件之多，有的器物还带有"虢仲"字样的铭文。出土了两套编钟，一套为 8 件甬钟，一套为 8 件纽钟，铭文最长的有 60 多字，从其内容可知此套纽钟为虢仲自作器。且自铭为"宝铃钟"。从铭文可知，墓主人虢仲生前曾辅佐周天子治理天下，"受天子禄"，其地位、权势与富有明显高于 1990 年发掘的 2001 号墓主人虢季。这两套编钟是目前我国考古发掘出土年代最早的两套编钟。该墓出土的 4 件铜盨，都铸有"虢仲作虢妃宝仪，子子孙孙永宝用"的铭文，器形大，保存完好，是目前我国同类器中最大的青铜器。

9 号墓出土的玉器，其数量之多、玉质之好、品种之全、工艺之精，在周代考古中是罕见的。出土的 724 件（组）玉器分白玉、青玉、青白玉、黄玉、碧玉等，大部分为新疆和田玉。玉器中最精美的要属动物玉雕，其中涉及的动物种类繁多，几乎包含了我国北温带地区所有常见动物品类。有一件龙纹玉璧，由和田白玉制成，双面饰抽象变形云龙纹，整器圆度规整，纹饰流畅大方，富有动感。

在葬玉类中，该墓出土的两件玉握最为典型：左手握和田青白玉，呈圆角方管状，周身饰 8 周弦纹，两端分别饰有 4 只蝉纹，为商代遗物；右手握和田青玉，呈圆管状，周身饰旋转龙纹，是西周时期的典型器物。

此外，墓内还出土了皮革制成的马甲与人的铠甲，用毛笔书写"南仲"字样的玉制遣策。后者是我国目前发现最早的毛笔字，对研究我国的书法起源有重要价值。

虢国墓地墓葬总数近 700 座，总面积达 32.45 万平方米，其中出土的许多文物堪称稀世国宝。虢国墓地的发现为我国研究虢国甚至西周的历史、文化提供了难得的材料，具有十分重要的历史价值。

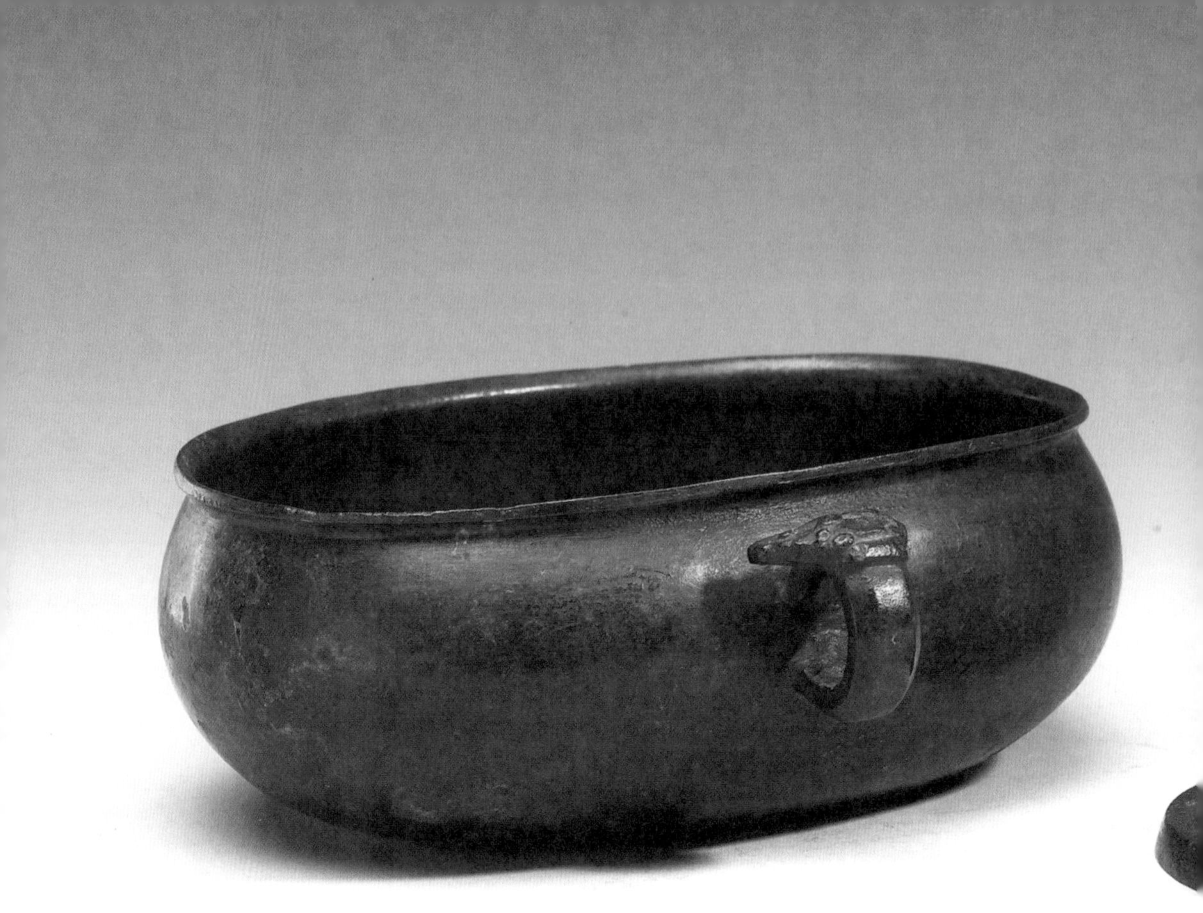

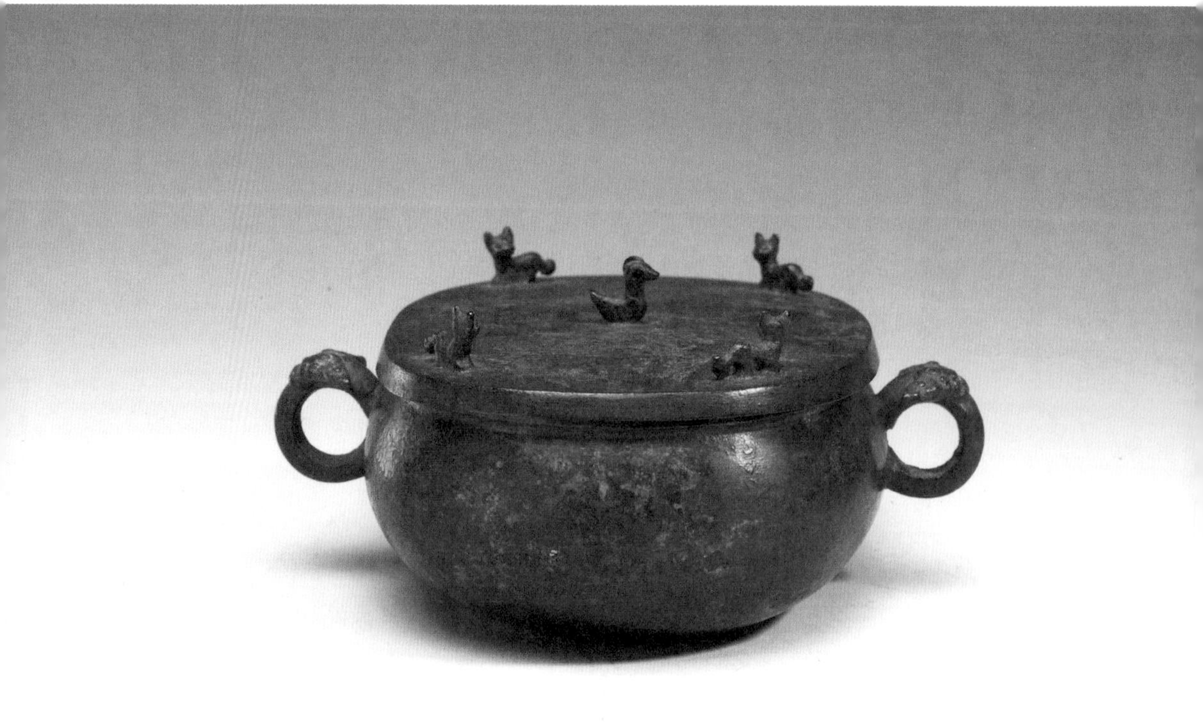

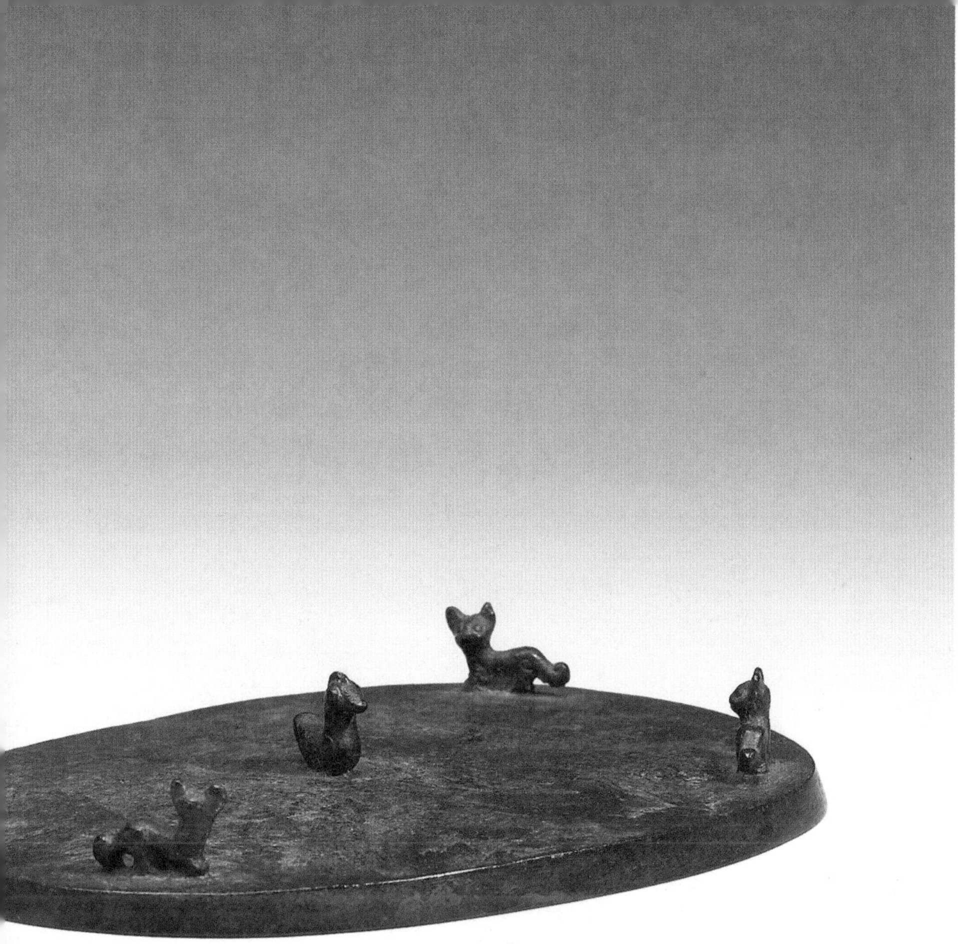

战国 鸟兽盖敦 高8.4厘米

食器，在祭祀和宴会时盛放黍、稷、稻、粱等作物。

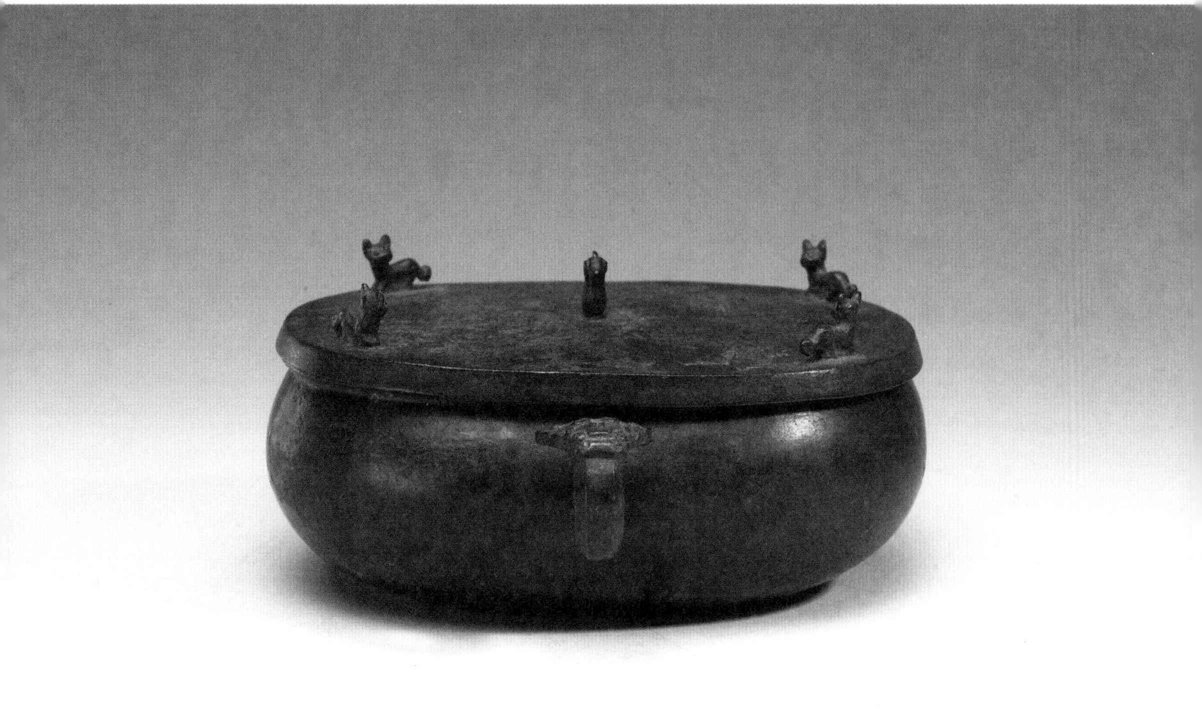

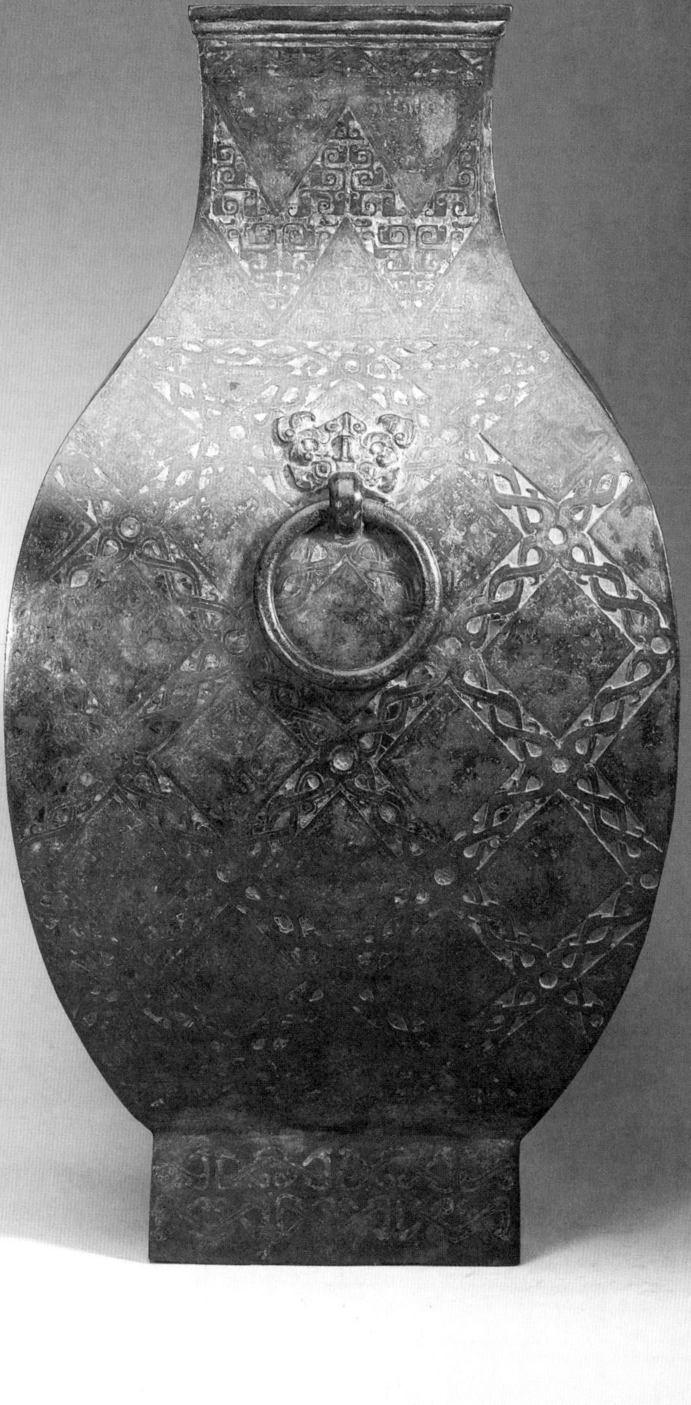

战国　嵌孔雀石绹纹钫　以盛酒或粮食。

中山国王陵：被历史遗忘的鲜虞王陵

中山国为古代鲜虞人所建，先后两次灭亡。在动荡不安的东周时期，是它充当着周室的壁垒。在它强盛的时候，仅以"千乘"规模便和"万乘"的魏、韩、赵、燕并驾齐驱，纵横捭阖，争衡天下。

然而，这个曾经如此辉煌的国家却突然消失在历史舞台上，即使是历史文献对它也只有只言片语的记载。

两千多年后，当后人无意中从地下翻出一块写有神秘文字的石头时，这个国家的文化终于得到了续写……

"天书"解读出的神秘王国

1974年冬天，平山县三汲乡农民开始大规模平整农田，这引起了当地文物管理部门的关注。因为当地有许多被怀疑是古墓的大土丘，而农民不断从大土丘上取土的行为已经对其造成了破坏。考古队工作人员迅速赶到现场，发现在土丘下面，到处都埋着战国时期的瓦——这是宫殿建筑所用的大瓦。

考古队工作人员立刻对古墓进行了抢救式发掘。在此期间，一名当地人向考古队队长陈应祺讲述了一件曾经的往事：30多年前，村里有一位名叫"刘西梅"的老人，一天下大雨把他家地头冲垮了，他便从别处挖出一块石头修补地头。石头上刻有文字，可是谁也不认得那字是什么。

考古队工作人员随即来到刘西梅家，找到了这块石头。虽然考古工作人员也不认识这些字符，但他们隐约感觉到自己即将与古老的历史相遇。

古文字专家李学勤先生首先肯定了这块石头是属于战国时期的遗物，并对石头上的文字进行了翻译："监罟有臣公乘得守丘其旧将曼敢谒后俶贤者。"

这段看似密码般的古文字，其实是战国时期一个叫公乘德和一个叫旧将曼的人留给后人的一段自我介绍，告诉人们，他们在这里为国君捕鱼，看守园囿和陵墓。

守丘刻石是迄今为止在石家庄地区发现的最早有文字记载的历史。这两个守墓人在2000多年前留下的这段话语，证明了这个地区是战国时代一个皇家园陵的所在地。那么，这里究竟是历史上哪个王族的陵墓呢？会不会是文献中少有记载的中山国？

中山国的前身是狄族鲜虞部落，最早在陕北绥德一带，后来转移到太行山区。鲜虞的名称最早出现在《国语》一书中，其得名来源于鲜虞水（今源出五台山西南流注于滹沱河的清水河）。公元前506年，鲜虞人在中人（今河北唐县西北粟山）建国，因中人城中有山，故曰"中山"。

公元前407年，中山国被魏国所灭。桓公经过20余年的励精图治，于公元前380年复国，定都灵寿（今石家庄灵寿县）。因地处赵国之中，遂成为赵国心腹之患。

公元前327年前后，中山国逐渐强盛起来，联合魏、韩、赵、燕"五国相王"。而在这五个国家中，唯有中山国是"千乘之国"，其余四国均为"万乘之国"。强盛时，中山国攻占过燕国领土，"错处六国之间，纵横捭阖，交相控引，争衡天下"。

然而，中山王去世之后，中山国的国力逐渐衰落。公元前296年，被赵国所灭。

在中山国灭亡的2270年后，考古工作人员在平山县三汲乡意外发现了这块石头，它与这个神秘之国是否存在着某些联系呢？抑或者，这些文字仅仅是历史所开的一个玩笑？

一波三折的古墓发掘

为了更详细地了解遗址，考古工作人员开始了发掘工作。人们先在距离古墓群不远的地方，发现了一些手工业作坊的遗址。这为搞清古墓群与中山国国都之间的关系开了一个好头。

同时，考古队员开始对1号墓进行发掘。1号古墓是整个古墓群中体形最大的一个，仅地上封土就高达 15 米，东西底边长 92 米，南北底边长 110 米。封土平面基本为方形，形成三级台阶，自下而上第一级铺有卵石散水，第二级有壁柱和柱础遗迹，最上面有建筑物倒塌后的瓦片等堆积。主体建筑的飨堂周室回廊，属于三层台榭式高台建筑。古墓设有南北墓道，墓道长 110 米，陵墓平面为"中"字形。

虽然古墓的飨堂已经坍塌，但根据考古建筑学家对遗迹测量后绘出的图形，这个墓顶建筑共由一层飨堂、两层回廊组成，气势恢宏，高大巍峨，显示出墓主人的尊贵地位。

在 1 号墓外围，考古工作人员先后发现了 6 座陪葬墓、2 个车马坑、1 个杂殉坑。其中陪葬人的头部都朝向主墓，应该是墓主人的妻妾。在这之中，距离主墓稍远一些的 6 号陪葬墓中，出土的随葬品大多只是一些粗糙的灰陶和小玉石。6 号陪葬墓中的女主人或许是一个比妾还要身份低下的奴婢。但是，一个拥有众多妻妾的人，一定会拥有更多的奴婢，为什么只有她可以葬在主人身边？这恐怕是一个难解之谜。

陪葬坑中，最引人注目的是葬船坑的设置，这在中国北方的古代墓葬中十分罕见。葬船坑平面呈"凸"字形，分为南北二室。北部的地面上残留着图画，应该是彩绘主船时留下的印迹。南部有 3 条大船并列放置，现在仅有篷杆上的铜帽、帷幕上的铜吊环、旌旗杆上的错银铜铃等铜部件存留。在陪葬船只的附近，考古工作人员还发现了一条作为船只出行的小"河道"。北方民族向来多驰骋于陆地，为什么在陵墓中会出现船只呢？这也是一个未知的谜团。

在 1 号墓陪葬品种，有大量的玉器，可分为礼用玉璧、饰用玉佩、实用玉制生活品、玉人、小玩具等几类。

1974 年冬，考古队工作人员对 1 号古墓周围陪葬墓和殉葬墓的发掘结束了。这次发掘的一个重要成果就是证实了墓主人的君王身份，但是对主墓室的发掘并没有被马上列入计划之中。

1975 年秋，考古队工作人员开始对 6 号墓进行发掘。这是一个在外形上比 1 号墓小一些的古墓，但墓道也长达 90 米。可是，这个墓的主墓室曾经遭到严重的盗掘，已经一无所有了。

一个民工在主墓室侧面的平台上意外踩空，脚突然滑下去，地上出现了一

春秋　蟠虺纹钟　高 49 厘米

个大窟窿，有烟从里面冒出来。原来，当时是冬天，窟窿里冒出的"烟"实际是热气。

这个意外竟然令考古队工作人员有了新的发现：一个在以往的考古发掘中从来没有见过的墓葬格局出现了。在主墓室的两侧，还有两个用来放置陪葬物品的仓库。这两个墓室与主墓室互不相连，一次就出土了几百件文物，其中有大量的稀世珍品。其中出土的 6 件"山"字形青铜器，每个都高 143 厘米，重 50 多千克。这种造型特别、雄伟神圣的青铜礼器前所未见，象征着中山国的王权。它可能是一种特制的青铜礼器，也可能用在立于帐前的柱子上。

两年之后，人们开始对 1 号墓的主墓室进行发掘。1 号墓在墓室构造上完全接近于 6 号墓，不同的是在主墓室的东北方又多出了一个宝库，这说明墓中这位君王的地位更加显赫。

1 号墓呈方形，边长 29 米。椁室建于墓室后部，四周有两层积石，木椁居中。

墓室内前部及东部安排了 3 个放置铜礼器和石乐器的"外藏库"，墓前修筑有 3 层大平台。

之后，考古队工作人员在封土北侧发现了一个斜插进墓室的盗洞。那次盗墓行为发生在战国时代的晚期，盗墓人在洗劫墓室之后又放了一把火，使整个墓室面目全非。除了最大的椁室里有几个吊棺用的大铜环和一些文物残片外，几乎毫无所剩。

然而，奇迹还是出现了。或许由于盗墓者的疏忽，在主墓室一角的石头下，还埋藏着一个稀世珍宝——一对错银双翼神兽。该神兽是我国神话传说中风神"飞廉"的形象，它通长 40 厘米，高 24 厘米，重 11.45 千克。神兽四肢弯曲，利爪怒张，怒目圆睁，昂首作咆哮状，两肋生翼，凶猛有力。它表面的云纹采用粗细不同的银片、银丝镶出，样式丰富。

在 1 号墓中，还出土了大量奇巧瑰丽的青铜制的生活用品，也有象征王权与礼乐的钟鼎编磬和青铜礼器。

之后，人们先后打开了东北库和西库。然而，东北库却是一座空库，它既没有被盗过的痕迹，也没有摆放过器物的迹象。这是中山国王陵的又一个谜题。不过，在西库中出土了许多文物。

在东西二库中，共有19000多件铜器、玉器出土，这些历史的遗留都证明了鼎盛时期中山国的强大国力。

铭文刻录下的中山国

发掘渐渐接近尾声，考古队工作人员却仍然希望能在最后的期限中继续发掘出一些文物。一天，考古队工作人员竟然发现了许多在地底下封藏2000多年的古酒，它们散发出浓郁的香味———一种是苹果香，另外一种是奶酸味。经测定，这些是含有乙醇的酒，但究竟是用何种原料制成的还不得而知。

挖的时候，周围环境很黑，只见清理出来的盛酒铜壶上面有一层锈，看不清上面的字。当考古队工作人员用竹签清理了铜壶上的土锈之后，壶身上清晰地显示出"中山王"的字样。在场的所有人都不禁欢呼起来。

在纸张发明以前，中国人都是用简牍与器物铭文的方法来作为文字记载的主要载体。当学者们研究古代文化时，它最好的依据便是当时的文字。如果中山国王陵中真的能出现文字记载，这对中山文化的研究而言，无疑是极具有价值的。

春秋 垂鳞纹瓠形壶
此器仿瓠爪造型而作。

这件出土的巨大酒壶呈方形，高 63 厘米，重 28 千克，四面刻满了 450 个字的铭文。酒壶上写着，这里埋葬着中山国历史上最伟大的一位君王，他的名字叫作"错"，并记载了征伐燕国的战争。另外，文中还提到"皇祖文武、桓祖成考"，说明在"错"之前，还有文公、武公、桓公、成公四位先王。此前发掘的 6 号墓，埋葬的是中山王世系的第四代君王——成公，而 1 号墓中的"错"是中山国的第五代君王。

1977 年秋，考古队工作人员在这个巨大的墓坑中做着最后一点清理工作。这时，在墓坑西边的一个角落里，一位工作人员在挪动一块石头时，突然发现了一块扭曲的铜板。这块铜板长 96 厘米、宽 48 厘米，是一幅由金银线镶成的图案，旁边还有文字注释。这块铜板后来被称作"兆域图"铜版，是目前唯一发现的中国古代王陵的设计图，也是迄今国内发现最早的建筑设计平面图实物，世界发现最早的铜质建筑设计图。

另外，墓中还出土了王铁足铜鼎。它通高 51.5 厘米，腹径 65.8 厘米，圆腰圆底，附耳，铁兽足，顶盖设三环钮。上面刻有铭文 469 字，是国内已发现的战国时期字数最多的一篇铭文。铭文字体瘦长，清秀挺拔，有所谓悬针篆风格。

王"错"生前征讨燕国，大获全胜。然而，错去世之后，中山国却国力衰退，最终被赵国所灭，太后，即错的夫人也被流放他地。如今，中山国早已化为书本中的一节字句，但是它曾经辉煌的历史却被永远地刻录在一件件的青铜器上。

春秋 青铜钟 高 38.3 厘米

曾侯乙墓：举世闻名的编钟诞生地

随着一次施工的意外，一座被封存了2000多年的墓室突然出现在人们面前。

这个墓室的面积有220平方米，是长沙马王堆汉墓的6倍。里面出土了"九鼎八簋"，而周礼制明确规定，只有周天子才能享用如此级别的器物。

墓主人的尸体已经破碎，但是墓葬中的陪葬品却诉说着他生前的辉煌：21具女性尸体，10吨青铜器，125件乐器……

墓主人究竟是谁？他会是周天子吗？

请回到1977年，跟随考古学家的脚步，答案将慢慢浮现……

6倍于"马王堆"的"超级古墓"

1977年，位于湖北随州的中国人民解放军某部雷达修理所为了扩建营房，用炸药将红砂岩炸碎，然后用推土机推平。就在这时，施工人员突然发现在红砂岩的下面有一层褐色的软土。爱好考古的指战员认为这里可能有历史遗迹，并迅速向上级做了汇报，可并没有引起上级的重视。

1978年，施工人员开始用爆破的方法施工，地面上出现了大量不规则的多边形青石板。后来，推土机推去褐色土层时，工地里又出现了一块石板。很快，有人意识到这些石板为人工加工，施工终于停止了。

当湖北省博物馆原馆长谭维四先生赶到现场时，不禁倒吸几口冷气。原来，最深的炮眼和椁盖板只相距80厘米！之前发现的那些"褐土"是地层中经过积压的人类活动遗迹。

经过初步探测，墓室面积达220平方米，比长沙马王堆汉墓还要大6倍。

1978年3月31日，考古工作队在古墓南北坑相交偏西的地方，发现了一

曾侯乙编钟

个人为挖开的直径为 0.8 米的盗洞。很显然，该墓已经被盗，人们都唏嘘不已。后来经过分析，认为该盗洞规模很小，属于早期民间小型盗墓行为，时间约在墓主人下葬之后的 300 年左右。

同年 5 月，对墓穴的发掘工作正式开始。在铲除掉坚硬的地表皮和深厚的五花土之后，一种柔软而具有黏性的泥土出现了。该泥土的名字叫"青膏泥"，具有很好的密封作用，能部分地隔绝空气，从而保护有机物。

夜晚，考古队工作人员用脚把青膏泥踩实，然后像划豆腐一样，将青膏泥一块块移走。青膏泥的下面铺有重达 6 万千克的木炭。大墓的椁盖板上，木炭厚度有 10 厘米左右，木椁四周也都填有木炭，仅顶上取出的就有 30 多吨。

等到墓室的椁板全都露出时，考古队工作人员发现那个盗洞已经穿过木炭层并在椁盖板上留下了一个不足 0.5 米的洞口。人们开始担心墓内文物的遗存状况。

深没水下的奢华陵寝

为了了解墓内的情况，考古队工作人员将墓室椁盖板吊起。47块椁盖板均由60厘米见方的梓木做成，最长的达10.6米，重约4吨。这给考古队带来了前所未有的挑战，最终，专家调来了黄河牌10吨大吊车才终于把椁盖板成功吊起。

然而，椁盖板下面的景象却使在场所有人都惊呆了——墓室已经被水淹没，水深达3米。在浑水中，有4个椁室露出，另外有10具彩绘棺木杂乱地漂浮着。

之后，考古工作人员抽干了墓内的水，并清理了淤泥。这时，各个墓室的文物分布情况才逐渐变得清晰起来。这个墓的总面积为220平方米，深13米，墓穴呈不规则多边形，这样的形态在以对称为美的中国古代墓穴中并不多见。另外，如此之深的墓穴竟然直上直下，不见有任何阶梯的痕迹。

整个墓穴被巨型的椁板分成四个空间，按照方位，分别被称为东室、北室、西室和中室。

东室是放置墓主人尸体的地方。主棺被放置在中央位置，是一具彩绘棺。它形状巨大，长3.2米，宽2.1米，高2.19米，重量达4吨左右。在它的旁边，有8具少女的彩绘棺和1具狗棺。

主棺分为两层，即外棺和内棺。外棺的装饰并不华丽，但别有风格。在外棺一侧的下方有一个门洞，据猜测，该门洞可能是为了让主人的灵魂能够自由出入。内棺装饰精美非常，内外均涂满了朱红色的漆，两侧各画一扇窗。在窗户周围，是繁复而神秘的装饰画，里面的图案既像人，又像动物，据推测，这些图案是守护墓主人的神兽。

在棺材旁，站立着一个青铜制的动物塑像。该动物有鹤的长颈和翅膀，但长着鹿角。在古代，鹤和鹿都是代表吉祥的动物，而仙人的坐骑有许多都是仙鹤。因此，有人推断，该神兽是墓主人驾"鹤"西去时的神鸟。

从遗留骸骨判断，墓主人身高163厘米。从保存完好的头骨看出，墓主人相貌普通。

总墓室南北长4.25米，其中北室面积最小，为兵器库，里面有戈、矛、戟、弓、箭、盾、甲、殳等多种兵器，还有兵车、战马所用的部件、佩饰等。其中自铭为"殳"的兵器,是中国第一件出土的殳,使现代的人们终于知道殳的样子。大量发现的兵器说明当时楚地尚武的风俗。

之前浮在水面上的几具棺木,原本是放在西室的。这些棺木的尸体都是女性,共 13 具。加上东室墓主人身边的 8 具,共 21 具女性尸体。她们的年龄在 20 岁左右,最大的 26 岁,最小的 13 岁。据推测,她们应是墓主人的嫔妃或宫女,在墓主人死后做了殉葬品。

经过考证,墓主人是战国时期曾国的贵族曾侯乙。曾国即随国,是西周初年被周王分封的姬姓小诸侯国,共存在了近 700 年。在它早期时,"汉东之国随为大",文化也比较发达。但在春秋中期以后,楚国崛起,曾国逐渐沦为楚国的附庸,并于战国后期被楚国所灭。

战国遗响惊现于世

中室的出土文物给人们带来了更大的惊喜。

在中室,一组由 65 个青铜组成的编钟整齐地挂在木制的架子上。编钟沿中室的西壁和南壁呈曲尺形立放,全长 10.79 米,高 2.67 米,重 5 吨多。其中最大的一件高达 153.4 厘米、重 203.6 千克,可谓乐钟制造的极限。编钟的木质桁梁上绘有彩绘花纹,两端都刻有浮雕或透雕的青铜套,起到装饰和加固的双重作用。这组编钟仍稳稳地站在原地,正如它们 2000 多年前被埋入的时候那样。

在这 65 件编钟中,有 19 件钮钟、45 件甬钟、楚惠王赠送的 1 件镈钟。它们按着钟的大小和音高编成 8 组悬挂在 3 层钟架上。

虽然编钟已经年代久远,但是它们的音质仍然很好。编钟音色优美丰富,大钟低沉浑厚,中型钟圆润纯正,小钟清脆透明。其音域宽广,跨 5 个八度,全部音域的基本骨干是五声、六声、七声的音阶结构,中心部位竟然有齐全的 12 个半音。

而更令人吃惊的是,其中一件钟拥有两个相差三度音程的音高,既能分别击响,又能同时发出两个音高而形成和声。

编钟上刻着 3000 多个漂亮的中国古文字,包括对编钟的编号、记事、标音以及乐律,称得上是古老的音乐教科书。这些文字也提到了墓主人的身份,

战国中晚期 碧玉龙形佩 雕出龙形珮的大致轮廓 最长 15.6 厘米

战国中期　陈侯午簋

礼器。盛食物的容器。

铭文指出，这套编钟是属于"曾侯乙"的。

曾侯乙编钟是我国迄今发现数量最多、保存最好、音律最全、气势最宏伟的一套编钟，被誉为"世界奇观中独一无二的珍宝""古代世界的第八奇迹"。

编钟出土后，曾先后几次被奏响。1978 年，考古队工作人员在随州某修理厂内试敲响过编钟。之后，原文化部的音乐家赶到随州，对编钟逐个测音。同年 8 月 1 日，举办了编钟音乐会，曾侯乙编钟先后演奏了《东方红》《楚殇》《一路平安》《草原上升起不落的太阳》《国际歌》等曲目。1984 年，为庆祝新中国成立 35 周年，编钟于北京中南海怀仁堂，演奏了《春江花月夜》《楚殇》《欢乐颂》等中外曲目。1997 年，为庆祝香港回归，著名作曲家谭盾创作大型交响乐《交响曲 1997：天·地·人》，编钟再次被敲响。

除了编钟以外，曾侯乙墓还出土了许多其他乐器：分别是编磬、鼓、琴、瑟、均钟（律准）、笙、排箫、篪，共 8 种，加上编钟之后，共计 125 件。墓中室及墓东室均有乐器。曾侯乙时期，这些乐器已经不再是周礼乐制度中的祭礼用的乐器，而是主要用于宴饮娱乐，其乐或可称为"堂上乐"。中室乐队编制为：编钟 65 件、编磬 32 件（全套 41 件，实际完好 9 件）、鼓 3 件、瑟 7 件、笙 4 件、排箫 2 件、篪 2 件、总共 115 件。

在曾侯乙墓出土的青铜建鼓座、青铜磬架等乐器构架，也着实是艺术精品。磬架由一对鹤形动物及其头上插附的圆立柱和两根圆杆桁梁组成，呈单面双层结构。鹤形动物有着龙首、鹤颈、鸟身、鳌足，它的头和颈向外高高伸出，两眼圆鼓，口吐长舌，两翼张开，和鹿角立鹤有着异曲同工之妙。

这些出土的乐器为我国古代音乐的研究提供了大量的实物资料，也反映出当时诸侯国统治阶层的奢华生活。

叹为观止的制造工艺

曾侯乙墓中的出土文物精致优美，雕刻技术非常高超。除了磬架之外，许多其他的文物也令人叹为观止。

在这个巨大的古墓里，一共埋藏了 1.5 万多件随葬品，除了乐器、兵器和礼器外，还有许多生活用品，其中青铜器具就有 10 吨重。文物中有 9 件被评定为国宝级文物。

曾侯乙墓出土礼器117件。组合关系完整，其中有食器、酒器、水器等。在食器中，有一件被称为炉盘的器物，出土时盘内有鱼骨，被命名为"盘鼎"。另有10件内装小匕的鼎形器，比较特殊，目前仅见于此墓。

在墓穴中，出土了一个青铜尊盘。它高33.1厘米，口宽62厘米，盘高24厘米，宽57.6厘米，深12厘米，全套器物通高42厘米，口径58厘米，重约30公斤。尊敞口，呈喇叭状，宽厚的外沿翻折下垂。整个尊由34个部件，经过56处铸接、焊接而连成一体，尊体上装饰着28条蟠龙和32条蟠螭，铜盘盘体上共装饰了56条蟠龙和48条蟠螭。铜尊敞口，呈喇叭状，宽厚的外沿翻折，下垂，上面镂空雕饰着许多蟠虺，形成云朵状。在尊颈与腹之间加饰四条圆雕豹形伏兽，躯体由透雕的蟠螭纹构成。尊腹、高足皆饰细密的蟠虺纹，其上加饰高浮雕虬龙四条，层次丰富，主次分明。盘直壁平底，四龙形蹄足口沿上附有四只方耳，皆饰蟠虺纹，与尊口风格相同。四耳下各有两条扁形镂空夔龙，四龙之间各有一圆雕式蟠龙。夔龙头部下垂，蟠龙伏首于尊的口沿，使铜尊显得生动。因铜尊的颈部和盘内底均刻有"曾侯乙作持用终"的铭文，因此该铜尊亦被称为曾侯乙尊盘。

另外出土的一件铜冰鉴也是国宝级文物之一。它通高61.5厘米、边长62厘米，重170千克，是古代用来冷藏或加热食物的工具。它由外面的方鉴和当中的方壶两部分构成，若将盖子拿开，冰鉴的俯视形状如同一个"回"字。鉴身的四角和每面的正中各有一条龙，拱曲攀状，很是矫健，鉴的外壁和壶盖均不镂空，上面布满了浮雕的勾连纹和蟠螭纹。整个冰鉴，只有鉴盖是镂空的。冰鉴同时出土两件，其造型、纹饰、大小均同。

在庄重的器皿中，有一套铜器被称为"九鼎八簋"。它们是祭祀祖先的祭器，规格很高，原本只有周天子才能用如此规模的礼器。由此可见，曾国曾经拥有相当的实力。

在东室，有几个衣箱出土，衣箱上的图案不仅精美，而且对后世了解古代文化传统也有很大的意义。其中一个衣箱高40.5厘米、长71厘米、宽47厘米，器身为长方体，箱盖隆起呈拱形。器内髹红漆，器表以黑漆为地，用红漆绘二十八宿图和其他纹饰。盖面中心写粗大篆文"斗"，环绕斗字，顺时针方向，一次书写篆文二十八宿名称。箱端面，一面绘蘑菇状云纹与星点纹，一面绘似蟾蜍的图案和星点纹。两侧面，一侧绘两兽对峙与星点纹，一侧仅在边缘绘一道红带纹。这件衣箱是我国迄今发现的记有二十八宿全部名称，并有北斗、四象与之相配的最早的天文实物资料，这说明我国至少在战国初期就已经有了明确的二十八星宿体系。另外一个衣箱上绘有后羿弋射图，在盖面另一端有用红漆写的 20 个字："民祀佳坊（房），日辰于（？）维。兴岁之四（驷），所尚若救（陈）。徒（经）天（？）（常）和。"

曾侯乙墓的发掘对我国的考古研究有着重要的意义，它出土的文物不仅数量大，而且种类繁多、技艺高超。这些几千年前的文物安静地放置在博物馆的一角，用它们瑰丽恒久的身躯吸引着无数热爱考古、热爱历史、热爱中国古代文化的人，向他们讲述着早已远去的故事。

江陵楚墓：楚国故都光环下的古墓

江陵，曾经是强大楚国的都城。在纪南城，埋葬着众多战国时期的王公贵族。

一把宝剑从这里出土，它寒气四射，锋利如初。这，就是越王勾践剑。

可是，越王之剑怎会出现在楚国墓地？拥有如此重大陪葬品的墓主人又会是谁？

从沙冢 1 号墓出土的一件文物，令答案呼之欲出……

干旱下的考古机遇

楚国是春秋战国时期南方最大的诸侯国，兴起于荆楚大地（今湖北地区），它几次迁都，于公元前 223 年被秦国所灭。据记载，楚国的其中一个国都郢即现今湖北省江陵县。

20 世纪 40 年代，一些盗墓者从长沙楚墓中盗取了大量漆木器。20 世纪 50 年代初，政府派考古队对长沙楚墓进行发掘。然而，一直到 60 年代初，除了在湖北大冶和松滋发现过几座小型楚墓外，在楚国国都江陵却从未发现过楚国遗迹。

20 世纪 50 年代后期，考古工作人员在江陵城北 5 千米的地方发现了纪南城。上面仍存留着土筑的城垣，其周长有 15 千米，上面留有东周遗物。这一发现使考古队工作人员将江陵楚文化的重点放到了纪南城。

不久，在江陵县城西门外的太晖观，有人因为修渠而意外发现了楚墓。考古工作人员随即赶往现场，清理了 4 座遭到破坏的楚墓，并发现了一些陶器、漆木器和兵器等。之后，考古工作人员在太晖观附近展开发掘，先后探出了百余座楚墓。

1961 年，江陵楚文化的考古发掘开始了。1963 年春，人们在距离纪南城西南角约 2 千米的地方修渠时，又发现了 30 多座楚墓。在这些楚墓中又出土了许多青铜器、漆器和陶器等。

没过多长时间，江陵准备在纪南城外的南边修建一条"纪南渠"，它将穿过三座古城——荆州城、纪南城、郢城。这一计划引起了考古界的重视。果然，"纪南渠"经过的地方几乎都有楚国遗迹，尤其是纪南城至郢城 6000 多米的渠道范围内，遗迹更加丰富。

1965 年 10 月初，此时的江陵望山村已经连续两年发生干旱，政府决定从荆门漳河修建一条水渠引水。后经探测，中国文物部发现土地的颜色呈现出黄、紫、褐的混合色，这很可能就是"五花土"，即下葬后混合泥土回填形成的土种。当时的考古队队长谭维四先生在附近考察一番，遂得出结论：该地有大中型墓葬 25 座，小型墓葬至少 30 座。这一发现可谓是重大突破，因为在此之前，考古队发现的全都是些小型楚墓。考古队决定先在此地发掘一些比较偏小的中型楚墓，等经验积累足够之后再去发掘大型楚墓。

首先发掘的是沙冢 1 号墓。该墓原有封土，但已被破坏，只剩下一个不规则的圆形包。该墓呈长方形，深 5.68 米，墓口东西长 9.9 米，南北长 7.8 米，在东部正中有一条长 6.1 米的斜坡墓道，四壁均有三级台阶逐级通往墓底。墓底东西长 4.3 米，南北长 2.26 米。在此之前发掘的一些小型墓葬，其最大的墓口也不过和沙冢 1 号墓的墓底相当。

考古队发现，该墓早年曾被盗，头箱的铜器更是被盗空，但其他各墓室未被盗取，出土了许多车马器、兵器、漆木器、陶器、玉器、丝织品等文物，共计 140 余件。

墓内椁室以厚木板架构，东西长 4.2 米，南北长 2.34 米，高 1.7 米。墓内有两层棺，内棺里的人骨架没有头颅，但其他部分保存较好。据鉴定，死者是一名中年男性。由于随葬品中有不少兵器，因此有人推测墓主人生前是一名中级将领。他在战场上被敌人枭首，死时仍未找到头颅。

另外，墓中有一件漆木箭囊。它呈上大下小的扁盒状，上面所绘的图案以黑漆为地，以红彩描画凤、鸟的羽毛纹和龙、蛇的鳞甲纹，色泽艳丽，动物相互交错、栩栩如生。

沙冢 1 号墓是考古队对江陵楚墓发掘的重要古墓之一，从中出土的精美文物更是无一不反映出当时手工业的繁荣。

越王勾践剑的身世之谜

1965 年年末，考古队开始对望山 1 号墓进行发掘。该墓在纪南城东南 7 千米的地方，保存较好。

该墓的主人为男性，身旁葬有玉器。考古工作人员还在墓主人的左侧腰部发现一柄装在黑色漆木箱鞘内的青铜剑。青铜剑与剑鞘吻合得十分紧密。拔剑出鞘后，剑身寒光凛冽，刃薄锋利，毫无锈迹。该剑全长 55.6 厘米，其中剑身长 45.6 厘米，剑格宽 5 厘米。剑身布满了黑色菱形几何暗花纹，剑格正面和反面还分别用蓝色琉璃和绿松石镶嵌成美丽的纹饰，剑柄用丝线缠缚，剑首向外翻卷作圆箍，内铸有 11 道间隔 0.2 毫米的同心圆圈。

剑身一面，在接近剑格的地方刻有两行鸟撰铭文，共 8 个字。这种古文字史称"鸟虫文"，是篆书的变体，颇为难读。古墓现场的考古工作人员没有资料可供参考，但仍初步认出铭文中的 6 个字："越王""自作（乍）用剑（左金右金）"。

春秋时期，越国允常于公元前 510 年称王。越王允常死后，其子勾践继位。进入战国时期后，越国又经历过鹿郢、不寿、朱勾等 8 代君王，最终于公元前 334 年被楚国所灭。那么，铜剑上所说的"越王"会是这十位中的谁呢？经过郭沫若、于省吾、唐兰、容庚、徐中舒、夏鼐

战国早期　越王嗣旨不光剑　长 41 厘米

嵌金银丝。

等多名学者的讨论之后，他们一致公认剑身上的八字铭文为："越王勾践，自作用剑。"

然而，地处长江下游的越国国君勾践的剑又怎么会出现在地处长江中游的楚国墓葬中呢？学术界再次展开激烈讨论，有人认为是越女嫁到楚国时的陪嫁品，因为文献中记载，勾践的女儿是楚昭王的宠姬；有人则认为此剑是楚灭越时从越国得来的战利品。

后来，经上海复旦大学和中国科技园分析组用质子X荧光非真空分析法对越王勾践剑进行了无损科学检测，发现剑身是由铜、锡以及少量的铝、铁、镍、硫组成的青铜合金。在埋藏前，越王勾践剑曾做过"硫化处理"，以保持花纹颜色不失真。所谓"硫化"，即把一些化学元素稀释后包裹在物体表面，根据试验发现，越王勾践剑剑身的化学"包浆"是硫化铬，而非硫化铜。可是，硫化铬技术是德国于1937年、美国于1950年分别发明，并列为专利的。我国古代人民又是怎样掌握"硫化技术"的呢？原来，古墓中的尸体、丝绸、食物等腐烂后都会产生相当多的硫化物，这就是剑上硫的来源。

另外还有一个疑问，越王勾践剑经过如此多年的掩埋，为何竟没有生锈呢？后经学者分析，该剑出土时插在髹漆的木质剑鞘里，这说明它有很好的密封性。而墓葬深埋在数米的地下，一椁两棺，层层相套，椁室四周用白膏泥填塞，其下部采用的还是经过人工淘洗过的白膏泥，致密性更好。此外，该墓曾经长期被地下水浸泡，墓室内空气的含量更少，且地下水基本为中性。这样的环境条件非常有利于越王勾践剑的保存。湖北省博物馆、省考古所研究员后德俊说，越王勾践剑出土时并非完全没有生锈，只是锈蚀程度十分轻微，难以看出。可是，在出土几十年后的今天，尽管妥善保管，该剑表面也不如出土时明亮了。

越王勾践剑非常锋利，可轻松划破20层复印纸，现藏于湖北省博物馆，被誉为"天下第一剑"。现代书家费声骞如此评价越王勾践剑："笔画采取鸟形，富装饰美。章法行气疏落有致，端庄凝静。"

陵墓宝藏的主人究竟是谁

望山1号墓的封土早年遭到破坏，残高2.8米，底径18米。墓坑为长方形，墓口长 16.1 米，宽 13.6 米，有五级生土台阶。东边有斜坡墓道，长 12.2 米。墓底长 6.5 米，宽 4.2 米，墓坑深 8.4 米。木椁长 6.14 米，宽 4.08 米，高 2.28 米（未计垫木），椁盖之上满铺竹席。椁分三室，三室之上皆有顶板。三室之间仅用横梁、竖梁、立柱分隔，而未用隔墙、隔板隔开。头箱主要放置铜、陶礼器，边箱主要放置车马兵器和生活用品。棺分两层，外棺为长方盒状，长 2.8 米，宽 1.68 米，高 1.42 米；内棺为弧形悬底棺，长 2.36，宽 1.05，高 1.08 米。

在望山 1 号墓中，出土的随葬器物共有 400 多件，计有青铜礼器、仿铜陶礼器、车马器、兵器、漆木竹器和玉石等。墓中还出土了 66 件兵器，分为剑、戈、矛、殳和镞 5 种。除了 2 件 C 形铜戈为明器之外，其余的都是实用兵器。

在墓中，有一件彩绘漆木雕鸟兽座屏。座屏长 518 厘米，高 150 厘米，厚 3 厘米，着地处底座厚 12 厘米，由底座和雕屏两部分组成。底座两端桌底，中部悬空，在悬空部位又浮雕一些动物与上部方框内的动物相连。座屏以凤鸟为中心，以透雕和浮雕相结合的手法，共雕刻 55 个动物，计有大蟒 26 条，小蛇 15 条，蛙 2 只，鹿、凤、雀各 4 只，表现内容为动物间的彼此争斗。制作者把这些动物有机结合在一起，使之柔和协调，是楚国人雕刻艺术的代表作品。

这个座屏的出土还有一段有趣的小插曲。当时，刚出土的座屏基本散架，如何将其恢复成了难题。赶到发掘现场的著名文物保护专家胡继高灵机一动，从一名长发女孩的头上"借"了几根头发，用头发将松散的座屏部件一一扎牢，这才令我们在今天能够见到这件完整的国宝。

此外，墓主人的头部左侧放置着一件带钩，这引起了考古队工作人员的注意。带钩是古人腰间革带的带扣，一般都出现在死者的腰部。如今发现的这件错金银龙凤铁带钩是迄今为止发现的最大的先秦时代的带钩，为什么会出现在死者头部呢？它到底是实用的，还是仅仅作为墓主人地位的象征而被放进墓穴中的呢？如果并非是实用的，那么墓主人的身份为何？他又是谁呢？

答案就在墓中出土的一些竹简里。这些竹简保存情况较差，内容为卜筮记录。不过，考古工作人员仍从这些记录中寻找到有关墓主人的线索。竹简的具体内容可分为三个方面：一是关于墓主人出入侍王的，二是关于墓主人进仕的，三是关于疾病凶吉的。从简文推断，墓主人患有胃病，不能饮食，还有足骨病、头痛病、胸腔疾病等。

通观这些简文，"邵固"这个名字一共出现了 14 次，其中 1 处直接刻有"为邵固祷"。由此可见，"邵固"应该就是这座古墓的主人。简文中还记载了墓主人祭祀柬大王（楚简王）、圣王（楚声王）和楚悼王等先王的事情。通过分析可知，邵固是楚悼王的曾孙，下葬年代大约在公元前 300 年左右。也就是说，这是一座战国中期的楚国贵族墓。邵固生前是楚王侍者，地位较高。而那件带钩并非日常用品，而是被视为珍宝被缝在墓主人的头侧，应是为了表现墓主人的尊贵地位。

纪南城及其附近埋藏着大量的楚墓，累计已发现 5000 多座，已发掘 3000 多座。这些楚墓有的有高大的封土堆（冢），有的地面上则无任何痕迹，而沙冢 1 号墓只是众多墓葬中的一座。虽然考古队工作人员已经对楚文化有了许多了解，但仍有一些问题尚待解决。例如，为什么江陵多战国墓而少春秋早中期墓？楚王墓又在哪里？这些问题将引导着考古队工作人员进一步探索，令他们更加努力。

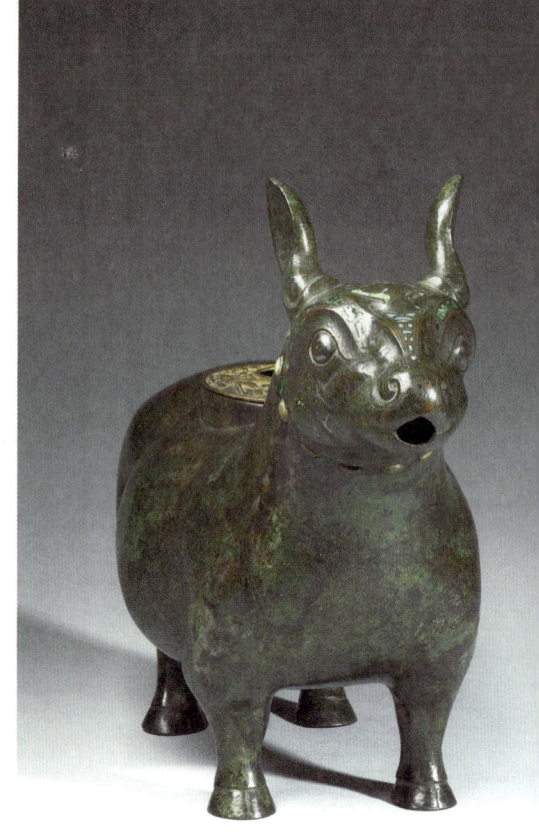

战国中期　嵌孔雀石绿松石牺尊

礼器。与《周礼·司尊彝》所记载的牺尊类似。

马王堆汉墓：停留在两千多年前的地下世界

据地方志记载，这里埋藏着五代时期的楚王马殷及其家族；然而，现代考古却发现这里属于西汉初年的一名王侯和他的家人。

当考古队工作人员挖开封土后，一片古时的树叶穿过时光隧道，从人们的眼前飘过。这里，千年前的器物熠熠发光，如同在小心地呼吸着；这里，埋藏着一位"东方睡美人"，她仰身平躺，沉睡于静止的时间里。

马王堆，如今已形成了一门独立的学科——马王堆学，国内外参与研究的学者多达 2500 余人，出版著作 270 余种，发表论文 3200 多篇。

马王堆，似乎永远充满着谜团，如同一名绝色的少女等待着情人的探索。甚至，连它的出现都充满了传奇色彩……

"鬼火"背后的旷世宝藏

在湖南省长沙市的东郊有两座土丘，因外形很像马的鞍具而被当地人叫作"马鞍堆"，后来讹传为"马王堆"。

1971 年年末，在中央"深挖洞、广积粮"的口号下，当地驻军开始在马王堆的两个小山坡建造地下医院。然而，在东边的巷道掘进不到 10 米，便遭到严重塌方，无法继续施工。施工人员找来钢钎进行钻探，突然间，从钻孔里冒出了呛人的气体。

不了解文物知识的工人们不知那是什么，一边抽烟一边在洞口观察。忽然，洞口的气体遇到火，"轰"地一下被点着了，泛着幽蓝色的光，如同传说中的"鬼火"。有人急忙向它浇水，想要将火扑灭，却没想到水被强大的气压反喷回来。之后，"鬼火"一直烧了三天三夜。

神秘的蓝色火焰让人感到恐惧和不解。最早接到消息的湖南省博物馆的侯良马上意识到，人们遇到的是一座古代墓葬。在湖南土话里，人们把这样的墓叫作"火坑墓"。

原来，由于墓室密闭性好，墓室中的有机物质腐蚀所产生的沼气慢慢聚集，充满了墓室，见火就着。通常，凡是属于"火坑墓"的随葬品甚至尸体都会保存得相当完好。由这点就可以看出，这座古墓尚未被盗取过。

1972年1月，考古队工作人员正式对神秘的墓葬进行挖掘。该墓葬南北长20米，东西长17米，属于大型的古代墓葬。

正当考古队工作人员发掘时，却发现了一个圆形的盗洞，这明显与之前出现的沼气不相吻合。盗洞笔直地朝着墓葬的下方插去，一直向下延伸了17米，才终于消失。就在这时，考古工作人员挖到了一种又黏又软的泥土，它的俗名叫白膏泥，常常用来保护墓葬，具有很好的封闭性。这时，在发掘工地上，突然有工人在白膏泥中挖出了绿色的树叶，在场的所有人都不敢相信这是古时候的树叶。在随后的发掘中，人们又在填土中陆续发现了翠绿的树枝和黄绿色的竹筐。

在白膏泥下面，铺着厚厚的木炭，足有5000多千克。木炭被取完后，露出了一口长7米、宽5米、高3米的大棺椁，棺椁上铺着几十张竹席。刚出土时，竹席颜色嫩黄，光亮如新，但出土仅几十分钟，竹席就化为黑色的朽物。

西汉 马王堆帛画

147

西汉中晚期　龙纹玉剑璏　嵌饰于剑鞘上的饰物。

西汉　玉高足杯

以莹润半透明的青白色玉雕成。

揭开椁板，人们发现这是一个丰富的地下宝库：椁室呈"井"字形，中间是一具棺木，棺木四边是四个巨大的边箱，边箱里塞满了五光十色的珍宝。它们全都光亮如新，闪耀着灿烂的光华。

在东面的边箱里有一件漂亮的漆器，揭开盖子之后，发现里面都是水，上面漂了一层新鲜的藕片，可是没过多久也腐烂了。

究竟是什么原因使这些容易腐坏的东西保存如此完好？又是什么原因让这些刚刚出土的神奇景象又立刻灰飞烟灭呢？这恐怕是一个巨大的谜。

辛追为何许人

在"井"字椁室内的头箱里，两侧摆着古代贵族常用的色彩鲜艳的漆屏风、漆几、绣花枕头和两个化妆盒（汉代时称之为"漆奁"）。其中一个奁盒里装有唇膏、胭脂、扑粉等化妆品；另一个单层奁盒在外观上与这个相似，里面装有镜子、木梳等物。然而，就在这个普通的化妆盒内藏有一枚印章，上面竟印有"妾辛追"三个字！

之后，考古工作人员将注意力转移到了位于椁室中央的棺木。

该棺木仍然光亮如新，为庄重的黑漆素棺，没有任何装饰。

打开外棺，第二层棺木呈现在人们面前。它的每一面都用漆图画了极其美丽的黑地彩绘，黑色的底子上用金黄色绘出复杂多变的云气纹，纹路间穿插着111个怪兽或者神仙，图案想象力丰富，线条粗犷，洋溢着远古时代的神秘气息。

接着，第三层棺木又露了出来。它是一具朱地彩棺，用鲜红的朱漆为底，然后用青绿、赤褐、藕荷、黄、白等较为明亮的颜色彩绘出行云流水般的图画，描绘出许多代表祥瑞的图案，一共画了6条龙、3只虎、3只鹿、1只凤和1个仙人，显得富丽堂皇。

之后，又是第四层棺木，它就是内棺。内棺棺身涂满黑漆，表面用橘红色和青黑色羽毛贴成了菱形图案，盖板上平铺着一幅"T"形的彩绘帛画。帛画长达2米，采用单线平涂的技法绘成，线条流畅，笔工细致。画面上、中、下三部分分别表现了天上、人间与地下的场景。学者最初认为这幅帛画的寓意是接引死者走向天国，但后来发现此观念在当时并不普及，反而可能与当地传统习俗的招魂仪式有关，希望死者死后灵魂不会消散。

第二天下午4点，内棺被打开，一股难闻的酸臭味从里面散发出来。考古工作人员却都个个兴奋不已，因为这种味道往往意味着墓主人的尸体尚未完全腐烂。

棺盖被完全揭去后，考古工作人员看到棺内装着约有半棺的红色液体。在液体之中，浸泡着一堆外表被捆成长条的丝织品，墓主人的尸体应该就在其中。

墓主人的身上裹了20层衣物，有丝绸、麻织品，春夏秋冬的衣服几乎全都具备。考古队工作人员花了整整一个星期的时间，才使墓主人终于露出了面容。

她不像一具古尸，皮肤仍旧是淡黄色的，按下去甚至还有弹性，部分关节能够活动。其伸展的双手各握一只绣花小香囊，内盛香草。女尸的睫毛清晰可辨，左耳的鼓膜完好无损，就连脚趾的指纹和皮肤的毛孔也清晰可见。

女尸经过防腐处理后，被送到了湖南省医学院。注射防腐剂时，女尸的软组织随即鼓起，逐渐扩散，和新鲜尸体十分相似。这不仅是世界考古史上的奇迹，也是人类历史上的奇迹。

另外在一些随葬器物上，印有"軑侯家丞"和"軑侯家"的字样。据史书记载，軑侯是西汉初年的一个侯爵，曾在长沙国担任丞相。而辛追便是他的夫人，身高约158厘米，死时约50岁。

千年女尸不腐之谜

这具名为"辛追"的古尸既不同于木乃伊，又不同于尸蜡和泥炭鞣尸，是一具特殊类型的尸体。它是防腐学上的奇迹，吸引了不少学者。女尸经解剖后，其躯体和内脏器官均陈列在一间特殊设计的地下室内。

然而，一直有一个问题困扰着考古学家们。究竟是什么原因令这具尸体保存完好而不腐坏呢？学者们一致认为，这与棺内中被发现的红色液体有关。

中南大学马王堆汉墓文物保护中心主任、博士生导师罗学港教授说，经化验，红色棺液成分复杂。它之所以呈现红色，是因为其中掺杂了朱砂。而朱砂含有砷和汞，对人体有害。另外，棺液中还检测出了许多中药的成分，这些东西泡在一起就成为深红色。不过可以肯定的是，这种红色液体具有杀菌的作用，是保持尸体不腐的重要原因之一。

棺外的墓室条件也为尸体的保存提供了条件。墓室建在地表下 16 米以下，上面还有 20 多米厚的封土堆，使墓室不透气、不渗水，封闭性极好。尸体被放入多达 6 层的涂漆棺椁之中，棺椁四周又被密封性强的白膏泥和吸湿性强的木炭填满。这些都为尸体营造了一种"真空"的状态。不仅如此，墓室的良好封闭性聚集了许多沼气，从之前"鬼火"被点燃的现象来看，墓室内的气已经达到饱和，并且形成了高压，这二者同样可以杀死细菌。

再次，据考古学家推测，辛追生前可能有服用丹药的习惯。在古代中国，炼丹术是人们追求长生的主要方式之一。而炼出的丹药，含有汞等对人体有毒有害的物质，当时人们意识不到，但是汞对于细菌却有杀灭作用。所以，虽然辛追生前滥服丹药没能长寿，死后却使她的尸骨得以保存长久。

为什么当时比辛追地位高的人没有保留下尸骨，而辛追却可以？这说明这种"防腐药水"的配方完全是偶然形成的。现在，考古队工作人员再次面临一个挑战，那就是在尸体保存环境已经发生变化的情况下，如何做才能继续使尸体完好呢？

罗学港教授回忆，周恩来总理曾经说过，马王堆女尸 2000 多年不腐，我们能不能争取再保存 200 年不腐？如今，这段往事仍被学者们所唏嘘。

目前，辛追棺材中早已经不是当初出土时的红色棺液，保存的液体经过了蒸馏水的稀释后都是无色透明的。30 多年来，由于浸泡，辛追的皮肤有些发白。考古学家们将不定期为辛追更换棺液。其保存环境也一直模拟发现时的环境，并不定期给辛追进行紫外灯照射消毒。

罗学港教授坦言，保护辛追的压力很大，但仍将尽心尽力，让老太太"延年益寿"。

汉代考古的里程碑

马王堆上分布有 3 座汉墓。1 号墓位于东冢稍偏北，墓主人就是辛追；2 号墓位于西冢，墓主人是辛追的丈夫，汉初长沙丞相侯利仓；3 号墓位于东冢 1 号墓的南端，墓主人是利仓之子。这三座墓都填有白膏泥和木炭，其中 1 号墓密封性最好，2 号墓白膏泥较薄、分布不均，导致墓内的保存状况比较差。

这三座古墓，共出土了 3000 多件文物，包括衣物、食品、药材、漆器、彩俑、乐器、兵器、印章、帛书等多种文物，它们绝大多数都保存完好。

在这些文物中，最有名的应该就是素纱单衣，它曾多次出现在中学历史课本中。素纱单衣薄如蝉翼，重 49 克，衣长 1.28 米，两袖伸直近 2 米，标志着当时缫纺技术的发达。另外，还出土了绒圈棉。它用作衣服缘饰，上面的纹样呈立体效果，需要双经轴机构的复杂提花机织成，说明绒类织物是中国最早发明创造的。

马王堆汉墓共出土漆器 500 件，1 号墓 184 件，3 号墓 316 件，这是各地发现汉代漆器中出土数量最多、保存最好的一批。漆耳杯占漆器总数的一半以上。漆器大部分都是木胎，只有少数奁和卮是夹纻胎。装饰花纹多为红、黑和灰绿等颜色，纹样以几何纹为主，龙凤纹和草纹为辅。

在 1 号墓，出土了二十五弦瑟、二十二管竽和一套竽律。其中的二十五弦瑟是目前发现的唯一完整的西汉初期瑟。在 3 号墓，出土了土瑟、竽、七弦琴和六孔箫，这些都是首次发现的西汉实物。12 支一套的竽管律，分别标明汉初的律名，为探讨中国早期律制增添了依据。

另外，马王堆汉墓还发现了大批帛书、两卷经书和两幅古地图，它们均出土自 3 号墓东边箱的长方形漆盒中，对我国的历史和科学研究都有着巨大价值。帛书大部分写在宽 48 厘米的整幅帛上，折叠成长方形；少部分写在宽 24 厘米的半幅帛上，用木条将其卷起。帛书出土时已严重破损，整理后，共计 28 件，后被学者们编为 6 册。其中除《老子》和《周易》之外，余下的都是没有传世的古佚书。有一本名为《五十二病方》的帛书，经考证，比《黄帝内经》（成书于春秋战国时代）可能还要早。书中记载了 52 种疾病和 280 多个药方，提到了 100 多种疾病的名称，所用药物计 240 多种，是我国现在所能看到的最早的方剂。

马王堆的发掘，虽然造成了一些不可避免的遗憾，但同时，它也将一个更为纷呈的古代世界展现在今人的面前。它的发掘，是考古学界的一座里程碑，为研究西汉初期的历史、文化、经济等方面都提供了非常重要的资料。

满城汉墓：堪比帝陵的奢华寝宫

随着岁月的流逝，守陵村的居民早已忘记祖先们究竟是在守护着谁的陵墓。然而，近代的考古为他们找回了遗失的古老历史——墓主人是汉景帝的儿子、汉武帝的兄弟、刘备的祖先——中山靖王刘胜及其家族。

满城汉墓被誉为"三大汉代文物考古成就之一"，出土了众多优秀文物，其中的金缕玉衣和长信宫灯更是举世闻名。

然而，在如此豪华的墓室中，却唯独不见刘胜的身影。他的尸体究竟在哪里？

让我们跟随考古学家的脚步，慢慢揭开满城汉墓的谜团……

"守陵"村的秘密

在河北省满城西北 1.5 千米的地方，有一座海拔 236 米的山丘。山丘的名字叫"陵山"，附近有个名为"守陵"的村庄。据村民们讲，他们的祖先世代都是为王侯守陵的，可是具体是谁的陵墓，陵墓的地点在哪里，却都没有人说得清。

1968 年 5 月，解放军原北京军区工程兵某部悄悄地开进了河北省满城县，他们将在陵山上执行一项秘密的国防施工任务。

5 月 23 日下午 3 点，当机电 12 班的战士们在一个距离山顶 30 米的朝东地带打眼放炮时，一个奇怪的现象发生了——这次放炮并没有像往常那样崩下来许多碎石头。战士们决定前去看个究竟，却不料，走在最前面的一名战士突然掉进了一个漆黑的山洞里。山洞漆黑不见五指，阴气袭人，还有一股十分古怪而强烈的气味，一时间让人毛骨悚然。这名战士稳定情绪后，急忙朝着透有微弱光亮的地方爬了出去。

之后，这名战士带着另外几名战友回到了洞里。他们打开手电筒，发现地上散落着许多凌乱的腐朽木头和许多造型奇特古怪的铁器、陶器和青铜器等。越往深处走，空间就越大，地上放着许多样式古老的生活用具。这时，一名老兵说："我们可能挖到古墓了！"

战士们拿出了几件比较有代表性的器物，重新封住洞口，把这次发现报告给了上级。在拿出的几件器物中，有一件刻有"中山内府"字样。这立刻引起了省领导和省文物部门专家的高度关注。"中山"即指中山国，而中国历史上曾经有两个中山国，一个是春秋战国时期的鲜虞中山国，另一个是西汉时期的中山国。然而，无论哪个时期，都说明这座古墓距今至少已有2000多年的岁月。

随即，河北省有关部门一边秘密派出考古专家郑绍宗、孙德海和政府工作人员张天夫、杜荣泉四人前往现场探查，一面向中央有关部门拍发加急电报进行汇报。等到达满城时，已经是傍晚时分了。在苍茫暮色的衬托下，满城陵山像一把巨大的太师椅，而古墓就坐落在这太师椅之中。

进入墓洞后，考古学家们都不由地惊呆了。他们首先走进的是南耳室。它长达30米，里面摆放着战车、供国王乘坐的安车、十几具陪葬马匹的骨头，所有马匹的身上都配有金光闪闪的马具。之后，人们又走进北耳室，一股陈年酒香扑面而来，地上摆放着数百件大酒缸、彩绘酒壶、石磨盘和陶罐等器物，陶缸表面还有许多很小的石钟乳。中间大厅高达7米，里面放着许多青铜器、漆器和医疗器具，其中地面上还有一根长约两寸的金针。

1968年6月27日，在严格保密的状态下，由中国科学院考古研究所、河北省文物考古所和原北京军区工程兵某部联合组成的考古队进入了满城陵山。

这一次，除了南北耳室和中央大厅之外，人们还发现在中室西南处，有一个尚未打开的后室，据猜测，那应该是放置墓主人棺椁的地方。

后室被一堵石门牢牢封死，其外表还伪装成黛青色石壁，简直是天衣无缝，如何打开这个石门成了难题。经过一番勘察后，考古工作人员在石门的上门楣与石洞之间发现了一个极不起眼的细小缝隙，认定这里可能是进入后室的通道。之后，石门在铁锤和钢钎的敲击下，露出了一个仅能容纳一个人进出的长三角形小洞。突然，一股强烈的气味喷涌而出，队员们急忙带上携带的防化兵专用

西汉　香炉（墓陶）　15.2厘米 × 13.3厘米

的防毒面具。

待毒气散尽后，考古队工作人员进入了后室。原来，门的内外都被黏土封死，中间由数十厘米厚的铁水浇注，还从里面用巨大条石顶住。之后，考古队工作人员将石门内外的黏土剥离，并找到了一个长方形铜质带轴的暗闩。按下暗闩之后，轻轻一推，石门便开了。在这当中，考古队工作人员惊奇地发现这个石门竟然是由整块汉白玉石制作而成的。队员所带的聚光灯还未打开，一束束金光已经从室内射出——这是一座还未被盗的古墓。

大名鼎鼎的中山靖王

在后室中，考古工作人员发现了一件刻有"中山内府铜钫一，卅四年"铭文字样青铜器，结合其他线索，断定满城古墓应为西汉第一代中山国国王刘胜之墓。

刘胜为汉景帝刘启之子，汉武帝刘彻的异母兄长，蜀帝刘备的先祖。前元三年（公元前154年），刘胜被封为中山王。在统治中山国42年之后，于元鼎四年（公元前113年）逝世。中山国位于太行山东麓，首府在卢奴（今河北定州），共历经十代诸侯，刘胜便是第一代。

刘胜墓的墓室由开凿岩石而成，全长51.7米，最宽处37.5米，最高处6.8米，容积2700立方米。墓室顶部呈拱形，室壁呈弧形，没有直壁和直角交叉的形式，这种结构确保汉墓至今保存完好。墓室布局完全模仿地上的宫殿建筑，由墓道、甬道、南耳室（车马房）、北耳室（库房）、中室（宴宾、饮酒、作乐的前堂）、后室（放置棺椁及浴室）6个部分组成。

从出土情况推测，刘胜墓的甬道、南耳室、北耳室和中室，曾经是在岩洞内建有瓦顶的木结构房屋，后因木料朽腐而倒塌。其后室是由在岩洞中用石板建成的石屋、主室和侧室三部分构成。主室象征内寝，内置汉白玉石铺成的棺床，上置棺椁。主室南侧的小侧室象征盥洗室，且墓内有完整的排水系统。

该墓最著名的出土文物便是金缕玉衣和错金铜博山炉。后者是一种熏炉，把香料放入其中点燃，烟通过炉盖上的许多小孔，袅袅上升，弥漫房中。这件铜炉高26厘米，足径9.7厘米。它通体用金丝错出精致的纹饰，铸成山峦重叠之形，以象征海中博山，故称博山炉。"山峦"间有神兽出没，虎豹奔走，小猴嬉戏，猎人巡猎，一幅秀丽生动的自然山景跃然而出。足部为透雕蟠龙纹，器腹饰错金卷云纹。这件铜器工艺之高超，可谓罕见。

然而，在人们赞叹出土文物的时候，却发现墓室中根本没有人的尸体。

1968 年 7 月，郭沫若来到陵山。有人告诉他，后室里只有已经腐烂的棺椁，并没有发现墓主的尸骨。郭沫若觉得很不可思议，回北京时专门打电话给考古队的王仲殊等人，提醒他们应该注意在玉衣下面是否还有一层墓穴，但考古队细致勘察后并没有在玉衣下面有任何发现。难道墓主人凭空消失了？还是这里根本就从未放置过人的尸体？

后来，为了保证金缕玉衣的完整性，考古队采取原封不动的方法将它整体迁出古墓，原样运送到北京进行室内整理修复。就在这时，考古队工作人员发现了墓主人。原来，墓主人的尸骨就藏在玉衣之内。但是，由于随葬品丰富，动物残骸和大量的酒增加了墓室中的有机物含量，使尸体容易腐烂，再加上地下水和石灰岩溶解的作用，尸骨早已变成了灰褐色的粉末，只在头颅内尚残留有一部分牙齿的珐琅外壳。而在金缕玉衣发现之初，后室房顶坍塌而将玉衣压成扁平状，考古队工作人员更无法注意到里面的"尸体"。

原本为了显示中山王显赫地位的陪葬品，反而成为销毁尸骨的元凶。这一切，不禁令人为之感叹。

惊世之作：长信宫灯

1968 年 8 月 3 日，在刘胜墓北面的山坡上，考古队发现了另一座墓葬，这便是刘胜妻子之墓。

汉代有"同坟异葬"的习俗，因此两座墓地南北并列，刘胜墓在南，妻子墓在北。陵墓相距 120 米，墓门向东，在墓门前的山坡上有一条宽 6～14 米的南北古道，此道应是建造墓穴和埋葬死者时人工修建的上山道路。

陵山是西汉中山国王的墓区，除刘胜夫妇外，还有 18 座陪葬墓，分布于陵山南坡，皆以长方巨石叠砌，上圆下方，每边长 15 米，高 4～7 米，下有墓穴洞室。据《史记》记载，刘胜有"子枝属百二十余人"，这些陪葬墓应该

是刘胜子孙及其家族的墓。

9 月 16 日，在刘胜妻子墓的后室里出土了一个锡制的盒子。考古工作人员在里面发现了一枚方形铜印，其正面有"窦绾"二字，背面有"君须"二字。原来墓主人的名字叫"窦绾"。

窦绾墓的平面布局与刘胜墓基本相同，但其规模和开凿水平都超过刘胜墓。窦绾墓总长 49.7 米，最宽处 65 米，高处 7.9 米，墓穴容积 3000 立方米。其随葬品主要放置在南、北耳室、中室和后室。

在其中的一个墓室中，出土了一件名为"长信宫灯"的文物。它高 48 厘米，重 15.85 千克，通体鎏金，造型为宫女双手执灯的形象。宫灯由头部、身躯、右臂、灯座、灯盘、灯罩六部分分别铸造，头部和右臂可以组装拆卸，这样非常便于清除烟灰和擦洗。宫灯部分的灯盘分上下两部分，可以转动来调整灯光的方向。在灯盘沟槽上，嵌有一个弧形瓦状铜板，它可以调整出光口开口的大小来控制灯光的亮度。宫女铜像体内中空，下垂的右手衣袖罩于铜灯顶部，形成灯罩，也可以自由开合。它不仅提升了造型的美观程度，而且促进了灯盘内的空气流通，帮助蜡烛燃烧，还可以将烟导入体腔。

灯上刻有 9 处铭文，共 65 字，内容包括灯的重量、容量、铸造时间和所有者等，其中灯座底部含有"长信尚浴，容一升少半升，重六斤，百八十九，今内者卧"等字样。

原来，上面的字是"阳信家"的铭文，周长山等部分学者根据全部铭文推测，长信宫灯原属汉代阳信夷侯刘揭（公元前 179 年受封为侯）家中所有。据《史记》记载，刘揭之子刘中意因参与"七国之乱"而遭到废黜，封国与家财被中央没收，长信宫灯被送入皇太后窦漪的宫殿长信宫浴府。而窦绾与窦漪有亲戚关系，因此推测长信宫灯是由窦漪送给窦绾的，窦绾死后便将宫灯随她入葬。

另外，赵化成等人认为依照汉代"阳信家"青铜器的出土记录，包括长信宫灯在内的大量"阳信家"铜器均属于汉武帝之姐平阳长公主（阳信长公主）。所以，长信宫灯最早的主人究竟是谁还没有确实定论。

一件宫灯，凝缩着西汉初期的纷乱战争和家族关系，令人啧啧不已。

传说中的金缕玉衣

据史书记载，汉代的君王及贵族死后不但口含宝珠、下枕玉璧，甚至还用玉片和金丝连缀而成的葬服从头包到脚。这就是人们所说的金缕玉衣，史书中称"金缕玉柙"。

刘胜墓的后室是一个用石板搭建起来的石屋，南边还有一个侧室。在侧室巨大的石棺床上，考古工作人员在清理掉表层的杂物后，偶然发现了几块散落的玉片。之后，他们加紧了清理工作，终于发现了一件用金丝和闪亮青玉片连缀而成类似铠甲状的葬服。虽然文献中记载过汉代王族死后穿金衣的习俗，但谁也没有亲眼见过实物；更何况，这件出土的金缕玉衣几乎完整，更是震惊了国内外的考古学家。

经复原，这件金缕玉衣全长 1.88 米，共用玉片 2498 片，金丝 1100 克。玉片的四角均有穿孔，全部用金丝编缀而成。在研究过程中，考古队工作人员发现金缕玉衣由头面、长衣、裤、手套和鞋五部分组成，每部分还可以相互分离。其中，要属手套部分的制作难度最大。它所用的金丝一般长 4～5 厘米，最细的金丝直径只有 0.08 毫米，相当于一根头发丝的细度。

后来，考古队工作人员在窦绾墓中也发现了金缕玉衣。

窦绾墓内有棺无椁，复原后的施漆木棺有内壁镶玉片 192 块，外壁嵌玉璧 26 块。这样镶玉嵌璧的木棺是我国考古史上的首次发现。窦绾死后身穿"金缕玉衣"，尸头下枕鎏金铜枕，玉衣内置玉璧 15 块。该墓出土铜器 40 类、188 件。生活用具多数为铜器，兵器较少，许多小巧玲珑的器物是刘胜墓中所未有的。

窦绾墓的金缕玉衣比刘胜墓的保存更加完整，但略微小些。它全长 1.72 米，用玉片 2160 块，金丝约 600 克，结构相同。玉衣胸部由丝织物编结而成，但由于年代久远，织物已经腐烂。

由于金缕玉衣象征着帝王贵族的身份，所以有着非常严格的制作工艺要求，汉代统治者还设立了专门从事玉衣制作的"东园"。这里的工匠对大量玉片进行选料、钻孔、抛光等十多道工序的加工，把玉片按照人体不同的部分设计成不同的大小和形状，再用金线相连。据称，西汉时要制作这样一套刘胜所穿的金缕玉衣，即使是一名非常熟练的工匠也要花费上十年的时间，它所需的费用几乎相当于当时一百户中等人家的家产总和。

然而，如此价值不菲的金缕玉衣不但没有实现王公贵族渴望尸骨永存的心愿，反而不断招来盗墓者掘毁尸体的厄运，许多汉王帝陵往往因此被盗。后来，魏文帝曹丕下令禁止使用金缕玉衣，从此玉衣便在中国历史上消失了。两座满城汉墓共出土文物 10633 件，其中精品文物 4000 多件。其品种之丰富，制作之精美，令人拍案叫绝，被列为"三大汉代文物考古成就之一"。

西汉 青铜钟 17.8厘米 ×9.5厘米 ×7.6厘米

汉　青铜灶

明器，铜灶。

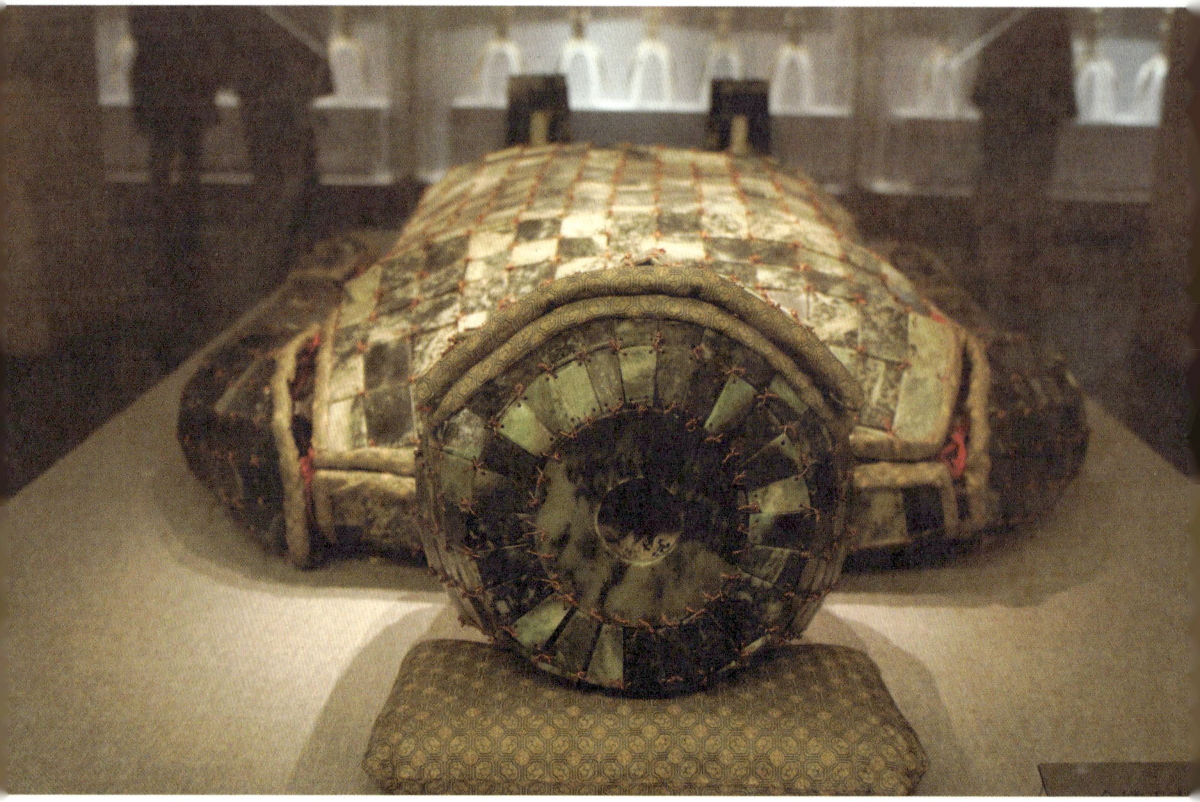
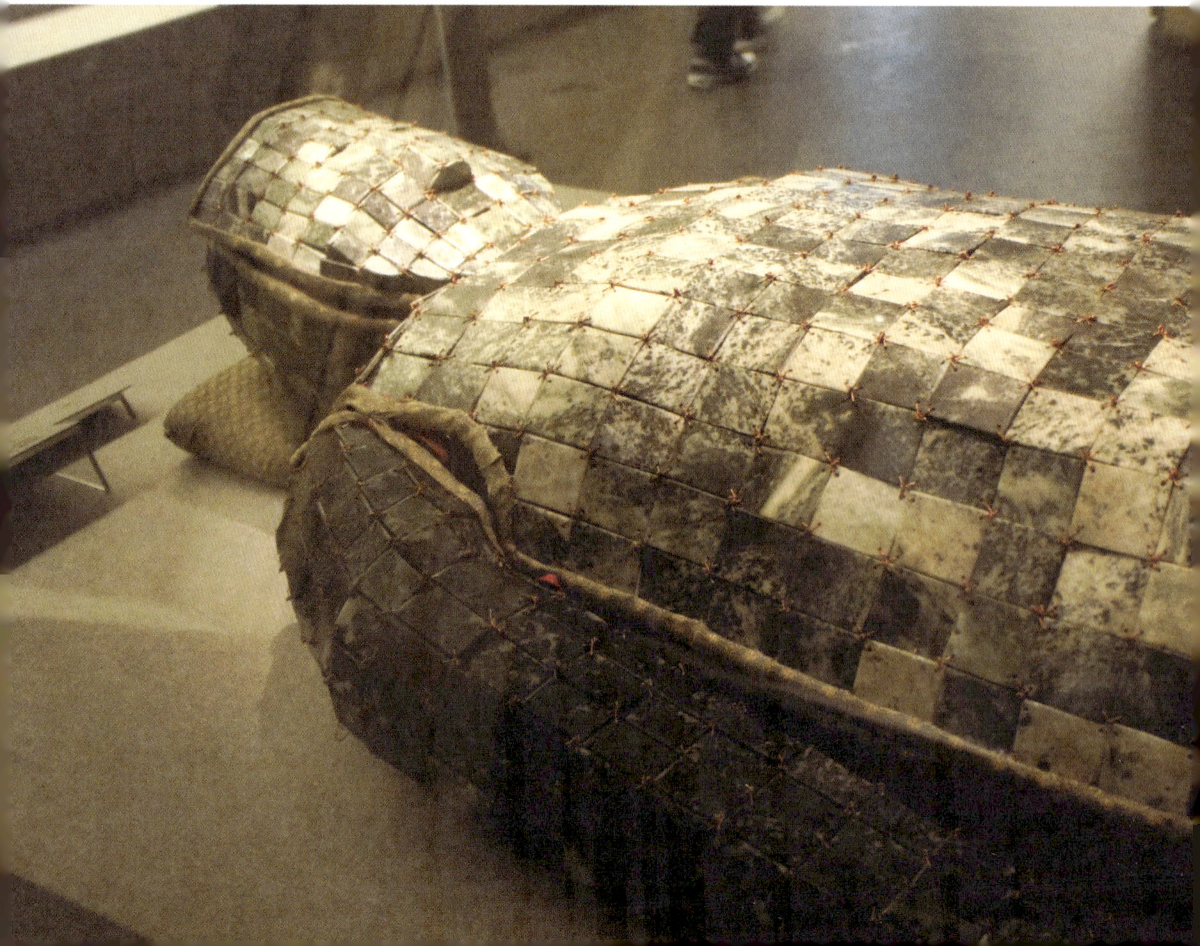

传说中的金缕玉衣

雷台汉墓：天马文化的缔造者

雷台汉墓位于甘肃省武威市，这里曾经是古时的交通要道。著名的"马踏飞燕"便是从这里出土的。

1983 年，"马踏飞燕"被定为中国旅游标志。1985 年，被武威市定为象征武威腾飞的城标。1986 年，被确定为国宝级文物。

其实，"马踏飞燕"不仅在汉末经历了一件大事件，在现今被发现时，也有几番波折……

雷神庇护下的宝藏

据史料记载，雷台为前凉（301 年～375 年）国王张茂所筑灵钧台，后于明朝天顺年间重修。因古时为祭祀雷神的地方，故名"雷台"。据《资治通鉴》记载，雷台始筑"周轮 80 余堵，基高 9 仞"，现为长 106 米，宽 60 米，高 8.5 米。

1969 年，武威新鲜公社社员在雷台南部开挖战备地道，在昏暗的地道中竟然挖到了坚硬的砖墙。之后，人们挖开砖墙，一个黑洞露出来了。

当人们爬进去之后，发现那是一间用青砖砌成的墓室。墓室里整齐地摆放着铜人、铜车、铜马等，旁边有座棺床，里面呈放着两具人骨，在尸骨脚下堆放着几件陶罐。

第二天傍晚，公社王队长叫人将洞口重新打开，把里面所有值钱的东西全都装进了麻袋里，悄悄用架子车藏到了大队库房里。

由于当时人们对文物不重视，古墓遭到了严重破坏。半个月以后，武威派党寿山和张有专门负责调查并追回失散文物。在经过多次动员和耐心解释后，村民才纷纷将私藏在家中的文物上缴。这之后，王队长也才把藏匿在大队库房中的文物交了出来。

在村民的帮助下，党寿山进入了墓穴之中。这座古墓全长 40 米，多室相通，墓门向东，呈东西方向。斜坡土圹墓道两侧的墙壁上有数组朱红的花卉图案，笔法简练粗犷。

之后，工作人员仔细对文物进行了登记，把它们全部转移到文庙。

11 月 3 日，甘肃省文化厅立即派省文物考古研究所的魏怀珩、张学正前往武威探查。在墓葬中室的侧壁，考古工作人员发现了一个盗洞。可是奇怪的事情出现了，这个盗洞上竟然有着明显的被修补过的痕迹。

在墓葬甬道右侧，有一口保存完好的古井。它的砌砖方式是独特的"人"字形砌法，在中国考古发现中并不多见。古井的作用究竟是什么，还是个未解之谜。

墓葬由多个墓室组成，分为前、中、后三个主墓室，前室由左右耳室组成，相互对称。那些早期的盗洞就位于墓室中室的左侧壁和后室的顶部。

据当时发现古墓的农民回忆，墓葬前室的右耳室放置着排列整齐的铜车马武士仪仗俑及铜奔马。

中室的随葬品设计精美，几乎所有青铜器用品都存放在这里。其右耳室陈设有陶楼院和大部分陶器物品。

墓室的后室比较小，是墓主人下葬的地方。其中，有一些被盗后残存的女性装饰品，说明该墓葬为夫妻合葬墓，这非常符合我国古代墓葬的殉葬规律及"前庭后寝"的墓葬习俗。

虽然这座墓葬多次被盗，但仍出土了 230 多件珍贵文物，其中最著名的便是铜奔马。

中国旅游标志：铜奔马

1971 年 9 月中旬，全国人大常委会副委员长郭沫若陪同柬埔寨王室表团访问甘肃。在兰州，郭老参观了甘肃省博物馆的历史文物陈列，他看到一组武威雷台出土的铜车马仪仗队伍，其中有一件三足腾空、一足踏鸟、奔驰向前的奔马更是令人赞叹称奇。

郭沫若回京后，向国家文物局局长王冶秋详细介绍了这组铜车马仪仗队和铜奔马，并推荐把它们充实到正在北京故宫博物院举小的"出土文物展览"中去。没过多久，郭沫若又向周恩来总理介绍了铜奔马和雷台汉墓。

1972 年，美国总统尼克松访华时，也目睹了铜奔马的风采。1973 年，铜奔马越过大洋，到英国、法国参加了古代历史文物出国展。之后，凡是有铜奔马的文物外展，都无一例外地以它作为宣传的噱头。

铜奔马又名"马踏飞燕""马超龙雀"，通高 34.5 厘米，长 45 厘米，宽 13.1 厘米，重 7.15 千克。通体由青铜铸造，呈发绿古铜色。它形象矫健俊美，马昂首嘶鸣，躯干壮实，四肢修长，腿蹄轻捷，飞驰向前，三足腾空，一足踏龙雀。整个作品惟妙惟肖，为我们展示了骏马腾空奔驰、体态轻盈的雄姿，真可谓是"龙驹"。雕塑师甚至也不忘为马蹄下的小龙雀刻画几笔：飞鸟展翅回首，注目惊视。

与其他出土的铜马相比，铜奔马的构思之精妙、造型之奇特无疑是最出类拔萃的。马躯壮实，颈如鹤颈卓立，给人以稳定感。张嘴嘶鸣，尾巴上扬，四条腿作飞奔状，将马的动感和爆发力塑造得非常生动。而对铜奔马平衡、重心的处理更是独具匠心。制作者让一只展开双翅的飞鸟作为马腿的着力点，使马的重心和支撑点垂直于飞鸟承托面的轴线上，达到了平衡的效果。其构思之大胆、手法之浪漫，都给人以惊心动魄之感，令人拍案叫绝。

铜奔马是在汉代社会尚马习俗的影响下而产生的青铜工艺品。马是汉代社会中重要的交通工具、军事装备和农业生产畜力。汉朝政府给马立"口籍"，马在各种场合被神化和奉颂，甚至汉武帝还作《天马歌》。

在汉代，车马明器随葬的习俗很是盛行，人们将马视为财富的象征。汉代的墓葬壁画和画像石、画像砖上的常见题材之一便是"车马出行仪仗队"和"出行图"。

在开拓疆域方面，马也发挥了独特的作用。根据河西汉简记载，马被广泛地用于交通驿站、军事行动、长城防御、民族和亲等方面。另外，汉武帝曾三次派人到西域求乌孙马。

在汉通西域的过程中，中原与亚欧大陆其他国家的交往更加频繁，而丝绸

西汉 铜奔马

甘肃省博物馆藏

东汉　陶器　高40.6厘米

汉　墓葬品　38.0厘米×45.5厘米×25.2厘米

之路更是促进了东西方的经济文化交流。铜奔马正是在民族交融、中西交往的时代背景下出现的一件代表中华民族艺术成就的不朽杰作。

马踏飞燕的主人

如此别致的铜奔马究竟是由谁制作完成的呢？这座墓穴的主人又是谁？

甘肃省博物馆研究员陈炳说，雷台墓的年代应该从四个方面来分析。

第一，从墓葬的形制上来看，雷台墓的砌砖方法是属于汉代的。

第二，墓葬出土的陶器绝大多数都是汉代的，只有少量器物在魏晋墓中出土过，但那应该是后期沿用前期的器物。

第三，在墓中，出土了"四出五铢钱"和铁镜，而这二者都是东汉末期铸造的。另外，出土的几万枚钱币的总体时代特征也是汉代的。

第四，也是最重要的一点，铜马上的铭文有"左骑千人"这个官名和"凉州张掖县"这个建制，在汉代文献中有记载。

由以上因素推断，雷台墓的年代应该是东汉末期。

在墓中出土的铜人俑当中，有4件女俑背后分别刻有"张氏婢"三字，8件男俑背后都刻有"张氏奴"三字，考古工作人员还在一只陶碗的底部发现了"张家奴字益宗"的六字铭文。由此推断，墓主人应该姓"张"。

后来，考古工作人员根据雷台墓出土的其他铭文分析后得知，该墓主人生前曾经四次被册封为"将军"，还兼任过河西四郡之首的武威郡的太守，并多次享有"两千石以上"的俸禄。

另外，雷台墓出土的铜马上清楚地刻有"张君前夫人"和"张君后夫人"的字样。在汉代，只有诸侯的妻子才能被称为"夫人"。这说明墓主人的身份应该是诸侯。

而在清代人张澍所著《凉州府志备考》中，唯一于东汉时期在武威（汉时名也称凉州）兼任太守的诸侯就只有张江一人。

张江生于公元前1年，东汉冀州人，后被封为南阳析侯。另据《通志》和铜奔马铭文记载，得知张江当时担任左骑将军兼张掖县长。而凉州是军事要塞，羌人攻打凉州，必须经过张江驻守的张掖峡口。他因多次立有战功，遂被封为

"破羌将军"，这与古墓出土的银印"破羌将军"相符合。

东汉时，凉州张掖盛产铜，凉州的冶炼技术也比较发达。公元60年，张江由武威太守被封侯后，为感谢效忠汉明帝的知遇之恩，又受到当时西汉东门京和东汉马援将军进献"名马式—铜马法"的启发，决定向汉明帝进献铜马贡品，也就是后来的铜奔马。

然而，铜奔马在董卓攻陷京城时被毁。可谁也没有想到，原来张江当初做了两套铜奔马，一套送给汉明帝，一套自留欣赏，死后也随他入葬。正是如此，才使得后人能够一睹当年"凉州供马"的风采。

除了铜奔马之外，雷台墓的铜马车仪仗队也是优秀的出土文物。该仪仗队有38匹马、1头牛、14辆车、17件手持各种兵器的武士俑和29件奴婢牵马俑，共计99件青铜器。

据史料记载，车马队的最前方是1匹与众不同的马，紧跟着的是17匹马和骑兵，分成三行，骑兵后面是车队。所有的车辆都和真的一样，甚至有些车还可以打开后门。车队正中是1辆导用斧车，其后是4辆轺车，车上有"御奴"和"从奴"。车队后面还有5匹马，中间1匹威风凛凛，应该是墓主人的坐骑，其他4匹马前后并列，护卫着主骑。队伍的后面还有1辆负责运输工作的牛车。

这套生动雄伟的铜车马仪仗队，为我们逼真再现了古时"车辚辚，马萧萧"的出行场面。

雷台墓是迄今为止在河西发现的最大的东汉墓葬，被考古学家称赞为"一座蕴藏丰富的地下宝库"。

曹操墓：长眠的名震千年枭雄

《三国演义》《赤壁怀古》《赤壁》等小说和诗篇润色了那个曾经英雄辈出的三国时代。

其中《三国演义》中提到，一代枭雄曹操曾为了防止后人盗掘自己的尸体和坟墓而设了七十二疑冢。曹操墓真的在这里面吗？或者，这仅仅只是一个传说？

2008 年，考古工作人员在河南安阳附近发现了一座疑似曹操墓的陵墓。这里有两座相邻的墓葬，另一座墓葬因盗墓而几乎变为空墓，人们对该墓葬的主人进行了各种猜测——曹昂、卞氏……

如今，"浪花淘尽英雄"，古人的是非成败要交给后人来评判，甚至连他们的尸骨，也会在后人的各种高科技仪器下被检查……

质疑不断的墓主身份

2008 年，考古工作人员在河南安阳安丰乡一带对南水北调工程文物进行普查时，意外发现了西高穴村的东汉大墓。12 月，考古工作人员开始发掘。2009 年 12 月 27 日，对外公布此墓为曹操高陵。消息发布以后，全国都为之沸腾。

西高穴大墓规模巨大，它们实际上是由南北并列的两座坐西朝东的大墓组成，两座大墓编号为 1 号墓与 2 号墓，前者靠北，后者居南。

2 号墓的规模远大于 1 号墓，是这两座墓地的主墓，这与秦汉时期的墓葬排列制度一致。秦汉时期，两座南北并列的墓地，一般主墓居南；东西并列的两座墓，一般是主墓居西。

2 号墓的平面为"甲"字形。一条长长的墓道通向墓室，墓道长 30 米，宽 10 米。墓门为石门，高 3 米，宽 2 米。墓室平面为"吕"字形，东西排列着前室与后室，规模相近，南北长 3.6 米、东西宽 1.9 米。两室均为四角攒尖顶，墓室高约 6 米，其南北两侧各有一个侧室。墓室之内铺有规模巨大的石板，石板一般长宽在 90 厘米左右，大者甚至达到 1.3 米。由以上信息可以判定，这座墓室属于东汉晚期时"诸侯王"级别的墓地。后来，学者们认定 2 号墓为曹操墓。

1 号墓与曹操墓相距 30 多米，与曹操墓一样坐西朝东，形状呈"刀"字形，墓道呈斜坡状，陡峭狭窄，两旁分布有方形坑。

陵园的中轴线在两墓之间，陪葬墓与曹操墓应属于同时规划。不过，1 号陪葬墓规模远小于曹操墓，规格也不高，只是一个竖穴土坑墓，墓室上端没有砖石券顶，墓底也没有用砖石铺地，与当时的墓葬特征不太相符。

1 号墓共清理出 7 个盗洞，其中一个盗洞通往曹操墓。遭到严重盗掘和毁坏的 2 号墓几乎是一座空墓，这让本来迷雾重重的墓主人身份变得更加扑朔迷离，难以猜测。

那么，1 号墓的主人究竟是谁呢？

有学者认为，1 号墓与 2 号墓相距很近，所以 1 号墓应是一个合葬墓，

曹操　26.4×21 厘米

选自《无款清末京剧一百人物像册》，绢本。

175

而不是陪葬墓，因为陪葬墓与主墓之间至少应相距数公里。依据汉代风俗，合葬分为"同穴合葬"与"异穴合葬"两种形式。从史料得知，1号墓的主人有可能是曹操爱妃卞氏。卞氏是在曹操死后10年去世的。因此在她死后，曹家人可能不便于打开墓葬的封土与石门，只好将卞氏葬在一旁。

不过，也有人认为1号墓可能是曹操长子曹昂的。曹昂早年战死，连尸骨也没有留下。而1号墓中没有发现骨架，很可能是个衣冠冢。

另外，还有人说1号墓其实是一个兵器冢。曹操生前喜爱兵器，而考古工作人员先后在1号墓发掘出250余件器物和被当作曹操墓最重要证据的刻铭石牌。同时，还有一把身长50多厘米的宝剑出土。它为细长铁剑，有剑鞘，虽然锈迹斑斑，但整体上保存完整。

目前，1号墓的主人究竟是谁还尚无定论。

扑朔迷离的曹操墓

历史上所传说的关于曹操的轶事有很多，其中一个便是他为了防止后人挖掘他的坟墓而在生前就做了周密的安排。出殡的那一天，邺城里所有的城门同时打开，72具棺木分别从各个方向同时抬出，葬入事先准备好的墓室内。从此，后人再也分不清哪一座墓下才埋葬着这位不可一世的枭雄。这便是有名的"曹操七十二疑冢"。

虽然这只是一个传说，但曹操墓的确切位置究竟在哪里，确实说法不一。第一种说法是曹操生前在邺城西南（今河北磁县境内）先后建造了72个疑冢。这在《三国演义》中被提到，虽然它只是一部小说，却也有一定的真实性。第二种说法是曹操葬于水下，墓穴在漳河的河底设有暗道、机关，以防止盗墓，只有在河水干枯的时候，才能看见传说中的暗道。这个故事被写进了《聊斋志异》。第三种说法是曹操死后并没有葬于邺城，而是埋在了河南省中部的许昌城外。第四种说法则是曹操葬于邺城的铜雀台等三台之下（位于今河北临漳三台村）。

或许我们能从以下材料中得到一些线索。

历史上，曹操死后被追封为魏武帝。据《三国志》记载，曹操生前所颁《终令》，要求自己的陵墓要"因高为陵，不封不树"，即陵墓要建在高地上，地面上不能堆起高高的坟头，也不要做什么记号。他在西门豹祠的西边高原上建起陵寝，名叫"高陵"。然而，最初高陵仍根据东汉礼制，"立陵上祭殿"。曹丕黄初三年（222年）以"古不墓祭，皆设于庙"为由，毁去了高陵上的祭殿。

不过，当年曹操曾写过一篇叫《让县自明本志令》的文章，提到他想要在自己死后，在神道中立一块碑，上面写"汉征西将军曹侯墓"字样。在当时汉、魏晋时期，在墓里确实有一种木制的小型墓碑。根据北大教授邓之诚所著的《骨董琐记》得知，磁县有一个本地人得到了这个碑，并且放在了磁县的县衙里。然而作者本人并没有亲自去查看，所以后来的情况就不得而知了。结合曹操死前"不封不树"的命名，曹操墓究竟有没有墓碑也仍然是一个问题。

还有，近两年有一位考古专家在河北临漳县发现了一个南北朝时期的古墓。这个古墓上的墓志铭清楚地写着，这座墓建在曹操墓的旁边。如果这句话真实可信的话，人们或许可以大概判断出曹操墓的位置。另外一些证据证明，曹操墓可能是临近漳河的。但漳河曾多次改道，当年的曹操墓很有可能已经被河水冲毁了。同时，民间也有传言，传说曹丕当初因为漳河冲毁了曹操墓，无处祭祀而悲痛不已。也许《聊斋志异》中的故事并非空穴来风。假设曹操墓真的在漳河附近，那么当洪水冲走墓上的封土之后，剩下的结实牢固的砖石应留在了河底。

无论如何，曹操墓永远是历史留给世人的一个美丽的传说。

东方首现"羽人"

虽然墓葬多次遭到盗掘，但仍出土了一批文物。其中有金器、银器、铜器、铁器、玉器、骨器、漆器、瓷器、釉陶器、陶器、石器等文物，也有反映墓主人身份的刻铭石牌和铁甲、剑、徽以及时代特征明显的铁帐架构件等。据初步统计，可复原的出土文物约有400件。

陵墓的建筑石构件均已成为残块。它们主要出自距地表深5米处的1号盗洞周围，少数出自墓室内。石块上有画像，画像内容有"神兽""七女复仇""宋王车""文王十子""咬人""喝酒人"等。其图画精美，画工精细，人物生动，是汉画像石中不可多得的精品。

刻铭石牌有 62 块，可分圭形、六边形两大类。圭形石牌长 10.8 米，斜边长 2.5 米，宽 3.2 米，厚 0.6 米。它的尖部中间有孔，孔内有铜环，铜环连着铜链，上面刻有"魏武王常所用格虎大戟""魏武王常所用格虎短矛"等铭文。六边形石牌都大小相同，上部短边长 2.1 米，下部长边长 4.2 米，短斜边长 1.8 米，总长 8.5 米，厚 0.5 米。上部中间有穿孔。刻字内容为随葬物品的名称和数量。

墓内铁器主要有铠甲、剑、链、削等兵器。根据出土铭牌记载，随葬兵器至少还有短矛、大戟、大刀等。其中铠甲数量较多，有大量散片，部分锈蚀在一起。甲片四周有穿孔。铠甲上部为牛皮缝边，以牛筋缝合。

墓中还出土了许多金银、铜器、陶瓷、骨器、玉器、漆木器等。

在后来的发掘中，考古工作人员还发现了许多其他文物，加上之前的比较完整或能够修复文物，总计 400 余件。在这些新增文物中，还出现了不少媒体少有报道的文物，在这些文物中，尤以"龙"和"羽人"最为有趣。

中国现在所常见的传统"龙"的形象，与早期"龙"的形象不尽相同。在曹操墓中出土的"龙"，其外表有的像蛇，有的介于蛇与龙之间。

而"羽人"的形象与西方神话中带翅膀的圣婴、天使很是相似。这意味着，中西方文明早在三国时代就开始碰撞了。只不过，曹操墓中的"羽人"翅膀比西方神话中神仙的小。同时，曹操墓中"羽人"翅膀少有展翅飞翔的样子，而西方神仙图画中的"羽人"多在飞翔。

曹操墓的发现证实了文献中对曹操谥号、陵墓、其所倡导的薄葬制度的记载，是汉魏考古的一个年代标尺，对后来的考古有着重要的意义。

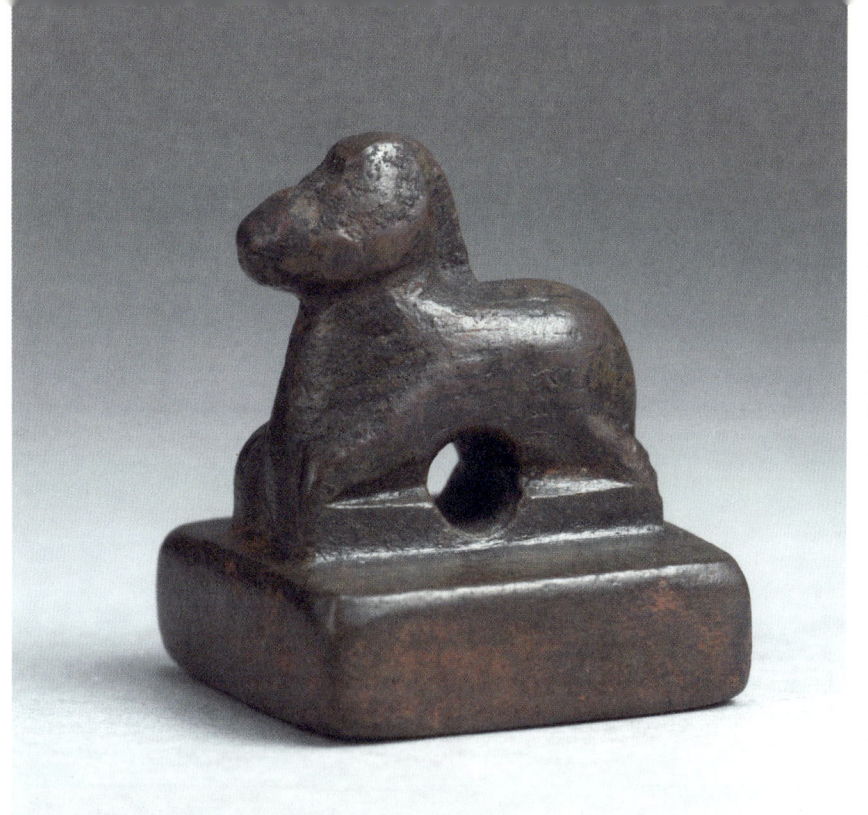

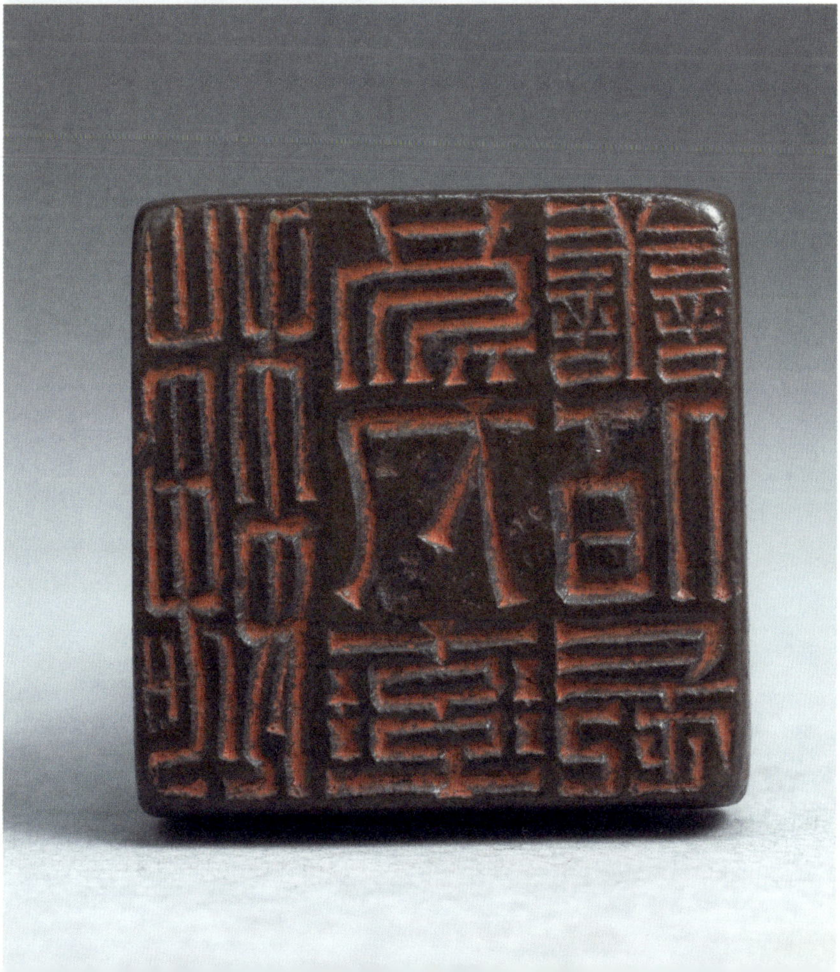

魏

「魏乌丸率善佰长」印玺

此印是环绕中原的边区外族首领官印。

三国　鎏金铜龙头勺　36.8 厘米 ×9.8 厘米

阿斯塔纳墓地：世界民族演变的历史画卷

阿斯塔纳古墓群位于高昌北郊的戈壁荒滩上，是古时陆路丝绸之路的重镇。它距离吐鲁番约 40 千米，埋葬着众多古代高昌王国的官民。

阿斯塔纳古墓群屡遭被盗取的命运，但它现有的出土文物依然带给世人震撼——非人因素造就的大量干尸，被誉为"中国的斯芬克斯之谜"的伏羲、女娲图，等等。

让我们跟随历史的脚步，来欣赏这一片神秘的古墓群吧……

丝绸之路下的瑰宝

吐鲁番古时被称作姑师，是古代丝绸之路途中的重镇。在这里，许多地势较高或视野开阔的空地上，都埋藏着古城遗迹，目前已发现文化遗址 178 处。

在距离吐鲁番市 40 千米的地方，有一处古墓群密密麻麻地分布着，它东西长 5 千米，南北宽 2 千米。这里被称作"阿斯塔纳古墓群"，是古代高昌王国城乡官民的公共墓地。按照家族种姓分区埋葬，以天然砾石为界，界限分明。

在晚清之前，这里因古墓数量较多，便经常有盗贼光顾，但所幸规模较小。然而，18 世纪之后，随着来华欧洲"学者""探险家"的增多和帝国主义列强的入侵，吐鲁番和阿斯塔纳古墓群遭到了严重的被盗。

1898 年，来自沙俄的克列门兹探险队从吐鲁番哈拉和托克逊马扎尔附近的古城盗走了大量的壁画、铭刻和许多古代文卷抄本。

1900～1930 年，英国人斯坦因先后两次来新疆考察。1913 年，他在阿斯塔纳古墓群陆续"开掘了无数的坟墓"，挖到了许多墓志、唐代文书和各种陪葬品，如俑、织物、波斯银币、绢花等。甚至在新中国成立后，我们考古工作者还在阿斯塔纳古墓群的一处墓道中发现了斯坦因已经完成编号却不小心遗留在墓地里的五六块墓志。

1904 年、1905 年，德国人勒柯克、格伦威德尔分别窃走几百箱文物。

20 世纪初期至 1910 年，日本人多次来吐鲁番，偷运了许多泥木俑、丝织品和古代文书等。目前，在日本龙谷大学收藏的 7000 多件古文书资料中，有相当一部分是橘瑞超等人从吐鲁番掠夺的。1912 年下半年，吉川小一郎独自一人在这里进行了两次发掘，获取大量干尸。他将干尸装箱，于 1914 年运到日本。这次偷运的阿斯塔纳干尸共有 10 具，其中男尸 5 具、女尸 4 具、小孩尸 1 具。

阿斯塔纳古墓群的损失不计其数，里面最精华的文物基本流失殆尽。现今遗留下来的文物是他们认为价值不高而被丢弃的。

新中国成立后，中国的考古工作者在这里先后进行了多次发掘，出土文物有数万件，其中包括丝绸织品、壁画、陶器、木器、钱币、墓俑、墓表、墓志等，尤为难得的是这里还出土了 2700 多件各种古代文书。

在发掘过程中，工作者们清理了近 400 座古墓。近年，当地文物工作者又发掘了 12 座古墓。然而，在这之中，只有一个墓穴未被盗取，其余都遭到过中外盗墓人的洗劫，甚至有一个墓室还"出土"了一个俄国火柴盒。

在阿斯塔纳古墓群，处处可见一个个界限分明的葬区。葬区内是一个父系大家族的墓园，按照辈分大小依次进行排列，非常正规。墓穴都是土洞墓，墓群中大多数是居住在当地的汉族人，少数是兄弟民族。此处以姓氏为家族的墓葬结构，同河西走廊以至中原墓葬有许多相似之处。

阿斯塔纳墓的形制为斜坡墓道洞室墓，其平面形状犹如"甲"字。在墓室前方，有一条 10 多米长的斜坡墓道。墓道尽头连着墓室，墓室一般高 2 米以上，4 米见方大小，室顶为平顶或穹隆形。死者多安放在墓室后部的土炕或简易木床上。他们头枕鸡鸣枕，面部掩巾，双手握木，身着棉麻或绢锦制的衣服。在死者四周，陈放着车马仪仗、琴棋笔墨及葡萄、饺子等食物。有的墓室，在后壁还绘有人物、鸟禽、花卉、山水等壁画，线条流畅，形象逼真。

古墓中出土的文物品种繁多，有文书、墓志、绘画、泥俑、陶、木、金、石器、古代钱币、丝织品、棉毛织物等，多达数万件，被称为"地下历史博物馆"。

数以百计的千年干尸

在阿斯塔纳墓群中，考古工作人员还发现了许多干尸。

其中有一具干尸身高约168厘米，脸形瘦削，头发被缠成发髻，部分散披。他皮肉收缩，周身呈土黄色。

这具干尸名叫张雄（583～633年），字太欢，出生于高昌王国的一个贵族家庭。张雄少袭父职，因早年平定叛乱有功，遂被封为威远将军，后任左卫大将军、司兵部等要职。贞观初年，张雄主张归顺大唐，维护统一，但高昌王不听其言，执意与唐朝军队对抗。根据记载，人们判断张雄因此抑郁成疾，死时年仅50岁。如今，其尸体眉宇之间仍存刚毅之态。

据判断，张雄生前身高180厘米左右，体重68～73千克。然而，这位西域名将生前显赫威风，死后却不得"善终"。他的墓葬不知何时就已被盗，其头颅更是被打断在地。这会是某种复仇行为吗？还是盗墓者为了夺取他口中或颈项上的珍宝呢？目前，这还是一个未解之谜。

在张雄干尸出土的同时，考古工作人员还发现了他的妻子、儿子张怀寂和其他身份、民族的干尸。其数量之多，在世界考古史上也是一个奇迹。

在阿斯塔纳古墓群中，有多达80％的尸体都没有腐烂，形成了干尸，甚至有的连眼

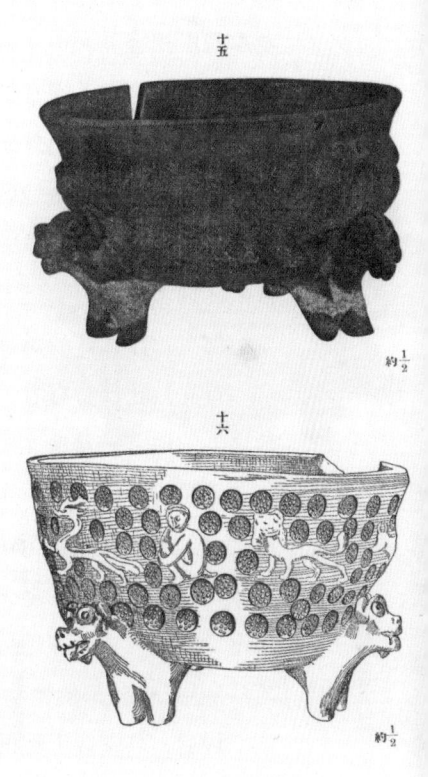

高昌出土的兽形足盆
选自黄文弼所著《高昌陶集》。

183

睫毛和眼缝中显露的黑白眼珠都能够看到。这种保存完好的干尸，足可以与埃及木乃伊相媲美。

虽然有许多人经常把阿斯塔纳古墓群的干尸称为"木乃伊"，但这实际上是一种误称。据国内外研究，古尸大致可分为干尸、湿尸、冻尸、蜡尸和鞣尸等几种类型。吐鲁番地区出土的古尸是一种未经人工处理而在特殊条件下自然形成的，属于干尸类型，与古埃及发现的经过人工防腐处理后形成的木乃伊有很大区别。

那么，什么样的条件可以使尸体不腐呢?

首先，吐鲁番有着特殊的地理环境。它位于海平面下 156 米处，是我国陆地最低的地方。盆地光照强烈，四周群山环绕，热气都聚集在盆地内，造成了长久高温的环境。吐鲁番全年有 100 天高于 35 摄氏度，有 40 天高于 40 摄氏度，有记录的最高气温甚至达到了 49.6 摄氏度。

其次，盆地降水量少，每年仅 16 毫米，但其蒸发量却多达 3000 毫米。而墓室所处的位置大多地势高敞，高温干旱，周围是土质疏松、透气性强的风蚀流沙底层。这些都使得墓地成为一个天然"干燥箱"，尸体在这里能够快速脱水。

最后，墓室内天然的无菌环境也使干尸得以长久保存。

阿斯塔纳古墓群出土的干尸，既不同于埃及木乃伊，又有别于我国内地出土的被石灰或木炭包裹的干尸，而完全是大自然的杰作。

如今，除了已经被发掘的墓葬和少数被盗的墓葬外，其余墓葬还未经考古发掘。也就是说，在吐鲁番这片广袤的沙漠下面，还有千余具干尸沉睡着。有些考古学家曾经设想，要在这里建造一所世界上规模最大的干尸博物馆。

中国的斯芬克斯之谜：伏羲女娲图

1960 年，考古工作人员在阿斯塔纳—哈拉和卓古墓群中，发现了二三十幅伏羲女娲图。这些图有许多都是出现在夫妻合葬的墓穴里，一般用木钉钉在墓顶上，画面朝下，少数画被折叠包好，放置在死者身旁。这种葬式主要表示吉祥之意，象征夫妻至死不渝。

伏羲女娲图中，二人在大的构图方面基本相同，都是人身蛇尾。画面上，

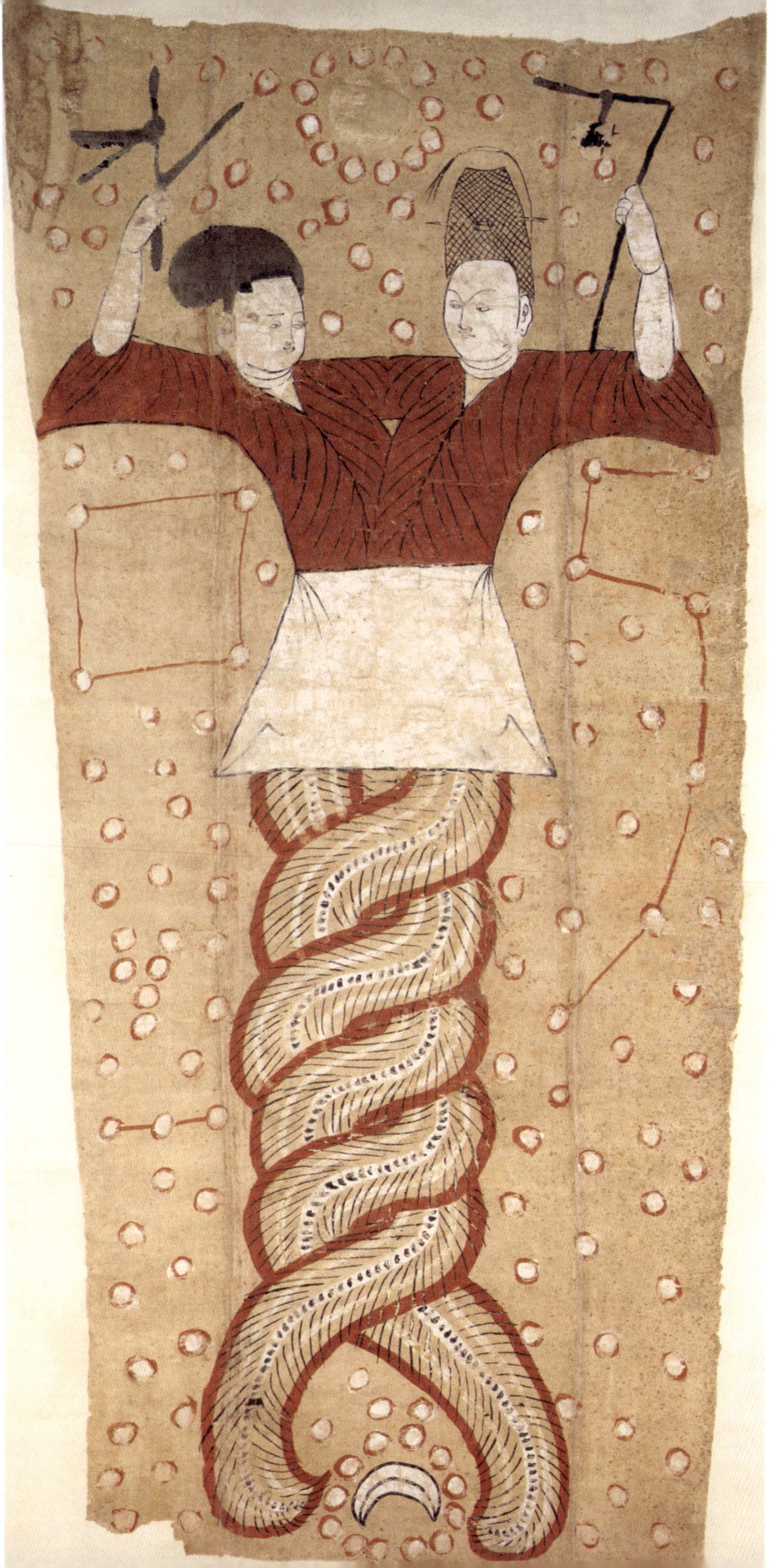

唐　伏羲女娲像

按照古代男女方位的处理，伏羲在左，女娲在右，伏羲的右手抱住女娲，女娲以左手搂着伏羲，二人的另一只手都高高扬起。四目相望，蛇形下身呈螺旋形相互缠绕。

整体构图好像是直入云霄的参天大树，令人联想到上古天梯——建木。《淮南子·墬形训》中说："建木在都广，众帝所自上下。"《山海经·海内经》又说："建木，百仞无枝，有九檽，下有九枸，其实如麻，其叶如芒，大暤爰过，黄帝所为。"所谓大暤，也就是伏羲。

而更令人称奇的是，伏羲女娲的双尾螺旋形竟然与现代科技才发现的DNA分子结构图很是相似，这究竟是一种巧合，还是古代先民已经有了某种潜在的认知？这仍然是个谜题。

女娲发髻高绾，眉毛细长，形貌端庄，脸上点缀着胭脂，眼神中流露着娴静。伏羲头戴方巾，外面插着一支形似满弓、尾如麦穗的簪子，双眉中间有一记朱砂，圆润的脸庞上充满了祥和的意味。

如果仔细辨认的话，会发现伏羲左手举着"矩"，即拐尺；女娲右手握着"规"，即圆规。这两样东西象征着中国古代天圆地方的认识。同时，"规"和"矩"的出现也说明人类社会生产技术的进步。

不过，也有人认为，伏羲手中的"矩"是用来丈量土地的，而在农业社会中，丈量土地则意味着权力，因此"矩"实则是权力的象征。而女娲所拿的"规"是用来研究天象的，中国最早的立法便是"女娲历"，因此"规"是法的象征。

画面背景上，头上绘日，日中有三足鸟，尾间绘月，月中有玉兔、桂树、蟾蜍，二人周围布满星辰，仿佛置身在浩渺的宇宙之间。在这幅图中，共有74个圆点，每一个都代表了一颗星星。在这其中，上面中央1点代表日，加上周围的11点共代表上天12月，下面中央1点代表月亮，加上周围11点共代表12辰。除去这些，还有50颗星星。有人把它与《易传》对应起来。书中称："大衍之数五十，其用四十有九。"在伏羲女娲图中，有49颗是"实星"，1颗"虚星"，这样的安排刚好与《易传》相同。

伏羲女娲图中有许多未解的秘密，其深邃的含义到现在也没有确定的解释，因此被称为"中国的斯芬克斯之谜"。

西夏王陵：深藏着西夏王国的兴衰史

西夏王陵位于银川附近，有 9 座帝陵、253 座陪葬墓，是我国现存规模最大的帝王陵园之一。

它不仅吸取了秦汉以来的皇陵优点，又受到佛教建筑的影响，做到了汉文化、佛教文化与党项民族文化的有机结合，在我国陵园建筑中别具一格。

在这里，考古工作人员发现了一种"鸟人"。它人首鸟身，长有天使般的翅膀，神态祥和宁静。这种异人究竟有着何种含义？它又为何会出现在西夏王陵中呢？

让我们也张开翅膀，遨游于这已经沉睡了 900 年的王陵中……

神秘王国现身贺兰山下

在宁夏回族自治区省会银川西约 30 千米的贺兰山麓下，西夏王陵已经在此沉睡了 900 多年。

西夏王陵东西长 4.5 千米，南北长 10 千米，在约 40 万平方千米的园陵内，有 9 座王陵及其附属的众多陪葬墓。而最令人吃惊的是，每座王陵约占地面积 10 万平方米，其材料竟然不是贺兰山丰富的石头资源，而是用夯土筑成。因为外表与金字塔相似，西夏王陵被人称为"中国金字塔群"。

对西夏王陵的考古发掘开始于 20 世纪 70 年代初期。1972 年 6 月，原兰州军区某部正在贺兰山下修建一个小型军用飞机场。不久，几个战士在挖掘工程地基时，竟意外挖出了十几件陶制品，其中有几个破碎的陶罐和一些形状较为规则的方砖。仔细一看，方砖上面竟还刻有一行行的方块文字，可是在场的战士们都看不懂。之后，部队首长将这一情况报告给宁夏博物馆。

宁夏博物馆的考古工作人员来到施工现场，对其采取了保护措施，并开始展开抢救性发掘。10 天后，一个古老的墓室终于重见天日。在墓中，考古工作人员发现了一些武士像等工笔壁画和一些古代精巧的工艺品及方砖等陶制品，其中方砖之上布满了一个个方块文字及花纹。

后经考古工作人员鉴定，认为这里是一处古代西夏时期的陵墓，而其出土的方块字正是今天被人们看作如天书一般的西夏文。

考古工作人员异常激动，继续在周边地区进行考古工作。此后 30 年间，宁夏文物考古工作者对西夏王陵做过多次调查、测绘和发掘。考古工作人员共清理出 1 座帝王灵、4 座陪葬墓、4 个碑亭和 1 个献殿遗址。在这些遗迹中，还有许多珍贵的西夏文物出土，其中有西夏文字、反映西夏人民生活的绘画、各种雕塑作品、各个时期的流通钱币、各类工艺精巧的铜器、陶棋子等文物。大量出土的造型独特的石雕和泥塑更是为西夏研究提供了重要的实物依据。

之后，考古工作人员又陆续发现了许多陵墓。截至 2014 年，共发现帝陵 9 座、陪葬墓 254 座，其规模与河南巩县（今巩义市）宋陵、北京明十三陵相当。专家指出，还有许多陵墓尚未被发现，也有一些已经由于山洪等自然因素而消失了。

在坐标图上，考古工作人员还吃惊地发现，9 座帝王陵竟然组成了一个北斗星的图案，就连陪葬墓也是按照星象布局排列。

2000 年 4 月，西夏王陵被评为"中国 20 世纪 100 项考古大发现"之一。

同年 10 月 20 日，西夏王陵 3 号陵园建筑考古发掘田野工作全部完成，已经在历史上消失了近 800 年的西夏皇陵的神秘面纱终于被揭开了。

几近毁灭的九座帝陵

西夏是以党项羌族为主体而建立的封建王朝。它于 1038 年由李元昊在兴庆府（今宁夏银川）建国，于 1227 年被蒙古所灭，共存在 189 年，期间经历 10 代皇帝。它最鼎盛时，国土面积约 83 万平方公里，被人形容为"三分天下居其一，雄踞西北两百年"。

然而，西夏王陵在历史长河中所遭受的破坏却是历代帝王陵墓中最为严重的。

西夏王陵的夯土遗存主要是由十多种化学物质所组成，主要病害为严重风化、季节性洪水冲刷以及干湿变化等原因造成的开裂坍塌等。

在修复前，陵园墙体有剥离体，剥离体的边缘与墙体相连，而中间大部分与墙体脱离或者是虚土相连，形成一个个空壳。当遇到雨水冲刷及大风吹蚀时，剥离体就从墙体脱落，长此以往，墙体便会逐渐变小。

敦煌研究院文保所的专家针对以上两种情况，分别想出了几种解决办法。专家采用低浓度的 PS 溶液或 PS+ 黏土浆，用注射的方法将溶液注入剥离体与墙体间的空洞部位，令剥墙体和剥离体重新结为一个整体。初步统计，目前已完成的剥离体加固的面积约有 300 平方米。

西夏王陵里现存 9 座帝陵，分别为裕陵、嘉陵、泰陵、安陵、献陵、显陵、寿陵、庄陵、康陵。这些陵墓坐北面南，按照昭穆葬制排列，排成东西两行。周围有 254 座陪葬墓，北端是一处三进院落的陵邑（或宗庙）遗址，东部边缘有砖瓦窑和石灰窑遗址，为陵区窑坊。

西夏王陵规模雄伟，布局严整，每座帝陵由阙台、神墙、碑亭、角楼、月城、内城、献殿、灵台等部分组成。

西夏王陵的每座帝陵陵园都由一个完整的建筑群体组成，占地面积在 10 万平方米以上，平地起建，坐北朝南。陵园的最南端是高大的阙台，阙台后是碑亭，这里曾停放着用西夏文、汉文刻制的歌颂帝王功绩的石碑。碑亭后是月城，月城里曾放置着文武官的石刻雕像。

月城北面是陵城，陵台位于陵城西北，为塔式结构，八角形，上下各分为五级、七级、九级不等。陵台是陵园中的主体建筑，其外部用砖包砌并有出檐，为砖木瓦结构。西夏陵台建在墓室北方 10 米处，往上层层收分，为夯土实心砖木混合密檐式结构，偏离中轴线矗立，这是党项族的专利，在中国建筑史上史无前例。

陵台到献殿有一条鱼脊梁封土，封土下面是墓道。墓室位于陵台南方 10 米处，为三室土洞式结构。墓室四壁立着护墙板，墓内有朽棺木，为土葬形式。

陵城神墙四面有门阙，神墙四角有角台，这些代表着陵园的兆域地界。有的王陵还圈有封闭式、马蹄形式和附有瓮城的外城。

西夏王陵不仅吸取了秦汉以来、特别是唐宋皇陵的优点，又受到佛教建筑的影响，使汉文化、佛教文化与党项民族文化有机结合在一起，形成了我国陵园建筑中别具一格的形式。

真实存在的"鸟人"

在9座陵墓中，3号陵园是9座西夏王陵中占地面积最大、保存最完好的一座。它坐落在西夏王陵的中心，位置显赫。考古学家认定其埋葬的主人是西夏的开国皇帝李元昊的墓地，因此俗称"昊王坟"。

3号陵园的建筑形制是以塔为中心来进行布局的。

它东碑亭的台基呈圆角方形，四壁有三级台阶式，这些台阶以绳纹砖包砌，石灰勾缝。台基上有一圆形建筑基址，其内部直径有7.5米，用方砖铺饰，磨砖对缝十分平整，可惜大部分已被揭去了。从残存的遗迹看，这是后来人做的。

在此轴线上，还有三个人像石座，其中东面一个已经缺失，仅留下一个方形遗迹。石座呈正方体，边长0.63米，高0.6米，正面有人像浮雕。该人像基座是西夏王陵的标志性器物之一。

西碑亭的基址中心用地砖组合成圆形图案，其所用方砖磨合的对缝十分齐整。外圈是砖砌环形基址，所用砖为长梯形、扁梯形、条形等，以平行线式斜砌而成。

西碑亭原有四尊碑础座，一尊已被毁为碎石，一尊上部略有损伤，其余两尊保存完好。这三尊雕像的长、宽、高相差不过几厘米，它们似人非人，似兽非兽，其中有二尊雕像完全相同。碑座用青灰色砂岩雕刻而成，其所雕人像五官扁平，袒胸鼓腹，乳垂过肚，双膝跪地，双臂拄膝，比例极度夸张。

在3号陵园中，出土了一个直径十多厘米的灰陶佛头。之后，考古工作人员又陆续发现了其他一些残片，将残片整理拼接后，竟然出现了一个大体完整、带有翅膀、造型独特的佛像。

经中国科学院考古所专家蒋忠义鉴定，这个"鸟人"是《阿弥陀佛经》中记载的迦陵频伽。迦陵频伽是梵语的音译，汉语译作妙音鸟，是喜马拉雅山中一种。据记载，这种鸟身披七彩羽毛，还未孵化时便能啼鸣，其声音美妙动听、婉转如歌。它的歌声能穿越三界，感动万物。它不舍昼夜，时刻以天籁梵音演说无上妙法，芸芸众生听到它的声音便可脱离苦难、焦躁、烦恼，得到自在、安宁。妙音鸟是佛教"极乐世界"之鸟，常被借以宣扬佛法，劝人向善，其形象多为人首鸟身。西夏王陵出土的妙音鸟应是佛教建筑上的装饰物。

已经出土的妙音鸟有许多种，分为陶质塑像、泥质红陶塑像、绿琉璃塑像三种。

出土妙音鸟也有一些不同形态的造型。一种造型是人头鸟身，头呈女人形状，双目下垂，神情端庄慈祥。头发以两串串珠拢起，围戴莲花形冠。双手合十放于胸前，上身前倾。两手腕各饰一腕钏，腹部做成蚕节状，身体两侧和尾部有长条形孔，可安插翅膀和尾翅。下肢是粗壮有力的鸟腿，双爪和腿向后平伸，底座为卷云纹状。整体造型好似展翅飞翔。

另一种造型与前者塑像相似。它眉心有吉祥痣，头戴花冠，身穿短衫，身挂璎珞飘带，花纹细腻清晰，制作精美。

妙音鸟的出土增加了西夏王陵建筑装饰构件的品种，同时也体现出西夏3号陵园在装饰艺术方面具有一种浓厚的佛教色彩。妙音鸟形体比例和谐，刻画精细，装饰主次分明，神态安详，体现了西夏人高超的工艺制造技术。

西夏 褐釉剔花缸 黑水城出土。

西夏 彩绘泥塑菩萨坐像 黑水城出土。

西夏　黑水绢画

明定陵：十三陵唯一被发掘的地宫

明定陵是新中国成立后首次有计划发掘的帝陵。然而，众多文化名人凭着自己的一腔热血，用无法达到相关要求的技术水平，令这个沉睡的遗产无端遭遇了一场浩劫。

曾经的皇帝经历了风雨飘摇的宗国社稷，他的地下陵寝见证了明朝时期的文化辉煌……

新中国成立后首次有计划的帝陵发掘

明朝皇家的陵园共有四处：埋葬朱元璋祖父母的盱眙祖陵、埋葬朱元璋父母的凤阳皇陵、埋葬朱元璋的南京孝陵、埋葬朱棣等13位皇帝的北京十三陵。在北京十三陵之中，又有三座规模比较大的陵墓，分别是成祖朱棣的长陵、世宗朱厚熜的永陵、神宗朱翊钧的定陵。

1955年10月4日，一份题目为《关于发掘明长陵的请示报告》的文书被送到了当时任政务院秘书长的习仲勋桌前。这份报告的落款有郭沫若、沈雁冰、吴晗、邓拓、范文澜、张苏等众多中国文化界赫赫有名的人物。

消息一经传出，当时任文化部文物局局长的郑振铎和考古研究所副所长夏鼐很是吃惊。他们立即找到报告发起人之一的吴晗，希望他们能收回提议，原因是我国当时的考古技术和文物保存技术无法承担如此大规模的发掘工作。然而，主管北京市文化教育工作的吴晗却认为，国内有不少人才，国家环境也很稳定，从人力物力方面来看都有条件胜任这项巨大的工程。

同年12月初，在吴晗的主持下成立了"长陵发掘委员会"，其成员包括6位发起人和夏鼐、郑振铎、王昆仑，28岁的赵其昌担任发掘工作队队长。

首先，赵其昌率领考古工作人员探寻长陵，却一无所获。之后，吴晗、夏鼐、赵其昌在讨论后，决定扩大勘察范围。1956 年春天，经过两个月的研究，赵其昌又率考古工作人员对十三陵进行全面勘察，同时，发掘委员会的目光逐渐转向了定陵。

在一次对定陵的发掘中，赵其昌偶然发现在不远处的红色高墙离地面 3 米多高的地方，有一个直径半米的圆洞。夏鼐闻讯后，亲自驱车查看，并认为这是通往地下玄宫的入口。

1956 年 5 月 19 日清晨 7 时，对中国皇陵第一次主动运用考古学方法进行的科学发掘工作，正式开始。

傍晚，赵其昌用特制铁铲，对准"圭"字形顶部的第一块城砖砖缝轻轻地撬起来。由于砖缝之间没有用灰浆黏合，他轻松地把 48 斤重的城砖撬开了一角。之后，他把铁铲挂在梯子一侧，两手抓住砖边向外慢慢抽动，城砖终于全部从墙中抽出。

突然，"扑"的一声闷响，一股黑色浓雾从洞中喷射而出。紧接着，又有"哧哧"的怪叫响起，令人感到不寒而栗。赵其昌抱住城砖，就势趴在梯子上，低着头一动不动。

黑色浓雾仍然伴着怪叫，不停地喷射，一股霉烂潮湿的气味弥漫开米。雾气由黑变白，化为缕缕轻烟，从沟底向上飘浮。人们被气味呛得阵阵咳嗽。原来，这是地宫 300 多年来积聚的腐烂发霉物质的气体，待其放出，就可进入地宫了。

随着砖被一层层抽掉，洞越来越大。当洞口已经两米多高时，赵其昌戴着防毒面具，全副武装地从洞口跳了下去，踩在了几根腐朽的木柱上。地宫里黑乎乎、雾茫茫，寂静得让人心里发毛。

接着，又下去几个人。在众人面前，耸立着两扇洁白如玉的巨大石门，门上雕刻着纵横九九八十一枚乳状门钉，另镶有两头怪兽的头颅，头颅下悬吊一个圆环，被称为"铺首"。

门内有石条把两扇大门死死顶住，使大门无法被打开。石条附近有槽，以供人从外面离开时，门可以从里面锁住。这样的石条叫作"自来石"。

考古工作人员找来一根小手指粗的钢筋，把顶端弯成半个口字形。10 月

5 日上午，考古工作人员用这把自制"钥匙"开启了石门。

在门框上端，有一排类似宝剑的晶莹东西悬挂着。仔细一看，原来是一种特殊的石头。因为地宫长期封闭，水汽聚集在上方，门框上端的青石钙逐渐溶解，日积月累，形成了"钟乳石"。在光线微弱的手电筒的照射下，却像是一排倒悬的出鞘飞刀。

后来，考古工作人员根据自来石上的模糊题字，先后打开了另外 6 道石门，并在玄宫后殿发现了三个一人多高的红色棺材，里面的尸体分别是明朝第十三个皇帝朱翊钧和他的两个皇后。

1958 年 9 月的一天，新华通讯社播发了一条消息。其中提到明十三陵中的定陵已经被打开。陵墓是一座地下宫殿，有两层楼高、80 多米长，其拱券全部用大块青白石砌成。后殿有三口朱红色棺材，其中的尸体已经腐烂，但骨架完好，头发软而有光，尸体周围满是金银玉器和成百匹的罗纱织锦。这些锦缎虽然已有三百余年，但有的依然金光闪闪……

难书功德的无字碑

定陵所用的建筑物料，主要有城砖、巨石、楠木和琉璃制品。

城砖是定陵用料中最多的，其产地主要为山东临清。临清位于黄河下游，同时也是京杭大运河的必经之地。定陵的兴建，给京杭大运河的船工和往来商贾带来沉重的负担，引起当地民众的不满，人们纷纷要求停止无偿运输城砖。在定陵动工三年之后，工部上奏皇帝，请求船只减免载砖。但皇帝没有同意。

定陵所用的巨石，主要有青白石、白石、汉白玉等数种，大部分来自房山县（今房山区）大石窝，只能采取旱路运输。其中最重的可达上百吨，这么大的巨石，给运输带来了极大的困难。

定陵多采用金丝楠木，其主要产地在湖广、云贵和四川等省。此种木料质地坚硬，耐腐蚀、有香味，是明代皇家宫殿的主要用料。此外，这种楠木还很稀少且生长缓慢。当原始森林里零星分布的楠木被砍伐完后，人们只能在其他难以攀登或有蛇蝎的地方寻找金丝楠木。如今，虽然定陵大殿因屡遭焚毁而荡然无存，但人们依然可以从长陵祾恩殿现存的 60 根楠木柱来想象定陵当初的恢宏。

定陵的琉璃制品主要产自京师，它的制作和运输最为省力和方便。

明定陵建成后的地上建筑，除部分神路以外，其主体建筑都位于大峪山与蟒山两山主峰之间的中轴连线上。神路起于七孔桥总神路以北100米的地方，蜿蜒向西北伸展，跨过三孔桥、金水桥，直抵陵园前的无字碑。它全长3千米，路宽7米，中间铺有青石板，两侧砌着条石。可惜，神路和三孔桥均未保存下来。

无字碑位于金水桥后第一道陵门前。它螭首龟趺，通碑无字。其实，明十三陵的所有陵墓前都有碑亭及螭首龟趺碑，但除了神道上成祖的"神功圣德碑"外，其余各碑均不着一字。

为何会有无字碑呢？它本身有着何种含义？这些皇帝会不会和武则天一样，愿意让后人来评价自己呢？

十三陵的无字碑是一个谜团，即使明、清遗老也难以破解。有人曾访问十三陵区的老者，得知传说嗣皇帝谒陵时，曾问过随从大臣："皇考圣德碑为何无字？"大臣回答："皇考功高德厚，文字无法形容。"这种说法显示了大臣的聪明才智，却也仅仅只是民间传闻而已。

后来，人们在清代人梁份所著的《帝陵图说》中，对无字碑之谜有了一些了解。在安徽凤阳的明祖陵前，有一块"大明皇陵之碑"，上面的碑文是开国皇帝朱元璋亲自撰写的。本来，洪武二年，明太祖朱元璋下令立皇陵碑，由翰林院学士危素撰文。可是碑文写成后，明太祖朱元璋却认为它是"儒臣粉饰之文，恐不足为后世子孙戒"，因此在洪武十一年，趁皇陵新建祭奠之际，亲自动手撰写碑文。他回想自己身世之凄苦、开国之艰辛、岁月之苍凉，不禁悲愤交集，奋笔疾书，一篇长达1105言的碑文一气呵成。

朱元璋的事情说明明朝有铭写碑文的传统，但后来的皇帝为何不继承这一祖训呢？据史料记载，原来长陵、献陵、景陵、裕陵、茂陵、泰陵、康陵七陵门前，并没有碑亭和碑，这些都是到世宗时才逐一建成的。当时的礼部尚书严嵩曾请世宗撰写七碑之文，但迷恋酒色、沉溺于修道成仙的世宗却根本没有心思和才华来撰写。自此，十三陵前的碑文便成了无字碑。

其实，到了明朝中期，皇帝多昏庸好玩，懒于动笔费神。但最主要的原因，则是感到江山日下，国家飘摇，其"功德"已经不能直言了。

劫难不断的万历帝陵

明定陵是目前十三陵中唯一被开发的地下宫殿，是中华人民共和国成立后第一座有计划发掘的帝王陵墓。出土了各类器物 3000 多件，其中有金器、银器、玉器、珠宝、金冠、凤冠兖服、冕旒、百子衣等物。

定陵地上陵宫由宝城、明楼、祾恩殿、祾恩门、左右廊庑和宰牲亭、神厨、神库、碑亭等组成，占地面积约 18 万平方米。

其地下宫殿在地下 27 米的地方，规模宏大，由五座石室组成。它多由青石砌成，面积达 1195 平方米。地宫和地上建筑完全一样，分为正殿、配殿和前殿。中殿放着祭器，三个汉白玉座前面各有一套黄色琉璃五供和一个青花大瓷缸。后殿中，三具棺木被放在棺床上，旁边是 26 个装满陪葬品的红漆木箱。

然而，那时的考古工作人员，谁也不会想到他们的行为将会给定陵带来多大的灾难。

其实，早在郭沫若等学者计划发掘长陵的时候，当时被誉为"考古所第一掘手"的白万玉由于担心技术不过关而不同意这项发掘工作。身为明史专家的吴晗也有了压力，再考虑到埋藏文物的价值，他也采取了谨慎态度。最终，他们决定先发掘其他的陵墓。

在这时，考古工作人员发现定陵南侧的墙皮有塌陷现象，内有砖砌券门的迹象。原来，棺椁入葬以后，人们重新用封土把墙砌上，长时间之后有些塌陷，所以上面露了出来，看上去像是有个洞。这样的消息传到吴晗那里，他立刻联系郭沫若等人，准备开始挖掘定陵。

随着明神宗，也就是万历皇帝的棺椁被打开，众多精美的陪葬品也终于与世人见面。在这当中，有 600 多件丝质衣物、177 匹布料，其金线、孔雀羽线、织锦装花都异常精美。

然而，这些宝物离开了地宫里相对恒定的环境，暴露在人们面前，温度、湿度、光照每天都发生着巨大的变化，很多文物已经不再是原本的模样，尤其是那些脆弱的却价值极高的木制品、纸张和丝织品，很快就变形褪色。如今，在定陵博物馆里，陈放的绝大多数文物只是当年出土文物的复制品。

文物保存条件糟糕还只是问题的冰山一角。1958 年之后，政治运动接踵而至，明神宗和他的两个皇后的尸骨被焚烧于定陵陵门之外。

当年发掘、保护他们的人们也受到了"牵连"，继续发掘长陵的计划也没了下文。直至1976年，这座唯一被挖开的明朝皇帝陵墓的文物整理工作才重新提上日程，回忆起还有大批没有被整理的文物。于是，在定陵发掘20多年后，它的考古报告才正式开始撰写。

正是有了定陵的悲痛教训，现在才有了"帝王陵墓一律不得发掘"的规定。

明　食盒　直径22.5厘米

明　镂空浮雕陶瓷罐　高 71.1 厘米

明　景德镇瓷香炉　33厘米×17.8厘米×24.8厘米

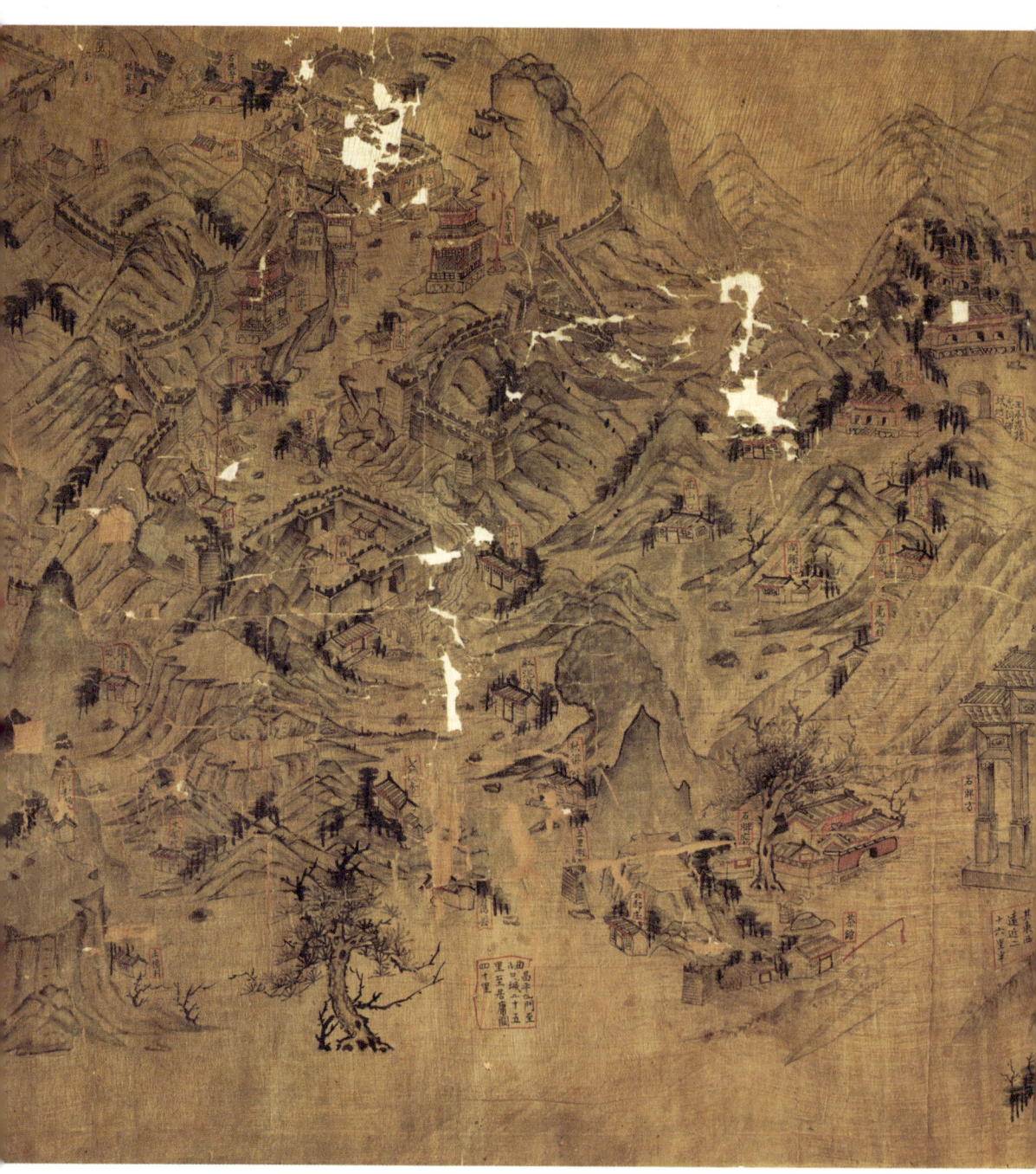

明十三陵图

全图以山水画的笔触，细腻地呈现明十三陵全景。

明十三陵图

全图以山水画的笔触，细腻地呈现明十三陵全景。

第三章

玄奥天书：文明遗迹岁月痕

殷墟甲骨文：商代不再是传说

历史的变迁和岁月的流逝，曾使殷墟一度被世人忘却。在漫长的历史中，它也曾被盗墓者视为冒险的乐园。就在殷墟这片土地上，千百年来一直埋藏着一种古老神秘的文字，不被世人了解。

这种文字就是甲骨文。

那么，甲骨文究竟是如何被发现的？在被发现以前，这种神秘古老的文字又遭受过什么样的厄运？甲骨文的发现，究竟对人类意味着什么呢？

一个个谜团，一个个疑问……

慧眼识宝的甲骨文之父

中国目前发现的最古老的文字是什么？答案：甲骨文。千百年来，是谁先发现的甲骨文呢？有人说，是清朝末期的金石专家王懿荣。

因为王懿荣是第一个发现甲骨文的，所以被称为甲骨文之父。

这种说法对不对呢？如果以谁首先发现甲骨文就被称作甲骨文之父的话，那么这个尊称就不会落在王懿荣的头上了。因为王懿荣不是发现甲骨文的第一人，而是农民。

农民发现了甲骨文，却不认识甲骨文，反而认为这是龙的骨头。后来，大家伙发现，龙的骨头就是好，还能止血，要是谁上山砍柴不小心摔伤了、流血了，那就可以把这种龙的骨头碾成粉末，敷在伤口处。然后，伤口不疼了，血也不流了，可见龙骨的神奇。

于是，这些农民找到了一条致富之路，觉得既然龙骨可以治病，不妨将其收集起来卖给药店。这可是无本的买卖，谁不愿意干呢？这样，龙骨就成了药

材，一吃就吃了千百年。

1899 年，历史沿革到了清朝末期，终于轮到王懿荣先生上场了。他在当时就是很有名望的金石专家，时任最高学府国子监祭酒。在这里多说一句，祭酒跟酒没有关系，是一种职务，相当于校长。换句话说，国子监祭酒就是最高学府的校长。

有一天，大学校长王懿荣先生生病了。生病总是一件让人痛苦的事，但是这位校长的这一次生病却成了好事。因为这一次生病，让他发现了一种比钟鼎文还要古老的文字——甲骨文。

那天，王先生把药房送来的药包打开，一味一味地检查。突然，他发现了那种被老百姓称为龙骨的中药，在那上面布满了刀刻的非常有规律的符号。王先生纳闷了，怎么在中药上还有文字呢？文字？！对，这应该是一种文字，而且有可能是比钟鼎文更加古老的一种文字。

王先生异常兴奋，便把药店里的药材全给买回来了。这还不够，他又千方百计通过药材商们调查出龙骨的产地。经过锲而不舍的钻研、考证，王先生终于解开了龙骨的神秘面纱：龙骨上所排列的符号，的确是一种古老的文字，而且是目前所发现的最古老的文字。

甲骨文就这样走到了人们面前，王懿荣先生也因此成为甲骨文之父。

甲骨文的发现，立即轰动了整个世界，被公认为世界考古史上的一件大事。然而遗憾的是，甲骨文面世以后的 30 年间，无数外国学者、国内外古董商云集河南安阳，以盗窃、骗取、收购等手段，搜刮了大批甲骨文。

第一部甲骨文著录书——《铁云藏龟》

1899 年，清末金石专家王懿荣先生在殷墟发现了甲骨文，意义重大。

四年以后，也就是 1903 年，在这件意义重大的事情上又添了浓重的一笔。因为在这一年，第一部甲骨文著录书印行出版了。

发现甲骨文的王懿荣老先生是权威的金石专家，可谓是科班出身，然而写《铁云藏龟》的这位老兄所学的却非金石专业，他的名字叫刘鹗。

刘鹗是写小说出身的，那本很有名的《老残游记》就是出自他手。研究金石是他的业余爱好，因此，他闲来无事的时候便干干兼职，偶尔写一些有关金石之类的东西。甲骨文的出现，让他兴奋起来了，这下小说也不写了，专门研究起甲骨文来了。

刘鹗收集了大量的甲骨，如获至宝。后来有人调查，刘鹗收集的甲骨数量竟达 5000 余片。不过说实在的，在这 5000 多片甲骨中，许多质量不过关，字迹已经磨损，要不就是残缺不全，难以辨认。当然，磨损的甲骨依然是甲骨，仍然十分宝贵。

刘鹗决定写一本书，不过这一次他要写的不是小说，而是要写一本关于甲骨文的书。他从所收藏的 5000 余片甲骨中精心挑选出了 1058 片，呕心沥血编成了一本书，这就是《铁云藏龟》。

在该书的自序中，刘鹗记述了发现龟骨文字、兽骨文字以及王懿荣收甲骨的过程。除了这些，书中还记述了文字从古籀到隶书的发展过程，第一个提出了甲骨文是"殷人刀笔文字"，这对于甲骨文的认识具有非常重大的意义。

在《铁云藏龟》出版以前，甲骨文的发现虽说意义重大，但毕竟是只供少数学者观赏摩挲的"古董"；而在该书发行以后，甲骨文就成了广大学者研究的资料。这在甲骨学史上具有不可磨灭的开创之功。

刘鹗写小说自然是一把好手，研究起甲骨文来也同样不逊色。

我们知道，在影视界有这样一个惯例：一部电影拍好了，接下来就会拍第二部、第三部，组成一个系列。其实不只是影视界喜欢走这条路线，金石界同样如此。由于刘鹗的这本《铁云藏龟》在金石界掀起了一阵飓风，引发了强烈的反响，其后续系列也不断涌现出来。不过，《铁云藏龟》的续篇并非由刘鹗写就，只是由刘鹗引发。

过了两年，刘鹗的家庭教师罗振玉又从刘鹗赠送他的未曾著录过的甲骨中精选数十板，为之影印，定名为《铁云藏龟之余》。

又过了10年，刘鹗同乡人叶玉森氏，在刘鹗身后得其遗藏甲骨1300板，从中精选240板，为之墨拓石印，并附考释文字，书名为《铁云藏龟拾遗》。

到了1939年，上海的孔德图书馆获得一批会稽吴振平旧藏甲骨龟片，沈尹默、金祖同、李旦丘考证为刘鹗旧物，虽有一部分为《铁云藏龟》著录，但大

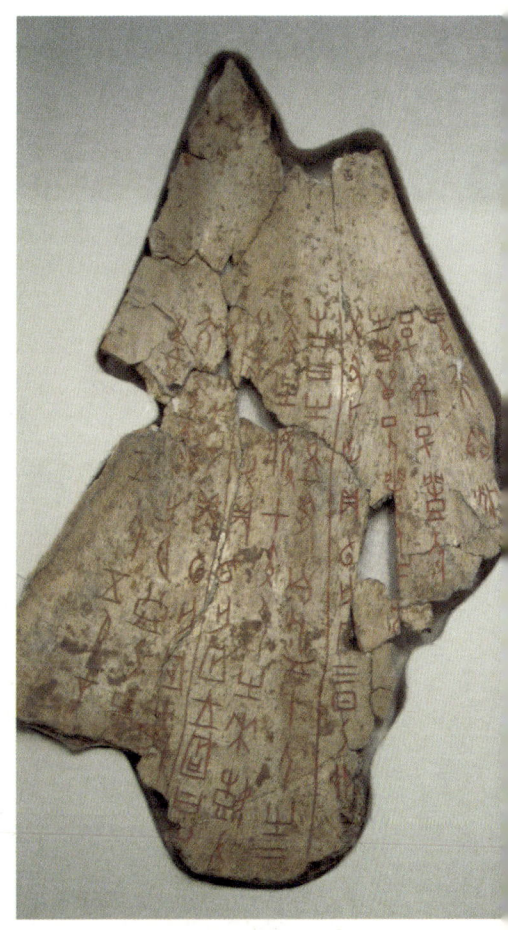

甲骨文

《礼记·表记》载："殷人尊神，率民以事神，先鬼而后礼。"殷商时期，朝廷在处理大小事务之前，都要用甲骨进行占卜，祈问鬼神，事后将所问之事契刻于甲骨上。1921年12月25日，史学家陆懋德著作《甲骨文之发现及其价值》发表。他首次提出"甲骨文"这一名称，随后，王国维等人陆续在著作中使用，该词逐渐被学术界和大众认可，成为通用的名称。

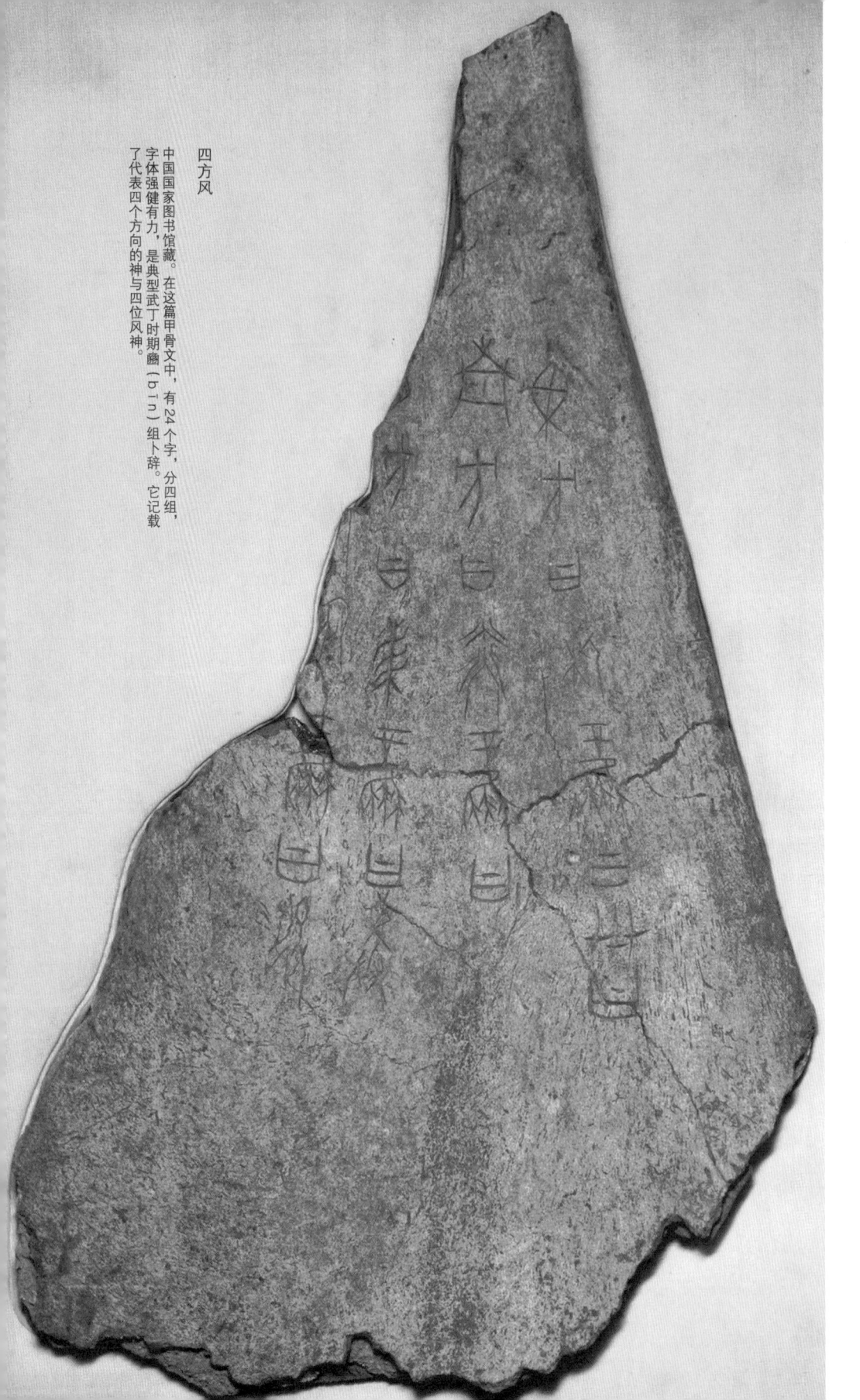

四方风

中国国家图书馆藏。在这篇甲骨文中，有24个字，分四组，字体强健有力，是典型武丁时期黼（bīn）组卜辞。它记载了代表四个方向的神与四位风神。

甲骨文

长 9.45 厘米，最宽 6.25 厘米。正面有刻辞约 18 字，有两处卜痕，旁边刻有二卜序，应为一事二卜。

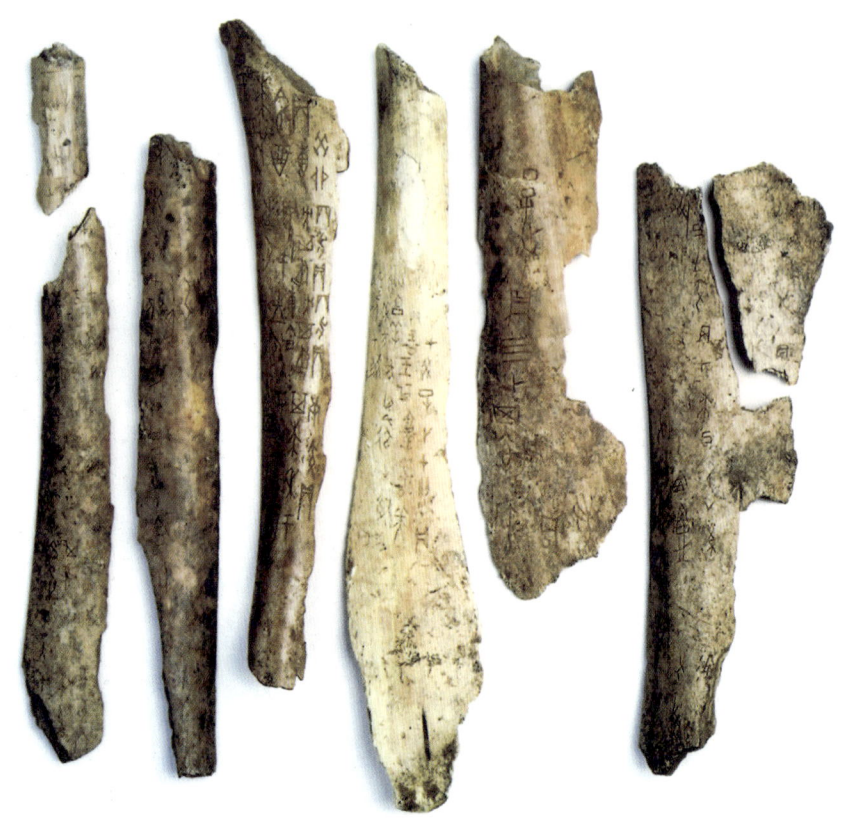

龟腹甲和牛骨的节段

有铭文。芝加哥艺术学院藏。

多数未经著录，于是选其93板，略加按语，并著释文于后，遂成《铁云藏龟拾零》一书。

甲骨文的书法艺术

书法作为一种特殊的书写艺术，极富美感，被称作"无言的诗，无行的舞，无图的画，无声的乐"。那么，甲骨文的书法艺术是什么？是怎么产生的？而它又具备哪些特点呢？

前文已提过，甲骨文在好几千年以前就有了，正因为它古老，所以才成为我国最早的可以认识的文字。不过，这就能够意味着甲骨文的书法艺术也早就有了吗？甲骨文的存在，是不是就意味着甲骨文的书法艺术的存在呢？答案是否定的。

实际上，甲骨文的书法艺术还处于草创期。换句话说，甲骨文的书法艺术是一个新兴事物，现正处于初级阶段，即不发达阶段。

可能许多人看到后会大跌眼镜，不过事实的确如此。

根据与时俱进的观念，艺术也该是随着时代的进步而不断向前发展的，那么甲骨文的书法艺术的产生又意味着什么呢？对于这一问题，我们先做出一个肯定的回答：甲骨文的书法艺术的出现，意味着前进，而非倒退。在某种意义上来说，甲骨文书法的出现是对古老文明的一种追溯和缅怀，而甲骨文本身更是蕴藏着一种特殊的美感，即苍朴古拙与方刚道峭。这种美感是极具震撼力的，是不会因为时间的流逝而褪色的，也不应该被忘却。

而且，研究书法必须要了解文字的起源和构造，而且是深入了解，浅尝辄止肯定不行，那样的书法家是没有前途的。甲骨文是我国最早的可识文字，这就相当于现行使用的汉字的老祖宗。老祖宗很特殊，它不是写在纸上，而是一般镌刻在龟甲上，也常常刻在兽骨上，总之什么东西坚硬就刻在什么东西上，结果这些被镌刻的东西就统统成了好东西。这也难怪，毕竟那个时候压根儿就没有纸。大体来说，在龟甲、兽骨上所镌刻的文字有两种，一种是卜辞，另一种是记事文。

作为一种向古文明致敬的书法艺术，甲骨文书法有着光明的未来。如今甲骨文书法工稳古雅，已经成为书法艺术界不可忽视的一股力量，但是仍然没有表达出甲骨文中特有的苍朴古拙与方刚道峭之气，所以上升空间是值得期待的。

大盂鼎铭：西周康王的忌酒劝诫

黄土高坡是养育中华民族文化的摇篮之一，在这里，祖祖辈辈的先民繁衍生息，创造了数千年的辉煌。当我们站在这片古老而神奇的土地上，是否还能嗅到数千年前的气息？实际上，在这片土地下面，埋藏着许许多多等待着我们去开启的秘密。

19 世纪中叶，在这片土地上出土了一个 3000 年前的大鼎，这在全球范围内立即引起了巨大轰动。那么，这个大鼎究竟是什么来历，为什么让无数野心家为之疯狂？在其上面所铭刻的那些神秘字符又在向今人诉说着什么？

答案即将揭晓。

命途多舛的宝鼎

一般来说，但凡久埋地下的古董重见天日，起因大多是一个农民在犁地时，锄头碰到了一件硬物，然后挖出来一看：哇，不得了，是一件古董呀。大盂鼎的发现走的也是这样一个流程，简直如出一辙。

清道光二十九年，即 1849 年，陕西岐山县连降三天大雨。天晴后，一个勤劳朴实的农民下地干活。当然，他告别老婆孩子走出家门的时候，绝不会意识到就在今天他会发现一件近 3000 年的宝物。

后来的事就很俗套了，他在地里正干着活，然后犁头撞上了一件硬物，疑惑之际挖出来一看，是一件古董，但不是一般的古董，这是一个生满绿铜锈的大铜鼎。大铜鼎面世以后，辗转人手，可谓是命途多舛。

先是让当地一个叫宋金鉴的财主给买走了。经过仔细鉴定，宋金鉴先生发现自己买的竟是周代宝鼎大盂鼎。宋先生非常快乐，每天笑得合不拢嘴。

不过宋金鉴先生的欢笑并没有太过持久，因为当地的官员听说了他藏有周代青铜器这一消息。这位官员认为，普县之下莫非我土，于是施压夺走了这一宝物。

后来，这件大盂鼎辗转落入潘祖荫的手里。这个人可以说是大有来头，他本人就是一位非常有名的金石收藏大家，而且位高权重，不过他有一个学生更加有名——晚清重臣左宗棠。

潘祖荫得到大盂鼎后，可谓如获至宝，从不愿轻易示人。不过，对大盂鼎这等宝物存有觊觎之心的人大有人在。

潘祖荫去世以后，他弟弟潘祖年秘密赴京，将大盂鼎运回了苏州老家，存放在潘家老宅中。现在潘家已经失势，很多人便想趁火打劫，夺走大盂鼎。其中势力最大的莫过于清朝末年的两江总督端方。

端方的人品虽然低劣，但他却是一个金石大家，他对潘家珍藏的青铜器垂涎已久，尤其是这一件大盂鼎。端方说只是借来看看，请潘兄弟不要那么小气。潘祖年岂是好忽悠的？他知道一旦借出，就再也收不回来了。端方既是两江总督，又岂肯乖乖罢手，于是，他想尽办法施加压力。就在潘家疲于应付的时候，事情有了转机。这时候辛亥革命爆发，两江总督端方成了矛头所向。正

大盂鼎民国拓片

西周周康王时期著名青铜器。这件周康王时的大盂鼎，是现存西周青铜器中的大型器。造型端庄稳重，浑厚雄伟，典丽堂皇，为世间瑰宝。

219

西周晚期　颂鼎

内壁有铭文 16 行 149 字："唯三年五月既死霸甲戌，王在周康卲宫。旦，王各大室，即位。宰引右颂，入门，立中廷，尹氏受王命书，王呼史虢生册命颂。王曰：'颂，令女官司成周贾廿家，监□新造，贾用宫御，赐汝玄衣黹纯、赤市、朱衡、銮旗、□勒，用事。'颂拜□首，受令，册佩以出，返纳瑾璋。颂敢对扬天子丕显鲁休，用朕皇考恭叔、皇母恭姒宝尊鼎，用追孝祈□康□纯佑通禄永命。颂其万年眉寿，畯臣天子霝终，子子孙孙宝用。"

221

所谓多行不义必自毙，端方最终被起义军所杀，解了潘家之围。

抗日战争爆发以后，日军侵入苏州，大盂鼎再次面临危机。日军贪婪成性，他们自然不肯轻易放过大盂鼎这件稀世珍宝。潘家要逃难了，但大盂鼎怎么办呢？毕竟这件宝物实在不方便随身携带。很快，潘家就想出了一个办法：将大盂鼎深埋地下，等局势平稳以后再将其取出来。

日军对潘家老宅进行了全面搜查，一无所获，最后只好失望地撤离了。谁料大盂鼎刚刚躲过了日军的搜查，却又遇到了内部的黑手。这个内部的黑手就是潘家的看门人，他曾参与埋大盂鼎的工作，因此知道埋宝地点。这个家贼三番五次进入老屋中偷取珍藏，不过，他也只偷取了一些小件的文物，像大盂鼎这么笨重的东西是搬不出来也运不走的。

新中国成立以后，潘家人经过商议，认为国宝应该由国家珍藏，于是便将珍藏数十年的大盂鼎连同其他一些宝物一起捐献给了国家。1951 年，大盂鼎终于落户在上海博物馆，后来又辗转到了中国历史博物馆，留存至今。

因被劝忌酒而闻名的 "盂"

当年，潘祖荫得到大盂鼎以后，曾经与好友王懿荣、张之洞等人切磋与研究，并拓文注释。后世许多学者对大盂鼎铭文也多有释读研究，著名史学家陈梦家曾考证出大盂鼎的时代。随着研究的深入，大盂鼎铭文向我们揭示了越来越多的西周社会状况。

大盂鼎因为由西周贵族 "盂" 所做而得名。

大盂鼎的内壁有铭文 291 个字，所讲述的内容主要有两个：一是周王告盂殷代因酗酒而亡国，要盂一定要好好地辅助他，敬承周文王、周武王的德政；二是记载给盂的赏赐。

其第一部分记载周康王二十三年九月，康王在宗周对器主人盂的谆谆告诫。周康王先是追述了周文王接受天命，周武王继承父业，最终代商自立的业绩，认为先祖们就是专心理政，不沉迷喝酒，更不会因为喝酒而闹事，所以才受到上天的眷顾，从而取得了统治地位；而殷商的情形恰恰相反，大小官员沉湎于酒，以至于丧失民心，根基动摇，这正是殷商灭亡的原因。

周王的论调虽然带有一定的程式化，却反映出西周统治者对过度饮酒的反对态度，正好与《尚书·酒诰》中的记叙相对应。然后，周王又告诫盂要认真做事，效法他的祖先南公，管理好军队，辅佐君主治理天下，做一名合格的、流芳百世的好臣子。

第二部分则主要介绍了康王对盂的赏赐，这些赏赐包括祭神的香酒，祭祀用的礼服以及车马，四名官员以及大量的平民、奴隶，还有盂嫡祖南公用的旗帜。

从中我们可以看出，西周康王是一个很有抱负的君主，他希望在大臣的忠心辅佐下，能够成就一番大事业，彪炳千秋。西周康王励精图治，对自己的臣子也抱有殷切的期望，既对盂谆谆告诫，又赐予他大量的赏赐。

作为臣子，盂心怀感激，为了纪念西周康王的恩德与赏赐，便制作了祭祀嫡祖南公的宝鼎，是为大盂鼎。

大盂鼎是迄今为止所发现的西周最大的青铜器，而大盂鼎铭文真实地反映了西周当时的社会状况，具有很高的历史价值，是史家研究周代分封制以及周王与臣属关系的重要史料，一向为史学家所重视。为此，大盂鼎上的铭文与大盂鼎一起享誉中华史册。

毛公鼎铭：现存最长的青铜器铭文

陕西省岐山县是一个非比寻常的地方。

这里的百姓经常在田间地头、村前屋后挖出一些青铜器物，许多价值连城的青铜器就是被他们的锄头刨出来的。

1849 年，大盂鼎带来的轰动还没来得及消散，紧接着第二年，在岐山又出土了一件稀世珍宝。这件稀世珍宝仍是一件大鼎，它的名字是毛公鼎。按照现代诗人郭沫若的说法，毛公鼎的价值"抵得上一部尚书"，足以见其珍贵。

那么，毛公鼎究竟是什么，有哪些特点？为什么它被人认为具有《尚书》的价值？毛公鼎出土以后，又曾经历过哪些鲜为人知的遭遇？毛公鼎上那数千年前的铭文能否为今人破译？那些铭文所讲述的究竟是什么内容呢？

毛公鼎为何物？

"美国人和日本人两次出高价购买毛公鼎，我都没有答应。现在我把毛公鼎托付给你，不得变卖，不得典质，更不能让它出国。有朝一日，可以献给国家。"当年，叶恭绰在给侄子叶公超写信时如是说。

鼎为中国古代炊食器。中国鼎文化的起源可以一直追溯到原始社会新石器时代，早在 7000 多年前就出现了陶制的鼎。而其真正的发展最高峰则出现在商朝和西周时期，尤其是商代以鼎为代表的祭祀用容器的制作，盛行于商周时期，延续到汉代。在奴隶制鼎盛时代，被用作"别上下，明贵贱"，是一种标明身份等级的重要礼器。

毛公鼎是西周晚期宣王时的一件重器，因其制作者毛公而得名。鼎通高53.8 厘米，重 34.7 千克，口径达 47.9 厘米。在其口沿上，竖着两只大耳朵，腹部又圆又深，下有三只兽蹄形的大足，有力地支撑着沉重的鼎身。整体来说，造型浑厚而凝重，其纹饰简洁而古朴，富于浓厚的生活气息，与西周初期极端神秘的风格迥然不同。

毛公鼎腹内铸有 32 行 497 个字的铭文，是现存青铜器铭文中最长的一篇。其铭文的内容是记载周宣王告诫及赏赐大臣毛公的册命。铭文中说，为了中兴周王室，革除积弊，周王册命重臣毛公，要他忠心辅佐周王。不可横征暴敛，壅塞民意，决不能重蹈先臣违诺王命，官纪不饬，酗酒无度而遭丧国之祸的覆辙；毛公感谢周王所委之重任以及所赏赐之酒食、舆服、奴隶、兵器、玉饰等丰厚的赏赐而铸鼎记事，子子孙孙永远铭记。

毛公鼎的价值难以估量，它对于研究中国冶金史、文字史和西周史都具有莫大意义。它不仅在内容上是一篇重要史料，在艺术上也极具美学价值。铭文笔法端严，线条饱满，结构庄重严谨，出土以来，书法家们无不为之倾倒，纷纷描摹，得其铭文拓片者无不如获至宝。

毛公鼎从道光末年在陕西岐山县重见天日直到新中国成立前，曾经数次转手，伴随着坎坷的民族命运，见证了近代中华民族那段不堪回首的岁月。在日本帝国主义侵华期间，许多外国人，尤其是日本人曾想染指这件青铜器，但在爱国人士的机智周旋下，毛公鼎最终没有流失到国外。毛公鼎现在保存在台北故宫博物院，被视作该院的三大镇院之宝之一。

四处流浪的宝鼎

毛公鼎于清朝道光年间（1850 年）出土，是陕西岐山县董家村村民董春生在村西地里挖出来的。有古董商人闻名而来，以白银 300 两购得，但运鼎之际，被另一村民董治官所阻，买卖没有做成。

无奈之下，古董商将此事报告给了官府，希望知县大人能够为民做主。事实证明，这个大人是个小人，他看到宝鼎后，两眼放光，找了个理由便将宝鼎据为己有。这个知县大人之所以买来毛公鼎，并不是要珍藏，他只是为了创收，于是很快卖给了另一个古董商。

后来，宝鼎辗转落入京城著名金石大家陈介祺手中。陈介祺为买宝鼎，几

西周　青铜鼎　高 10.8 厘米　直径 15.2 厘米

西周晚期　毛公鼎

乎花光了全部的积蓄，可见他对这个宝鼎的倾心。更加难能可贵的是，他还解读出了鼎内铭文。为了保护宝鼎，陈介祺又特地做了一个山寨版毛公鼎，而把真正的毛公鼎暗地里运到了老家，可谓煞费苦心。

陈介祺死后，这件宝鼎又被他的后代保管了20多年。20多年以后，直隶总督端方瞄上了这个宝物。他以势压迫，最终从陈家买走了宝鼎。说是买，其实跟抢差不多。不过端方很快遭到了报应，他镇压保路运动，被革命军所杀。他死后不久，毛公鼎的主人换成了民国交通总长叶恭绰。

抗日战争爆发以后，毛公鼎成了日本人搜寻的重要对象。叶恭绰只好把鼎偷偷藏在院内大条石下面，匆匆逃往香港避难。不过，意外的事情很快发生了，日本人抓住了叶恭绰的侄子叶公超，并逼问他宝鼎的下落。叶公超是个豪气干云的男儿，怎肯向日军屈服？因此日本人终究没有问出宝鼎究竟藏在哪儿。

经多方营救，叶公超终于得以释放，并于1941年密携毛公鼎奔赴香港，将其完好无损地还给叔父叶恭绰。不久，叶恭绰身染重病，经济困顿，万般无奈之下将毛公鼎典押银行。后来被巨商陈永仁获悉，出资赎出。陈永仁为了换取政治资本，又将其送给了戴笠。

对于这位戴笠，我们都很熟悉，他是行伍出身的军统将领，也是蒋介石的亲信。他是个将军不假，不过没什么文化，尤其是古董文化。他对古董向来没有研究，也不打算研究，因而毛公鼎在他手里并没有得到应有的尊重，竟沦落为香炉，专供特务们销毁文件。千年宝鼎竟然成了香炉，真是让人哭笑不得。如果陈永仁知道了这个消息，一定会大失所望吧？虽然他本打算用其来为自己换取政治资本。

戴笠死后，毛公鼎划归为国家博物馆收藏。至此，从出土以来就在民间四处流浪的毛公鼎，终于打上了"国家所有"的烙印，得到了它应有的待遇。

1948年，国民党军队退守台湾，大量珍贵文物南迁至台北，收藏于台北故宫博物院中，毛公鼎亦在其中，至今仍保存在该院青铜陈列室中。

文学与书法的典范之作

毛公鼎、大盂鼎、散氏盘与虢季子白盘，被誉为晚清时期出土的四大国宝。

毛公鼎为西周晚期毛公所作，故称毛公鼎。毛公鼎最重要的价值在于其腹内所刻的 32 行共 499 个文字，这是现存铭文最长的一件青铜器。

毛公鼎腹内所刻文字是一篇典型的西周册命铭文，不过这篇铭文又有自己的一些特点，该铭文不拘泥于传统的册命体例。全文以"王若曰"开始，基本引述王的册命话语，分段处则以"王曰"隔开，形式别具一格。

铭文一共分为五段，按照惯例，开篇先追述了西周国君文王、武王承天命推翻大邑商的伟大功业；然后，开始感叹时局的不安定，体现了周宣王时期诸侯力量发展、周王室力量相对衰落的总体形势；紧接着，叙述周宣王任命毛公接替父辈的职位，管理邦国及王朝事务，让他拥有了宣布王命的大权；同时周宣王教导毛公要勤政爱民，勤勤恳恳地辅助自己治理天下；为了勉励毛公，周宣王还赐给他兵器、车以及命服等物。为了称颂和纪念周宣王的恩德，同时也为了显示家族的荣耀，让后世子孙能够记住这件事情，毛公就让人制作了这件大鼎。

全铭文辞严密，精妙古奥，可以说是西周散文的代表作品，不仅洋洋洒洒地向人们展示了西周时期的册命制度，而且充分表达了周宣王励精图治的决心，对研究西周晚期政治历史有很高的参考价值。

自问世以来，毛公鼎铭文就被考古学界所重视，不断有人对其进行考释研究，《捃古录金文》《奇觚室古金文存》《客斋集古录》《周金文存》《三代古金文存》《两周金文辞大系图录考释》等均是研究毛公鼎铭文的著作。

在艺术上，毛公鼎铭文也极具美学价值，笔法端严，线条饱满，表现了西周铭文高贵典雅、浑厚、圆润、隽秀的风格；布局也比较规整，是金文书法的典范。清末著名书法家李瑞清说："毛公鼎为周庙堂文字，其文则《尚书》也；学书不学毛公鼎，犹儒生不读《尚书》也。"意思是，学习书法不学习毛公鼎铭文，就像读书不读《尚书》，可见毛公鼎铭文的书法价值。可以说，在我国书法史上，毛公鼎铭文具有相当高的地位，是学书法者必读之帖。

银雀山汉墓竹简：兵法古籍的小书库

临沂是齐鲁大地上一座历史悠久的古城，历代先人在这里留下了累累的印迹：三代之初，东夷族在这片土地上繁衍生息；西周时期，姜太公随着辘辘车声来到了这里；进入春秋，儒家圣人孔子在此开馆授徒……

这座悠久文明的古城，为后世的考古工作者提供了丰富资源，成为他们心中的一片乐土。因此，他们将目光久久地停留在这里。

临沂多山，银雀山跻身其中，本来籍籍无名，然而在1972年的春天，这座没有什么名气的山丘却吸引了全世界的目光，瞬时间成为万众瞩目的焦点。

有谁能料到，这一夜间骤然得来的荣耀，竟然源于污泥中的那一片小小的草叶……

污泥中的乱草

1972年春天，在临沂银雀山，建筑工人们正在修建办公大楼，当他们清理石坑的时候，忽然发现了一个墓穴。不过，这些建筑工人们并不怎么在意，因为他们在银雀山已经见惯了各式各样的坟墓。在银雀山一带发现墓穴，的确不是一件多令人惊讶的事，因为这里到处都是各朝各代留下的坟墓。

有一个叫作孟季华的老私塾先生看到这个坟墓以后，出于慎重，还是将其报告到了县文化局文物组，希望县里能够派人来看一番。以评估一下这个坟墓的考古价值。

孟季华的这个决定为考古学界带来一次极大的震动，只是当时他不清楚这一点。因为在这个墓里埋藏着宝贵的竹简。

银雀山汉墓竹简注定是要经历一些磨难的。

清 《孙子兵法》竹简
题有"乾隆御书"。

　　县文化局派来了两个人，分别是刘心健和张鸣雪。这两人来到了银雀山，发现那是一座汉墓，而这一汉墓与在临沂城周围随处可见的其他坟墓并没有太大程度上的不同，所以，他们并没有特别在意这一汉墓。不过，坟墓既然已经挖开了，还是需要清理发掘的。

　　这天早上，刘心健与张鸣雪再次来到了银雀山，随同他们前来的还有另外几个人。他们这就要动手展开发掘工作了。

　　打开棺椁以后，发掘人员发现里面渗满了水，他们只好摸索着打捞。客观地说，这个墓保存得相当完好，而且堆叠了大量的陶器，此外还有许多漆木器。然而，由于年代久远，墓中的许多器物都比较脆弱，而且又相互纠缠在一起，这无疑为发掘人员的清理工作增加了难度。

　　由于发掘人员没有办法下水慢慢分离，只能从上面打捞，所以有很多器物受到了不同程度的损伤。在这些受损伤的器物中，有一些被大家看成乱草的东西，而这些乱草后来却被公认为考古发现的一大奇迹。

　　发掘人员在污泥中最先发现的是铜钱，是文景时期的"半两"铜钱。这一发现很有意义，因为这为该墓地年代的断定提供了有力的证据。凡是考古学家大都有一大习惯，那就是"见钱眼开"，刘心健这位仁兄虽然并非权威的考古学家，却也对"半两"铜钱的发现极为重视，于是立即吩咐他们继续搜寻，看看是否还有这种铜钱。

恰在此时，从水面上漂过来一块竹片，长约三寸，打捞人员便顺手将其捞起来，然后递给了后面坐镇指挥的刘心健。不过，这一竹片并未引起他的注意，因为墓中常常出现一些破筐碎片。于是，刘心健随手将这片草叶子一样的竹片扔在了刚发掘出来的一堆器物中，他认为它大概就是草叶子。

事实证明，刘心健虽有考古专家之名，却无考古学家之实，他既不具备扎实的考古知识，又缺乏敏锐的觉察意识。如果不是后来的机缘巧合，这些"草叶子"恐怕就永无见天之日了。

是杂乱的枯草，还是宝贵的竹简

为了调查各地文物的毁坏情况，更为了保护一些濒临险境的文物，中央下达指示，要求各省市进行一次大范围的文物调查活动。接到指示后，山东省博物馆不敢怠慢，立刻将文物组工作人员分成若干组，到省内各市各县展开文物普查。

考古学家吴九龙和文物组工作人员毕宝启被分到了赶赴临沂的小组，他们此时绝对不会知道这一次的临沂之旅会让自己声名远播，名扬考古圈。

在前往招待所的路上，吴九龙和毕宝启正好路过银雀山汉墓的发掘现场。这两人对考古的热爱的确非同一般，一见有地方被发掘，也不去招待所休息了，就直接朝考古现场奔去。不过，当他们跑来一看，就忍不住失望了，因为出现在眼前的似乎只是一个普普通通的小墓。

就在他们打算离开的时候，吴九龙忽然发现了一些"乱草"夹杂在一堆器物中。刘心健眼里的乱草，在吴九龙的眼里就成了宝贝。吴九龙将"乱草"放在手里，仔细看着，越看越像是竹简。难不成真是竹简？吴九龙用湿布仔细地擦拭着。当擦拭干净以后，令吴九龙惊喜的事情发生了：上面竟然显出了黑色字迹！吴九龙欣喜若狂，因为他认出了上面的字：齐桓公问管子……

"不得了了！是竹简，有字！"吴九龙激动不已。

声音传到了众人的耳朵里，人们纷纷从四处围拢过来，争先恐后地要看那枚有字的竹简。这时吴九龙的搭档毕宝启想到，竹简不可能就有这么一片，应该还有更多。于是，他便提醒大家再四处找找。毕宝启的判断是正确的，杂物堆中那些所谓的乱草，竟然全部是长短不等的竹简残片！

刘心健让正在发掘的工作人员看看还有没有类似的竹简，而他自己也随即趴在泥水里搜寻起来。他们的搜寻换来了丰硕的成果，在此后被定名为银雀山1号的汉墓里，共发现了4942枚竹简。当然，在这4942枚竹片中，既有大量的完整简，又有为数不少的残简。

清理1号汉墓的工作，为清理2号墓提供了宝贵的经验。于是，发掘人员在清理2号墓时，格外的谨慎和细致，这使在银雀山2号墓中清理出来的竹简大都是完整的，可以说为后来的研究提供了相对完善的资料。在2号墓中，发掘人员共发现了32枚竹简，这些竹简要比1号墓竹简长约60厘米。

横空出世的两大孙家兵法

在银雀山汉墓出土的竹简上究竟记载着什么内容呢？当考古工作人员在对这些竹简进行了简单的处理以后，"孙子曰"等字样豁然映入眼帘！"孙子曰"意味着什么？难道，这表明这些竹简其实就是《孙子兵法》吗？人们不由得大吃一惊。

当地文物部门不敢有丝毫迟疑，立即派人带着样品到北京寻找专家进行鉴定，同时把事情报告给了国家文物局。国家文物局的专家虽然平生见过无数宝物，但这一次也被震惊了，因为他们知道，如果这批竹简上所记载的内容真是《孙子兵法》的话，那么其价值是无法估量的。

然而，如何保护这批竹简似乎成了摆放在人们面前的一大难题。在竹简刚刚出土的时候，文物工作者将其泡在了水里，这是因为他们担心竹简散失水分以后就会干裂破坏。文物工作者所采取的这种措施是有道理的，然而总不能一直将竹简保存在水里。

这时，国家文物局出面了，当即指示山东文物部门，立刻把这批宝贵的汉墓竹简送往中央。国家文物局之所以这样做，是因为他们了解地方文物部

吴宫教战

门缺乏科学的保护技术和设施，竹简很容易就会腐坏掉。值得提及的是，把这批汉简送往北京的人中就包括吴九龙。

这批珍贵的汉墓竹简运往北京以后，国家文物局当即召集修复专家来对这些竹简进行修复，并成立了"银雀山汉墓竹简修复小组"，招来各地著名的学者对其进行研究。专家学者们在条件仍然不够充分的情况下潜心研究，终于比较圆满地完成了竹简的修复整理以及研究工作。

银雀山汉简的研究成果在两年后一经发布，就立即在全世界范围内引起了轰动。因为在这将近5000枚竹简中，学者们整理出来了多部伟大的古书，包括《孙子兵法》《孙膑兵法》《六韬》《尉缭子》《守法守令十三篇》等，其中一些还是早在汉代就已经失传了的佚书，可谓是意义重大。

可以看出，这些古书大多属于兵法著作，其中最为重要的当属《孙子兵法》和《孙膑兵法》这两大孙家兵法。《孙子兵法》在国内乃至世界都有重大影响，像拿破仑、希特勒等人曾通过此书获益良多。不过关于该部兵法的记载太少，以至于以前的一些史学家们认为孙武与孙膑其实就是一个人，甚至有人认为历史上不曾有孙膑其人，其兵法也只不过是后人在《孙子兵法》的基础上衍生出来的。

在银雀山出现的失传了千年的《孙膑兵法》，充分地证明了孙膑其人以及其兵法的存在，对那些由来已久的质疑做出了彻底的否定。此外，《孙膑兵法》中的许多内容都与《孙子兵法》有着前后承接的关系，对研究中国兵法有着非常积极的意义。

可以说，银雀山汉墓竹简的出土，之所以在世界上引起巨大轰动，并被列为"新中国30年十大考古之一"，在很大程度上得益于《孙子兵法》与《孙膑兵法》这两大孙家兵法书的出土。

除了这两大孙家兵法以外，考古学家们还在竹简中整理研究出了《汉武帝元光元年历谱》，而这是我国迄今为止发现的最早、最完整的古代历谱。在《汉武帝元光元年历谱》这本书中，考古学家们还附列了与农业生产紧密相关的时令气候等内容，反映了当时农业生产的一些状况。

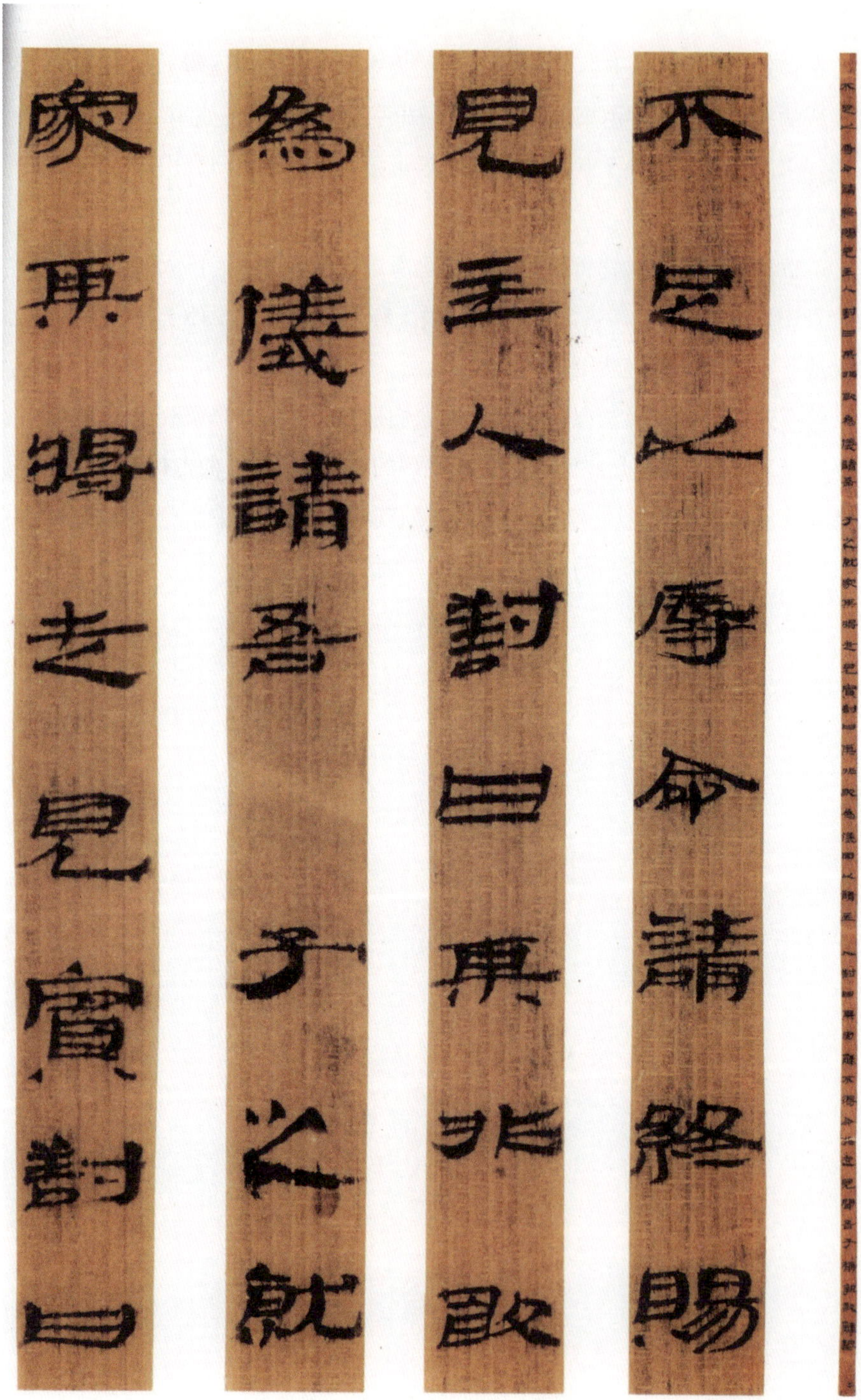
不足以辱命請終賜
見主人對曰某非敢
為儀請吾子之就
家某將走見賓對曰

汉　武威王莽新简仪礼

选自二玄社《简牍名迹选》。

汉 青铜蟠龙 长 4.6 厘米

东汉 彩陶公羊 墓葬品 16.51 厘米 × 7.3 厘米 × 17.15 厘米

东汉 瞭望楼 彩釉陶 葬礼雕塑 39 厘米 ×54.3 厘米

侯马盟书：晋国政治斗争的记录者

1965 年看似寻常的一天，在山西侯马晋国遗址出土了大量盟誓辞文玉石片。辞文为毛笔所写，多为朱书，少为墨书；书法犀利简率，提按有致，舒展而有韵律。这些玉石片出土以后，一经验证，就在考古界引起了轩然大波。

因为，这些盟誓辞文玉石片叫作"侯马盟书"。

不久以后，"侯马盟书"被列为中国考古十大发现之一。

那么，"侯马盟书"究竟是怎么一回事？它出现在什么年代，又意味着什么？要解开这些谜题，还需要从春秋时期的那场战争说起……

三家分晋的前奏曲

所谓盟书，是指春秋时代，诸侯或者卿大夫为了巩固团结、打击敌对势力而经常举行的盟誓活动的产物。

在春秋时期之所以会出现盟书，是因为当时整个社会礼崩乐坏，动荡不安，诚信缺失，道德滑坡，出现了大量背信弃义的言行。正由于此，才需要盟誓之类来约束结盟之人，以凝聚人心，巩固内部。

公元前 490 年，晋国世卿赵鞅做出了一个选择，他要联合韩、魏、智三卿，灭掉其他两卿：范和中行氏。赵鞅认为，范和中行氏态度强硬，而且对自己已经构成了威胁，如不早除，必成后患。赵鞅的提议得到了韩、魏、智的赞成。这三兄弟一致认为，既然赵大哥这么说了，那我们也该给个面子不是？于是这四卿纷纷摩拳擦掌，决定好好干一票；并且明白只要灭掉范和中行氏，那么自己的势力范围就又得到了扩张。

大家做好了口头约定，要一举灭掉范和中行氏。不过，有一个人对这个口头约定是很不放心的：现在大家齐心协力，算是拧成一股绳了，但是日后说不准有谁就跑到敌人那边去了。大家本就异姓，凭什么让我相信你？

这个忧心忡忡的人就是赵鞅。不过，赵鞅很快就想出了一个办法：盟誓。于是，赵鞅为了巩固联合阵线，壮大发展自己实力，削弱分化敌营力量，而与自己的宗室成员、同盟诸卿以及从敌方（范和中行氏）跑过来的投降者共同订立了一个文字条约。在暴力高压下，参盟者一个个胆战心惊，以包括本人在内的身家性命为担保，向神明起誓：同心协力，驱逐敌军；倘若有违反盟誓者，就要全族诛灭。他们还表示不与地方勾结，防范地方复入晋国。

有了"侯马盟书"，统一战线的确稳固了许多。不久以后，范和中行氏为盟国所灭。

不过，不管赵鞅及其同党怎样信誓旦旦，一旦面临利害权衡的时候，他们从私利出发就会背信弃义，反目成仇。赵氏等四卿灭掉范和中行氏以后，四卿内部再起纷争，相互之间拼得你死我活，不可开交。

总而言之，"侯马盟书"见证了春秋末期晋国赵鞅参与晋国内部由六卿内争至四卿并立的一场激烈的政治斗争。正是这场政治斗争，拉开了作为标志战国时代开端的"三家分晋"这一重大事件的序幕。

莫衷一是的年代推断

1949 年以来，中国考古界取得了一系列的重大成就，其中最为人津津乐道的便是十大成果，而"侯马盟书"便是其中之一。"侯马盟书"共计 5000 余件，用毛笔书写在圭形的玉石片上。字一般为朱红色，也有黑色的，字体接近春秋晚期的铜器铭文。

"侯马盟书"的发现，对研究中国古代盟誓制度和文字，研究晋国历史以及中国由奴隶社会向封建社会过渡的情况有重大意义。

不过，即便"侯马盟书"在中国考古史上有着显赫的地位，其发起的年代在考古界并没有形成一个比较统一的意见，甚至对侯马盟书的内容也是见解各异。其实这也是容易理解的，毕竟时代已经相当久远，而对盟书年代见解的不同，自然也会相应地导致对盟书内容的不同见解。具体说来，考古学家共有四种看法，下面就详细为大家介绍一下。

第一种见解认为，盟书的主盟人赵孟就是晋国世卿赵鞅，也就是赵简子，其政敌是赵尼，即赵稷。根据宗盟类"序篇"中的干支，推断盟誓入埋的时间为晋定公十六年（公元前496年），盟书的盟誓时间为晋定公十五年至二十三年（公元前497～公元前489年）。盟誓地点在晋国晚期都城新田。

支持这一看法的考古学家居多，通常我们也多采用这一看法。

第二种见解认为，盟主是赵敬侯章，政敌是盟书中所提的赵北，即武公子朝，也就是赵朔。武公子朝曾于赵敬侯元年（公元前386年）作乱，盟书所反映的即赵敬侯章与武公子朝争位之事。

第三种见解认为，这批盟书是公元前5世纪后半期晋国的载书，出土地点即晋国晚期都城新田。

第四种见解认为，主盟人是赵嘉，即赵桓子嘉，政敌赵化，即赵献侯浣。赵桓子元年（公元前424年），桓子与献侯间曾有争位斗争，这批载书即赵桓子逐赵献侯自立后的遗物。

客观地说，这四种见解都有其合理性，所以到现在考古界人士也没有就盟书的年代和内容达成共识。不过有一点是确定的，那就是其不可估量的巨大价值。

价值巨大的盟辞文献

"侯马盟书"对研究中国先秦时期春秋战国之交的历史，特别是晋国末期的历史增添了新鲜材料。若把盟书所体现的丰富内容放到东周晋国晚期社会历史的大背景中考察，可以使我们进一步理解其重大的历史价值和意义。

首先，盟书反映了晋国末期上层政要的争权夺利、相互倾轧中斗争的激烈性与残酷性，凸显了"恶"的历史作用，反映出当时礼崩乐坏的趋势，并由此折射出中华民族发展的艰难曲折历程。

春秋战国之交，晋国赵氏等六卿通过内争演化为四卿并立，直至三家分晋，在今天看来只不过是历史长河中一朵小小的浪花，但就是在这一短暂历史环节上，由于社会矛盾激化，在政治斗争领域就出现了波谲云诡、变诈迭出的惊世场面。

　　赵鞅作为晋国新兴势力代表之一，为赵氏崛起，扩张宗族势力，维护和巩固自身权势，可谓费尽心机，竭尽全力。他唯一凭借的手段就是暴力，反映出其权贵的凶残本性，而"侯马盟书"中突出地反映了这一点。他要求参盟之人无条件地效忠于他，并以身家性命为担保；一旦违反，祸及全家。在当权者看来，同阵营之人的生命财产都等同鸿毛，更视下层百姓奴隶的性命如草芥。他要求无辜百姓把有限的生命投入到为他争权夺利的斗争中。这种专权擅政的行为，不仅在当时上有周天子、下有晋君的传统权力下是大逆不道之事，亦说明"礼乐征伐自卿大夫出"，可见礼崩乐坏到何等程度。

　　而中国社会的历史进步，就是在这样的腥风血雨、刀光剑影中实现的，中国人民为社会文明发展付出了何等巨大的代价，这是我们今天重温历史所不可忘却的。

　　其次，从"侯马盟书"的内容也可以考察其产生时代的观念上的变化。在春秋末期，由于出现了大量背信弃义的言行，才需要盟誓之类来约束结盟之人，以凝聚人心，巩固内部，古人云"世道交丧，盟诅滋彰，非可以经世轨训"。这就不难理解"侯马盟书"何以出土有5000件之多，据统计参盟人有152人之众这样大的规模，且有许多"寻盟"（反复举盟）的现象。

很明显，这种道德观念上的沦落裂变，是社会大动荡、大变革的反映。大量"侯马盟书"就是这一时代剧烈变革的确凿实证材料。

再次，从盟书中可以看出，参盟人表白诚信要请已故先君及神明鉴察。这说明其时普遍存有远古遗留的鬼神观念占据着人们的头脑。不过在赵鞅的时代，鬼神观念只是一种敬畏的心理因素，是软约束；盟书中强调参盟人要以身家性命担保，才是最强有力的保证，是硬约束。这又说明鬼神观念服务于现实利益的需要，已同殷商时代动辄卜筮，凡事遵从神意的状况大不相同。

最后，"侯马盟书"为研究东周文字以及书法艺术，提供了宝贵的实物资料。目前所能见到的最早的墨迹就是"侯马盟书"，这不仅可供研究古代书法，还可供研究古代文学、文体学。

总而言之，"侯马盟书"的出土，是中国考古界的一件大事，研究"侯马盟书"可以使今人获得多种新知，从而帮助我们深刻而生动地理解当时社会生活的真实面貌。实际上，由于"侯马盟书"遗址面积较大，未发掘出土的资料还有很多，我们期待考古学家会继续带来惊喜的消息。

春秋至战国早期　蟠虺纹镈

礼器。古代击乐器，形状像钟。

春秋晋国　陶器模型

山西省侯马市出土。用于铸造青铜器皿的模型。

凤纹钟舞陶模

山西省侯马市晋国遗址出土。山西博物院藏。

睡虎地秦简：大秦王朝辉煌的见证者

　　睡虎地，位于湖北省云梦县。这片土地，祥和宁静，与世无争，既没出过什么名人，也没发生过什么大事，因此，它向来名不见经传，不为人所知。但是，就在1975年的冬天，睡虎地却成为世人瞩目的焦点，让人惊叹。

　　因为在那年冬天，在这里发现了一批古墓，而在古墓里发现了8堆完好的竹简。

　　这些竹简在地下埋藏了多少年？它究竟是什么东西，又是属于什么时代的呢？为什么吸引了无数目光？在这些竹简上，写着什么内容？上面的字迹还能看得清吗？

　　关于睡虎地的这些竹简，我们有太多太多的疑问。

沉睡在睡虎地的绝世秦简

　　1975年的冬天，湖北省云梦县跟随全国的形势，大搞农田水利建设。11月一天的傍晚，寒风刺骨，让人瑟瑟发抖。在与同伴一起收工回家的路上，经过火车站西北附近新挖的排水渠时，青年农民张泽栋在一堆黄土中看到了一段青黑色的湿泥。以常人看来，这无非是一段青黑色的湿泥罢了，没有什么好奇怪的。

　　幸好，张泽栋并不是一个常人，或者更准确地说，他与平常人稍稍有点区别：高中毕业以后，他没有得到继续深造的机会，便辍学回家了。由于业余的时候喜欢钻研考古知识，所以经人介绍，很幸运地得到了一份发掘汉墓的工作。

　　正是这一份发掘汉墓的工作，让他获得了宝贵的知识和经验。当他看到那一段青黑色的湿泥时，立刻就意识到那不是普通的湿泥，而是用来保护墓葬的

詢兹黄髪圖

秦伯

秦穆公

青膏泥。疑惑之际，张泽栋赶紧望向排水渠里边，这一望不要紧，竟让他获得了一个大发现：就在深约3米的排水渠中，青黑色的泥土清晰地呈现出一个四方形状，很明显不是自然造就，而是人工合成的。张泽栋兴奋了，他带同伴跳下去，然后迫不及待地向深处挖。很快，他们就看到了厚厚的樟木的一角。毫无疑问，他们发现古墓了。

张泽栋马上把发现古墓的消息报告给了县文化馆。消息逐级上报，最后传到了省里。省文化主管部门不敢怠慢，立即派考古队到现场进行勘察。考古队到达当地后发现，就在大约300米长的地方，12座古墓都暴露在地表上，竟然没有被人盗掘！真是万幸！

接下来，湖北省考古工作者在云梦县展开了大规模的发掘活动，并给这批古墓逐一编号。在清理11号墓的时候，考古队领队陈恒树注意到了一片小竹片。说来也有意思，他是在另一位考古队员的脚下发现的，当时那片小竹片正黏在了那名考古队员的脚上。

陈恒树认为那并不是普通的竹片，便大喝一声："别动！"这一嗓子吼得实在太突然，把那名考古队员吓愣了，只好定定地站在原地。陈恒树便从他的脚底下取出了那片小竹片，然后放在水中进行清理。清理过后，陈恒树发现竹片上竟然清晰地写着古字。这显然是一片珍贵的竹简，由此看来，墓中肯定不只有这么一片！

发现写着古字的竹简，让考古队员们激动不已，于是加快了工作速度。等棺盖被打开以后，在场的考古队员们都惊呆了：就在墓主人身边，竟然有8堆完好的竹简。整理以后，考古工作人员总共清理出了1155枚秦代竹简。

在湖北云梦睡虎地发现大批竹简的消息传开以后，立即在全国引起了轰动，各地报纸纷纷报道。睡虎地秦简的发现，后来被列入了中国20世纪百项考古大发现，而这无疑是睡虎地秦简应得的尊重。

竹简为何千年不腐

睡虎地秦简是考古界首次发现的秦代竹简，可谓是意义重大。尤为重要的是，睡虎地秦简不仅数量庞大，而且保存完整，内容也极其丰富，填补了秦代多项历史研究的空白。

考古学家经过研究，认为这批竹简入土的时间应该是公元前217年。也就是说，从竹简入土到现在的21世纪，已经过去了两千多年。在这两千多年的漫长岁月中，这批竹简怎么会保存得如此完好呢？很多人为此困惑不解。

经过仔细研究，考古学家为我们找到了答案。考古学家们认为，这些竹简之所以保存完好，是因为没有被氧化。首先，在墓主人下葬的时候，内棺外椁层层包裹，并用青膏泥密封，而青膏泥细腻黏稠，可以隔绝空气，阻止棺内外空气的流通。青膏泥是一种用来保护墓葬的材料，而最初张泽栋同志发现这里有墓葬，也正是因为先发现了一段青黑色的青膏泥。青膏泥使得竹简虽然历经数千年，却基本没被氧化。

除了使用青膏泥以外，使得8堆睡虎地秦简成功躲过氧化一劫的因素还有一个：云梦泽的地下水位高。由于云梦泽的地下水位很高，睡虎地秦墓大多时候便都泡在水中，有利于隔绝空气。

以上两大原因最终阻碍了竹简的氧化，从而有效地保存了睡虎地秦墓中的竹简。

说到这儿，一些熟悉秦代历史的朋友可能忍不住就要问了：秦代的统治中心在陕西，为什么我们发现的竹简会在遥远的南方呢？考古专家们认为，在陕西地区，气候偏干却又不是特别干燥，不太适合竹简的保存，因而在那里很难发现秦简。

当秦简出土以后，面临的最大问题就是怎样保护，而这也是困扰考古学家的难题。如果没有良好的措施，那么，出土以后的秦简就面临着被氧化的危险。如果宝贵的竹简因考古发掘反而受到了损害，那将是一件多让人难堪又痛心的事情啊。这个问题在湖北得不到妥善的解决，湖北省文物部门只好再次求助于国家文物局。

国家文物局紧急下达命令，让湖北省文物部门尽快将竹简运往北京。这批珍贵的竹简运到北京以后，考古学家们几经研究，最后决定对其实行脱水处理。

脱水流程主要有两步：第一步，将竹简泡在纯酒精中，酒精会置换竹简内的水分；第二步，放入乙醚，乙醚会替代酒精，最终自己也会挥发掉。

经过这样处理后，竹简里的水分就消失了，而没有了水分的竹简是不会被氧化的。不过，这种方法虽然能保存住竹简，却比较落后，一是竹简里的水分未必会全部脱干，二是操作起来也不太方便。真正行之有效的方法，还需要考古工作人员的进一步研究。

竹简里的乾坤

睡虎地秦简长 20 多厘米，宽为 0.5～0.8 厘米，1000 多片竹简或单面或双面写满了墨书文字，大多是秦代民间流传的隶书。这些清晰秀丽的隶书还保存着原始篆体的痕迹，但同时在掠笔、点等方面已经显出了汉代隶书的笔法，比较清晰地体现了汉字从篆体到隶书的演化。

专家们从这批秦简中整理出了大约 4 万字，内容相当丰富。其中，《编年纪》主要记录了秦国的政治措施以及有名的战争；《日书》则记载了不同节气的活动，反映了秦代人们的风俗习惯；《为吏之道》则是一本秦代官员的行为标准；最为重要的则是《秦律十八种》《秦律杂抄》《封诊式》等一系列法律文书。

这批秦简中包含了 20 多种缜密细致的法律条文，最重要的是关于当时中国社会农业的相关规定，包括农业税收方面的规定以及要求官员们时刻关注谷

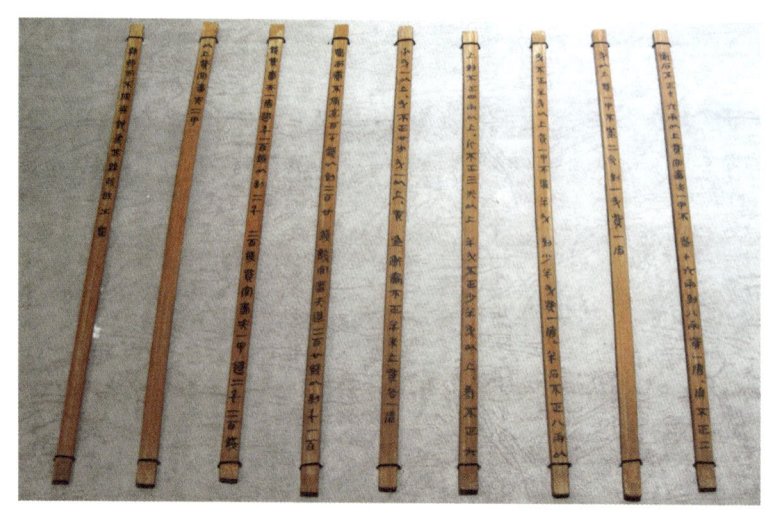

物抽穗的状况、旱涝灾害的具体面积等，并要向上级部门一一奏报。秦法还明确规定了伐木、采集、捕猎的具体时间以及行为的具体标准，比如，不允许涸泽而渔、焚林而猎，也不允许捕捉幼小的禽兽等。由此可见，我们的祖先多么英明，那个时候就已经具备强烈的环保意识了。

除此之外，秦代统一度量衡的规定也在其中得到了体现；政府还建立了严格的生产责任追究制度以及产品质量检验制度；且要求商人明码标价，体现了公平交易的原则。对于执法人员的查案手段也都有一定的限制，防止严刑之下出现的冤案，也用严苛的刑法来惩罚官员的贪污受贿行为。

在这些法律条文中，不仅国家大事有规定，即使人们的普通生活，也有严格的限制。如平常的穿戴、夫妻间的争吵等，法律条文对这些情况的处理都有具体规定，界定它们的标准也非常详细，由此可见，秦朝法规之严密。

睡虎地秦简中的这些法典，是我国迄今为止所发现的最早、最完整的法典，它们不单单是了解秦国及秦朝法律的重要史料，更是研究秦代政治、经济、军事、文化的宝贵资料。而起源于睡虎地秦简的简牍研究热，现已延伸到史学、法律、社会学、民俗学等领域，港台、日本和欧洲等地也有学者加入研究，在全球范围内掀起了热潮。

我们可以骄傲地说，睡虎地秦简不仅是我们的国宝，更是世界考古学界的重要瑰宝！

居延汉简：扬名于档案界的"四大发现"

在中国大西北的茫茫荒漠，掩藏着太多不为人知的秘密，因为那一片黄沙覆盖了曾经闻名于世的西域古国。如今西域古国已经从这个星球上消逝，然而考古学家们却依然可以从荒漠中找到其存在过的痕迹。考古学家们频频将目光投向这里，希望在这里获得更大的发现。

1930 年，考古学家们再次踏上了这片古老而神秘的荒漠，再次踏上了这个他们一心向往的天堂。他们将在居延发现一批古老的简牍，而这些简牍注定要成为中国档案界最为重要的发现之一，因为它们的名字叫作居延汉简。

四处漂泊的千年木简

1930 年，由中国和瑞典共同组成的"中瑞西北科学考察团"来到居延进行考古作业，重点是对古人生活的遗迹进行考察。

一天，瑞典考古学家贝格曼的一支钢笔落在了地上，当他俯下身子捡钢笔的时候，却突然发现了一枚圈形方孔的铜钱。贝格曼见钱眼开，于是开始四下寻找，企图发现更多的铜钱。

这时大家还不会知道，他们竟因为挖掘铜钱而发掘出日后名扬世界的居延汉简。由于发现了这枚铜钱，于是，挖掘工作很快就开始了。不过，他们并没有发现更多的铜钱，却发现了一枚窄窄的木简，而且木简上面还有一些文字。这个意外的发现让考古学家们激动不已，于是加倍努力地搜寻。居延汉简就这样呈现在了世人的面前。

居延汉简被发现以后，被运回了北京，存放在北京大学的文科研究院里。不过，这批居延汉简并没有在北京存放太久，因为这时抗日战争爆发了。

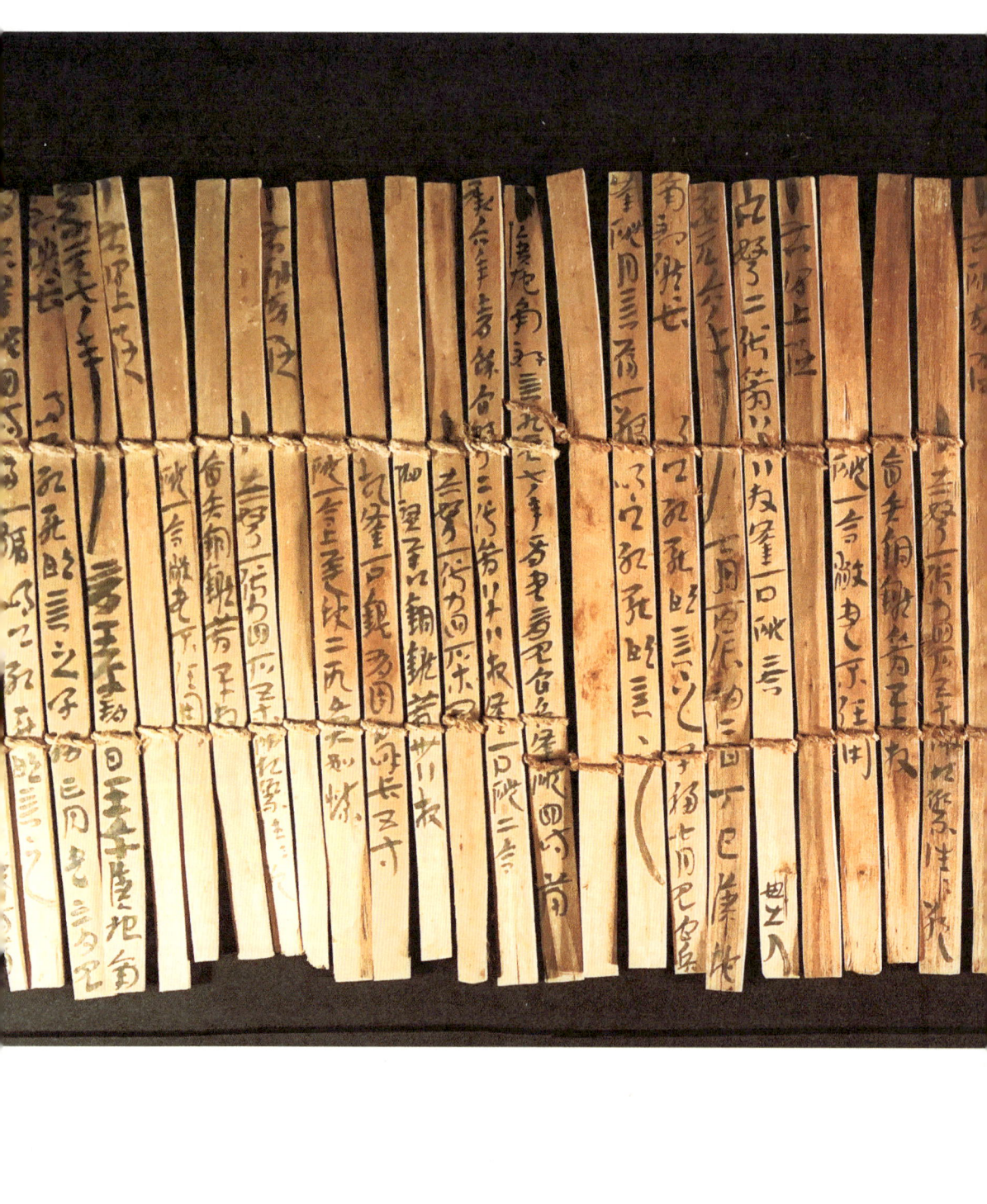

居延守边军士书简

中研院历史语言研究所历史文物陈列馆藏。

居延都尉丞　奉穀月廿[...]

居延令　奉穀月十五石

居延丞　右以祖胻穀給募

居延丞　奉穀月六十石

居延都尉

建始三年四月乙巳頃河東[...]郡大將軍張掖[...]

都尉案奉各如差司馬千人候倉長尉[...]窒尉職門都

六月壬申守張掖居延都尉曠丞[...]山県告司馬千

莫府書律令

居延城司馬千人候倉長丞墨尉

居延都尉吏俸例簡

中国财税博物馆藏。

日军占领北京城以后，控制了居延汉简。眼看这批汉简就要流失，北京大学的助教沈仲章站了出来。沈仲章深知这些简牍的重大价值，于是置个人安危于不顾，留在了北京城，企图伺机将简牍转移到安全的地方。事实证明，具有爱国心的人不止他一个，他的想法很快得到了其他一些人的支持。

根据日本人的换防规律，沈仲章等人趁着夜幕巧妙地溜进存放汉简的库房，然后用事先备好的麻袋装起简牍，并撬开窗户背了出来。他们花了四个夜晚，终于把这些宝贵的汉简全部转移到北长街的一个小庙内。不过这也只是权宜之计，因为沈仲章的打算是要把它们带到上海。

然而，日军发现居延汉简不见了以后，在城内展开了疯狂搜查，各个交通要道都严密盘查。日军的搜捕行动，让沈仲章把简牍运到上海的计划成了泡影。最后，沈仲章借助一家瑞士商行，才终于将这批简牍托运到天津。沈仲章又辗转将其转移到了香港，存放在香港大学图书馆中。

不过，香港也不是居延汉简的久居之地。太平洋战争爆发以后，香港遭受了日军的狂轰滥炸，以至于居延汉简再一次陷入了危境之中。形势危急，居延汉简还需要再一次转移到一个安全的地方。

后来在胡适先生的帮助下，居延汉简从香港大学运出来，于1941年漂洋过海，最终被运送到了美国华盛顿，暂存于国会图书馆中，避免了被毁灭的命运。在这以后，居延汉简在国会图书馆里安然度过了数载。

直到抗战结束后，胡适才找到机会与美国国会图书馆交涉，将这批稀世珍宝运回中国台湾，存放在"中央研究院"历史语言研究所中，居延汉简至此才结束了长年的漂泊生涯。

惊现人间的汉代档案室

自1930年发现居延汉简以后，中国众多考古学家开始对其进行整理、考释工作。原西北考察团于1936年将部分考释的汉简印刷成册，并予以出版发行，这是最早的居延汉简释文稿本。迟至1957年，居延汉简全部图版才由台湾公布，而这也是1万余枚居延汉简首次公之于世。

大陆学者们对远在台湾的居延汉简惦念不已，不过20世纪70年代以后对

汉　白玉凤纹佩

双面皆以细阴线刻纹。

居延的再一次发掘让他们获得了一定程度上的安慰。在 1972 年至 1976 年间，考古队再一次出发，重新踏上了居延这块神秘的土地。

这一次，考古学家们对居延北部地区进行了重点发掘，发掘地点具体包括甲渠侯官衙、甲渠塞第四燧以及南部的肩水金关遗址。就在这 4500 多平方米的土地上，考古学家们发现了各式各样的简牍，有一些是文书，有一些则是储存的档案，还有一些木简与杂草混在一起，看来是要预备将其作为柴火烧掉。

与 1930 年发掘居延汉简相比，这次考察的范围要广得多，重点发掘的遗址全部严格按照考古规范进行。考古学家在每一个考古挖掘点上都画出探方，在文物出土的地点、层位、断代、编缀等方面都取得了比较系统的资料。考古学家们如此进行作业，不仅有利于整理、研究简牍，也有利于再现汉代烽燧的面貌。

这一批新发现的居延汉简有一个比较显著的特点，就是以成册的公文居多。据初步统计，成册公文有 340 多个，其中完整的有 46 册，不够完整的有 218 册，残缺较多的有 80 多册。甲渠侯官衙第 22 号房舍遗址，面积不足 6 平方米，考古学家们却在其中发现了 900 枚极具价值的木简，而这些木简包括了从王莽天凤到建武初年间 40 余册公文册，而且这些公文册完整或基本完整，着实令人感到惊讶。

考古学家据此判断，甲渠侯官衙第 22 号房舍遗址应为当时的档案室，否则就难以合理地解释此地为什么会如此集中地保留这么多的公文册。

20 世纪 70 年代的这一次集中考察，为期 4 年，共发掘出约两万余枚汉简，可谓是收获颇丰。实际上，这一次考古发掘是我国历来发现简牍最多的一次，当之无愧地成为世界文化史上的一件大事。

众所周知，1930 年曾出土过一批居延汉简，它们历经磨难，终于保存在了宝岛台湾；为了有所区别，考古学家将新出土的这批汉简称为"居延新简"。两万余枚居延新简与 1 万余枚居延汉简加起来共有 3 万多枚，令考古学家震惊不已，要知道如此庞大的数量在全世界范围内也是异常罕见的！

两汉的"百科全书"

居延汉简的发现，不仅让中国考古学家大开眼界，也给学术界带来了极大的震动。居延汉简凭借其丰富的内容与极高的历史价值，与敦煌莫高窟藏经洞、殷墟甲骨文、故宫明清档案并称为 20 世纪中国档案界"四大发现"。

据考古学家介绍，居延汉简主要是当时官方来往的文书以及保存的文档，此外还有一些药房、历谱等，其内容涵盖了当时社会的政治、经济、军事、科技、文化等各方面的情况，具有很高的史料价值与文物价值。

居延汉简中关于政治方面的记载，内容翔实，印证了史书中关于汉代的养老制度、抚恤制度以及吏治等情况的记载。譬如，《汉书》中有这样一个记载：刘邦下诏，凡年满 50 岁且能带领大家做好事的老人，均可在每年 10 月获得酒肉的赏赐。对于这一记载，后人曾多有质疑，以为不足为信，然而这一记载在居延汉简中得到了充分证实，居延汉简还明确记载了政府赐予老人的酒肉之量：肉三十斤，酒两石，此外还要给予特别的礼遇。

另外，居延汉简还记载，如果汉朝官吏不幸被匈奴所杀，那么其家人将会得到三万钱的丧葬费。在汉简中，还记载了官吏俸禄发放的时间以及发放的方法，记载了用布等东西代替俸禄的具体发放方式。

我们知道，居延是西汉时期天下闻名的屯田区，因而这里出土的汉简多有垦田的相关记录。简文的内容，涉及政府的屯田组织、农事管理组织、屯垦时的劳力，此外还涉及土地的耕种以及粮食的管理等，其中关于粮食的称量单位的介绍非常有助于我们理解汉代计量方法。

关于军事方面，居延汉简则记载得更加丰富，其内容包括居延地区军事防御系统的组织、名目繁多的武器、各军事要塞的名称，还有戍卒的职责分类以及各地联合抵制匈奴进攻的条例规定等资料，极为充实、具体，详细地反映了汉代不同时期的军事情况。

让人尤为惊讶的是，居延汉简还记载了历书以及算法等问题，这就使当时的文化科技水平得到了良好的体现。

居延汉简数量庞大，内容丰富，两汉时期社会生活的方方面面都有所涉及，为我们细致地描绘出了两汉时期的基本概貌，不负"两汉百科全书"之名。然而，由于简牍杂乱残损，还有许多疑点暂时无法解释。相信随着对居延汉简的深入研究，考古学家会为我们带来更多、更有价值的两汉资料。

汉　青铜鹿形席镇　7.3厘米×6厘米×11.7厘米

走马楼简牍：三国孙吴的官方档案

一口古井竟然埋藏着 1700 多年前的秘密。

1700 多年以前，正值三国孙吴的鼎盛时期，然而有关的种种史料在那个烽火连天的年代被焚毁殆尽，为后人留下了许多不解之谜。数千年以后，当后人拨开历史的风尘，企图走进那段历史的时候，却发现手头只有区区几本类似《三国志》这样的读物，而这显然不足以容纳那个时代。

当人们唏嘘叹惋的时候，考古学家在长沙走马楼的一口古井里发现了大量的竹简，而竹简上记录的内容竟是三国孙吴之事。

原来，1700 年前的历史风云竟悄悄地"躲"在了一口古井里。

深埋古井的瑰宝

1996 年 11 月的长沙市走马楼，是一片忙碌的工地，因为这里将要建起一座外商投资的商厦。17 日那天，工地附近的一面墙壁不停地渗水，因无处疏导而积聚在道路上，阻挡了来往穿行的施工车辆。

负责人决定在旁边挖一个蓄水池，让积水先泄到那里。很快，他调来了一辆挖掘机，就在旁边挖了起来。不过没挖几下，挖掘机便出了故障，不得不停下来。然而，正是因为它的罢工让考古工作人员获得了一个重大发现。

大约晚上 8 点钟，在这里搞发掘调查的考古工作人员路过工地。当他们巡视到挖了一半的蓄水池时，不由得大吃一惊，只见挖出的淤泥中，竟然散落地露出了一些竹片。考古工作人员立即意识到那并非寻常的竹片，而是竹简。考古工作人员仔细查看，在那些竹简上认出了嘉禾三年的记录。竹简上的嘉禾，指的当然不是那家电影公司，而是三国时期孙吴帝国孙权的年号。

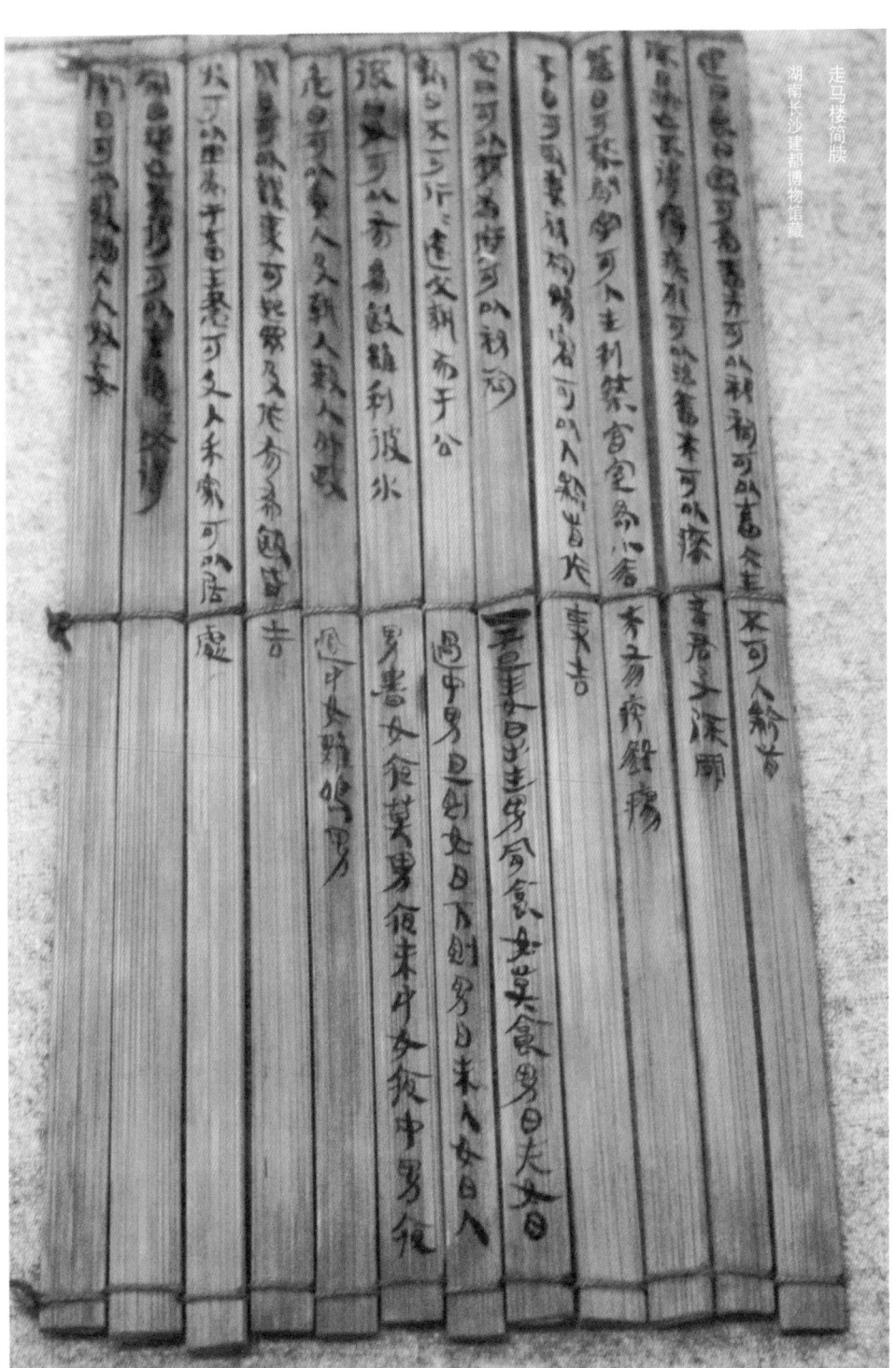

走马楼简牍

湖南长沙·建都博物馆藏

267

考古工作人员震惊了。他们察看了一下周围，发现竟然有一口古井。也就是说，挖掘机已经挖到古井这里了，并推倒了井壁的半边。这里不能再挖了，再挖的话，这批宝贵的简牍就要被埋葬了，得赶紧让位给考古工作队，以便进行抢救式发掘。

我们知道，考古发掘一般分为两类：课题式发掘和抢救式发掘。所谓抢救式发掘，就是当具有重大历史意义的遗迹因为某种原因而受到破坏时，为了保护剩余的文物而进行的发掘活动。由此可以看出，抢救式发掘是一种相当被动不利的发掘形式。在中国，因为经济实力不足、技术能力较低等不利因素，往往将古迹保护下来而不会轻易发掘。不过，考古工作人员不发掘，自然会另外有人发掘，而他们认为自己的技术是过关的，比如说盗墓人士。盗墓者如此热心，以至于考古工作人员总要跟在他们身后不停地进行抢救式发掘。

走马楼的这口古井虽然没有遭受到盗贼的觊觎（盗贼如果事先知道的话，恐怕也难逃一劫），但是由于挖掘机的作业，古井已经遭到了重创：井壁半边已经没有了，而且挖出的泥土也被当成建筑垃圾处理了。毫无疑问，就在倾倒建筑垃圾的地方，肯定会埋藏着很多简牍。考古工作人员自然想到了这一点，于是立即兵分两路：一路到倾倒建筑垃圾的地方去寻找简牍，另一路则留在古井内进行发掘。

这口古井深约 5.6 米，底部有一个长 0.93 米、宽 0.9 米、高 0.58 米的方形木井圈，四周还有木板做成的井壁，看起来是一个专门用来储藏东西的仓井。在发掘开始后，大家很快就惊讶于该井的丰富容量，以至于花了很长时间才终于把这口古井清理干净。

古井里的简牍被全部取了出来，初步估计有 6 万余片，远远超出了以前在中国西北发掘出的居延汉简。单就简牍数量来说，这口走马楼古井绝对称得上是一座宏大的地下档案库。

中国古代文献的重大发现

时至今日，在走马楼出土的三国吴简才清理完毕。令人惊讶的是，清理出来的简牍数量极为庞大，竟有 14 万余片，这不能不说是一个奇迹。如果你对这一数字缺乏敏感，那我们不妨换一种说法：走马楼竹简的数量，远远超过了以往我国出土的所有简牍之和。尤为可贵的是，这些竹简不仅在数量上让人惊喜，而且在价值上更是远远胜于以往出土的竹简。走马楼简牍的发现，成为继殷商甲骨文、敦煌宝库文书、居延汉简以及故宫明清档案之后的"中国古代文献的第五次重大发现"。

事实上，考古工作人员早在1996年7月就已经开始在走马楼附近进行发掘了，一直到11月，共发掘了60多口古井，出土了大批器具。不过一直到11月17日那天，才在那口古井里发现了大批简牍。考古工作人员非常开心，因为他们尽管之前发掘出了大批青铜器、铁器等文物，但发现这么多简牍尚属首次。

这些竹简已经在水里浸泡了1700多年，简身早已腐朽，经不起触碰，这让长沙市的考古工作者有些手足无措，他们不知道该如何整理与保护这些竹简。为此，中国文物研究所派出专家亲往长沙指导工作。

在考古专家的指导下，考古工作者通力合作，不断尝试、观察、总结，最终熟练掌握了一套行之有效的清理方法：第一，用玻璃等东西托住竹简；第二，

三国　吴青瓷抚琴俑

南京江宁上坊出土。

在不伤害竹简和简文的情况下，用细软的小毛笔轻轻地扫除那些附着物，从而清理出完整的竹简。

与清理竹简比起来，保护竹简更是一项艰巨的任务。考古工作者先用酒精脱水法脱去竹简中的水分，然后再注入防止腐朽的气体，力求使竹简能够在自然条件下长期保存。

走马楼竹简之所以被称为"中国古代文献的重大发现"，是因为这些竹简具有重大的史料价值。我们知道，东汉末年，魏、蜀、吴三国连年征战。在战争中，许多资料都被丢弃焚毁，这无疑为后人研究历史增添了许多困难。虽先有陈寿作《三国志》，后有裴松之为其作注，但其中对吴国的记述略显单薄。

随着走马楼简牍的出土，吴史不详这一情况在极大程度上得到了改观。走马楼简牍上所记载的内容，大大超过了《三国志·吴书》上的记载，补充了《三国志》及其注的缺失，为研究孙吴的历史提供了宝贵而又丰富的历史资料。

如今，考古工作者正进一步开展走马楼三国吴简释读工作，这使学术界对三国历史（尤其是吴国历史）的研究越来越深入，走马楼竹简的价值可见一斑。

中国唯一一座简牍博物馆

走马楼竹简数量极其庞大，内容极其丰富，鉴于此，湖南省建立了简牍博物馆，其功能主要是对简牍进行整理、保护以及研究。这座简牍博物馆的建立有着非比寻常的意义，它是我国第一座，也是迄今为止唯一一座简牍博物馆。

博物馆如今早已清理好了走马楼简牍，并整理出版了部分资料。从目前整理出的资料中可以看出，这批简牍所记载的事件多发生在黄龙元年（229年）到嘉禾六年（238年）间，而这期间正是孙权掌管江东时代的鼎盛时期。这些简牍长短不一、宽窄各异，清晰地记载了当时吴国长沙郡下属各县的赋税、户籍、司法等情况，为研究江东孙吴政权的政治法律制度、职官变革、社会风俗、经济地理等状况提供了丰富的史料。

考古专家将走马楼简牍分为五类。第一类是在简牍中所占分量最大的券书，券书所记录的内容又分为两种，包括佃户租田纳税和官府内部各机构之间钱币、米、器物往来等；第二类是记录当时官府审理案件的文书；第三类是长沙治下各属地的户口簿，主要记载了各户户主的姓名、年龄、身体状况等；第四类是名刺，其功能大致相当于现在的名片，供社会上层的人交往时使用，而且名刺上还有问候的话语；第五类则是账簿，包括地方官征收的市场税、田税、关税，还有发放官员的俸禄、官员的行政花费等，一言以蔽之，账簿类文书就是当地政府的收入支出明细表。

经过对这些简牍的内容以及形式的研究，专家们一致认为，这些简牍很可能是孙吴当地政府的文书档案，而且是战乱时期匆忙埋下的。根据这些史料的年代，我们可以明确知道，229 年以后，蜀军已经退出长沙，湖南地区归吴所有，这为史书上所记载的孙吴杀关羽而逼退蜀军之事提供了新的可靠证据。资料中还记载了田租赋税和政府开支等内容，反映了当时严密的土地以及赋税征收政策。此外，官员们的签名及俸禄发放，也反映了当时东吴地方上的管制。

总而言之，走马楼简牍上的这些材料对三国孙吴的政治法律、职官沿革、地理风俗、社会经济等各种情况都有所反映，所涉猎内容极为丰富，无疑是研究孙吴历史的重要史料。不止于此，简牍上的文字称得上研究书法史的重要资料，这些文字颇具隶书风味，同时又带有楷书、行书和草书的特点，既具备宝贵的艺术价值，又有助于人们进一步了解认识汉字的演变过程。

莫高窟藏经洞：惨遭多国洗劫的佛经洞

敦煌莫高窟以其举世无双的石窟艺术、藏经文物当之无愧地成为人类历史上最伟大、最辉煌的文化遗产之一。毋庸置疑，敦煌莫高窟的历史价值、学术价值，是全世界文明价值中的重要组成部分。

然而，在历史上，莫高窟可谓是命途多舛，屡遭浩劫。悠悠岁月，关河冷落，在沉寂而荒凉的沙漠中，莫高窟曾被遗忘了近千年。

那么，敦煌莫高窟是如何产生的，它为什么要屹立在凄清的荒漠里？藏经洞里究竟隐藏着什么秘密，以至于世人皆趋之若鹜？

在近代落后的中国，敦煌莫高窟又经历了哪些坎坷与波折？

就让我们先从 1600 多年前的那个黄昏开始讲起……

丝绸之路现佛光

"敦，大地之意；煌，繁盛也。"

敦煌，地处河西走廊，是千里荒漠中的一方繁盛的绿洲，自古以来就有"塞上江南"之称。敦煌确实是自然界的一个奇迹，而更为重要的是它的经济地位与战略地位。这里前有阳关，后有玉门，被看作古代丝绸之路的咽喉。

千百年来，敦煌一直就是东西方贸易的中转站，而且也是宗教、文化和知识的交汇处，在历史舞台上扮演着极为重要的角色。

到了十六国时期，中原兵荒马乱，战争频仍，百姓流离失所，苦不堪言。在这种烽烟弥漫的年代，人们渴望找到一个局势相对稳定的地方，在那里和平宁静地生活，于是便将目光转向了河西。这之后，大批百姓和文化人士离开了故土中原，踏上了河西的土地，而随着他们一起到来的还有先进的文化和生产技术。

在这个时期，由汉魏传入的佛教也在敦煌空间兴盛起来。另外，敦煌也是佛教东传的通道和门户，称得上河西地区的佛教中心。因此，河西各地的佛门弟子多来此地研习。和尚乐尊为了求得佛祖真经，寻找西方极乐世界，就曾与敦煌结下了不解之缘。

和尚乐尊来到敦煌的时候是秦建元二年，即366年。这位乐尊和尚的佛教修养颇为深厚，带着三个徒弟往西行走。

一天黄昏的时候，乐尊和尚和他的三名弟子来到了三危山下。三危山，山名，特点是三座山峰高高耸立。乐尊和尚举头仰望，竟然看到了一幕神奇的景象，只见夕阳照耀下，三危山的三个峰顶发出灿烂的金光，仿佛显现出千万尊佛，瑰丽无比。乐尊和尚震惊不已，他本是一个虔诚的人，认定这里就是真佛所在。既然真佛在这里，那么就无须再远行了，他赶紧对着三危山顶礼膜拜。他还认为仅仅膜拜是不够的，还需要建造佛窟。

从此以后，这位虔诚的乐尊和尚四处化缘，募集钱款，因为他已经下定决心，要在这里建造一个佛窟。尽管很多人不理解，认为乐尊和尚不靠谱，办事一根筋，但是乐尊和尚没有顾忌别人的眼光，一直坚持了下来。乐尊和尚的坚持最终得到了回报，几年以后，第一个佛窟终于开凿成功了。乐尊和尚含笑闭上眼睛的时候，绝对不会想到他的举动引领了在敦煌开凿佛窟的风潮。

此后数千年，历经北魏、西魏、北周、隋、唐、五代、宋、西夏、元等十个朝代，敦煌佛窟的开凿从来没有间断过，尤以隋唐时期最为鼎盛。数量众多而又分布密集的佛窟组成了佛窟群，似明珠般点缀在茫茫大漠中，成为古代文明的象征。在众多的佛窟中，当属莫高窟规模最大，最为恢宏，无疑是最耀眼的那一颗明珠。

如今，以莫高窟为首的敦煌佛窟已经成为我们中华民族的骄傲，是我们中华民族极为宝贵的财产。当我们为此感到喜悦、感到自豪的时候，我们不应该忘记那个叫作乐尊的和尚，因为他开凿出了第一个佛窟，具有开山之功。

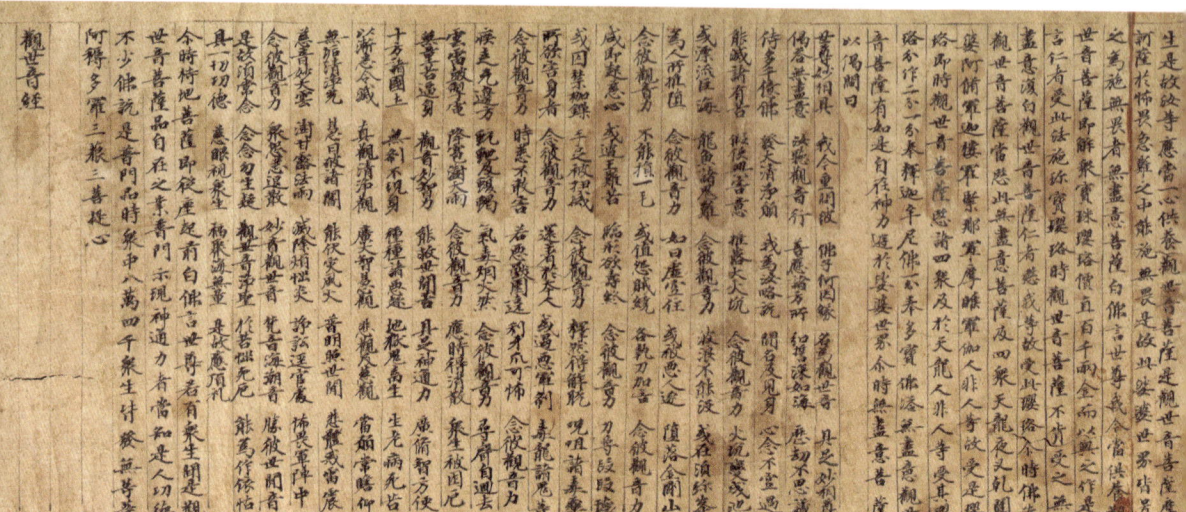

为避战祸封藏经文

敦煌经卷是考古学上的重大发现，对人们研究历史、文化、佛教等诸多领域都产生了极其深远的影响。那么，人们不禁要问，如此浩瀚丰富的敦煌经卷为什么被封藏在藏经洞中，久久不见天日？这些经卷究竟是被谁封藏起来的？在这一问题上，专家们莫衷一是，意见难以达成一致。不过大体说来，有这样两种说法：

一种是"废弃说"。持这种观点的人认为，敦煌各寺院把当时以为没有用途的书卷集中在一起，这样就形成了藏经洞，而我们现在所看到的敦煌经卷就缘出于此。

实际上，赞成"废弃说"的人比较少，而大多数学者对"废弃说"嗤之以鼻，不屑一顾。那么既然不赞成"废弃说"，这些学者就敦煌经卷的来龙去脉问题又是如何看待的呢？对于藏经洞的开凿时期，他们又会得出什么样的结论呢？

学者认为，敦煌经卷是当时人们为躲避战乱而有目的地藏起来的，所谓废

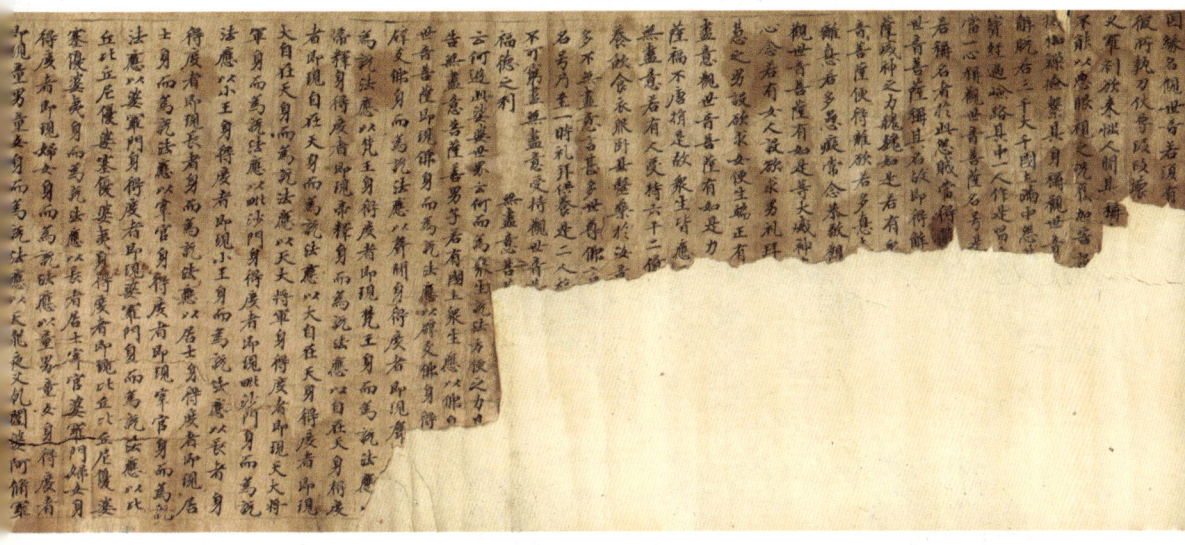

敦煌莫高窟《观世音经》（残卷）　25 厘米 × 112.5 厘米
墨绘纸本。中国国家图书馆藏。

弃一说纯属子虚乌有、空穴来风。自汉代起，作为西陲重镇的敦煌，一直就是兵家相争之地。也就是因为这个原因，敦煌在战争中常常被波及，以至于莫高窟的管理者，也就是和尚都要远走逃难。

宋景佑二年，也就是1035年，西夏兵乱，战火蔓延，敦煌再一次受到影响，莫高窟里的和尚也再一次远走避祸。由于祸事来得太过突然，和尚们来不及做出行的准备，于是在匆忙之间，他们做出了一个影响后世的决定：只身出逃，留下经卷。

这些和尚当然不会把宝贵的经卷弃之不顾，因为他们非常珍爱这些经卷，他们懂得这些经卷的价值。和尚们想出了一个办法，他们把这些不便带走的经卷都封闭在一个洞窟的密室里，外面用泥壁封堵，并绘上壁画。除了经卷，他们把众多的文书、绣画、法器等什物也一同封闭在内，因为它们同样珍贵。

这些和尚打算等到战火熄灭的那一天，再返回敦煌莫高窟中，然而他们一去就再也没能回来。至于这批和尚为什么没能够返回，原因已经不得而知。自从他们离开以后，这个盛放着5万余件宝物的密室便静静地安息着，如此一直

敦煌莫高窟《供养人图》

绢本设色。宋太宗太平兴国八年。大英博物馆藏。

敦煌莫高窟《药师净土变相图》 206 厘米 ×167 厘米

英国伦敦 · 大英博物馆藏

过了七八百年。

直到清朝末年的一天，敦煌莫高窟的秘密才终于被揭开。初步揭开莫高窟秘密的是一位姓王的道士。这位王道士可谓是不速之客，他认为既然是他发现了藏经洞，那么藏经洞里的东西自然就归他所有。于是他为了创收，便私自将这些宝物兜售出去。

可能有很多人的心里存有这样一个疑问：敦煌经卷果然是在藏经洞中默默地躺了近千年吗？它们为什么没有腐烂呢？其实原因很简单，敦煌地区日照充足，干燥少雨，从年头到年尾都是如此，因而这些宝物才得以完整地保存下来，成为中华民族最宝贵的遗产。

莫高窟的劫难

曾经有人建议清政府把藏经洞里的这批文物运送到省城保存，然而昏庸的清政府竟然认为这样做一点儿也没有必要，因为那会花掉高昂的路费，而藏经洞里的那些经卷在他们看来就是一堆废纸。

然而，尽管清政府对宝贵的经卷态度漠然，认为那不过是一堆废纸；尽管莫高窟地处荒凉的大漠，交通闭塞落后，但是发现藏经洞的消息还是不胫而走了，最后传到了外国探险家们的耳朵里。他们敏锐地意识到，莫高窟其实是一处不为人知的宝藏。从那以后，一只只罪恶的黑手无耻地伸向了这块佛门净地。

西方人对敦煌和莫高窟的认识，始于匈牙利人洛克齐。第一个到达莫高窟的西方人正是此人，这位仁兄见到莫高窟内的精美壁画和塑像以后，完全被征服了。返回国内，他四处宣扬莫高窟的迷人之处，引得西方学者蠢蠢欲动，开始了他们的莫高窟之旅。

在众多窃取藏经洞文物的西方人中最过分的有两个人，他们是英国考古学家斯坦因和法国考古学家伯希和。

斯坦因这位名副其实的敦煌艺术宝藏的第一盗匪，先后两次来到莫高窟骗取文物。他第一次来莫高窟的时候是1907年。他沿着罗布泊南的古丝绸之路，来到了莫高窟。他只用了200两白银，便换取了24箱写本和5箱其他艺术品。

1914年，贪婪的斯坦因第二次造访莫高窟，又以500两白银向前文提到的王道士购得了 570 段敦煌文献。贪婪的斯坦因遇到了贪婪的王道士，于是为了满足贪婪的欲望而做起了买卖。斯坦因疯买，王道士疯卖。我们有理由相信，买卖成交以后，斯坦因和王道士都是快乐的，因为他们的利益诉求都得到了极大程度上的满足。

据统计，斯坦因两次从莫高窟掠夺的文物，包括 150 多卷丝织品，500 余幅绘画，6500 多卷各种写本、印本、图书以及经卷。斯坦因不愧为窃取藏经洞文物第一人，他完美地展现了一个窃贼和掠夺者所能具备的全部品质。

法国考古学家伯希和是另一个罪恶的掠夺者，他凭借窃贼的天赋和才华，在 1908 年掠夺了大批文物，其罪行足以和斯坦因并驾齐驱，享誉窃贼领域。他得知在莫高窟发现了古代写本以后，立即从乌鲁木齐赶到敦煌。他在洞中拣选了 3 个星期，最终以 600 两白银为代价，获取了 1 万多件最为精华的敦煌文书，满载而归。

百年前的一幕幕，至今回想起来仍令中华儿女心颤。一个巨大的中华文明宝库，竟被一个假道士据为己有，进而被分割得体无完肤，写下了令中华民族世代垂泪的一笔。

奉先寺雕刻：石雕艺术的奇葩

河南洛阳，建城已逾4000年，是世界上第一座真正意义上统筹规划的城市，更是著名的古都，自夏朝起有多达13个王朝曾定都于此，因此成为当之无愧的"千年帝都"。作为中国最著名的历史文化名城之一，洛阳有着太多的古迹供人瞻仰，其中龙门石窟就是比较突出的一个。

龙门山上窟龛星罗棋布、密如蜂房，而在这诸多窟龛中，最为人惊叹的自然就是奉先寺。为什么奉先寺能够成为龙门石窟中最耀眼的那一颗星？它是如何建成的？奉先寺里的主像卢舍那大佛究竟是不是武则天的形象呢？

现在，就让我们走进洛阳，走进龙门山，去尽情领略奉先寺和卢舍那大佛的风采吧。

皇家开龛造像的伟大工程

龙门石窟，我国三大佛教艺术宝库之一，地点是在洛阳龙门山的悬崖峭壁上，特点是大小洞窟密密麻麻，数不胜数。龙门石窟从北魏太和十七年（493年）就开始兴建，而这一建就建了400多年。

龙门石窟现存2100多个窟龛，10万余尊大小佛像，称得上数量庞大，气势宏伟。在这2100多个窟龛中，最为有名的当属奉先寺洞窟。奉先寺洞窟长宽各30余米，其造像不仅规模最大，同时也最具艺术魅力。

碑文告诉我们，奉先寺洞窟是在盛唐时期开始开凿的，那时候还是唐高宗执政，而武则天还是皇后。据说皇后武则天为了支持唐高宗建造奉先寺，还曾捐出了两万贯钱，而这些钱是她原本要用来买脂粉的。由此我们可以看出，武皇后对建造奉先寺这件事是极为上心的。

奉先寺洞窟的开凿，从开始到竣工，前后共花了三年多的时间，称得上是旷日持久了。旷日持久的开凿，终于有了回报，让人们见到了堪称石雕奇葩的佛像。奉先寺洞窟里的佛像，大都面形丰肥，双耳下垂，形态圆满、安详、亲切、温存，极为动人，明显体现了唐代佛像的艺术特点。

龙门石窟的雕刻造像大都讲求布局，作为最具代表性的奉先寺石刻造像，其布局自是更加新颖别致。奉先寺石刻造像的布局，为一佛、二弟子、二菩萨、二天王、二力士。群像雕凿得栩栩如生，令人疑为天神下凡。其中，主像卢舍那大佛，通高达 17.14 米，颇得女皇神韵，典雅丰满，含蓄精美，衣纹简洁明快，给人以雍容华贵之美。

其他诸像与主像卢舍那大佛又有所不同，具有了一些新的特点，诸如弟子温良恭顺，菩萨华丽矜持，天王威武健壮，力士暴躁雄强，夜叉无所畏惧，各有各的神韵，各有各的风情，无疑都达到了形神兼备的艺术效果，令人惊讶、感叹。

奉先寺的雕刻充分显示了唐代皇家石窟的恢宏气派，体现了大唐帝国强大的物质力量和精神力量，代表了中国雕塑艺术的最高成就，象征着一个伟大时代的锦绣与壮观，不愧为东方佛教艺术的典范。

奉先寺的代言人——卢舍那大佛

如果要问在龙门唐代石窟中，最具代表性的作品是什么，那么答案毫无悬念，那就是奉先寺里的卢舍那大佛。凡是到过龙门参观过石窟的人，都会无一例外地给出这个答案，因为卢舍那大佛的博大壮美实在太震撼人心了。卢舍那大佛气势雄伟、直上云天、神态祥和宁静，委实令人赞叹不已。

何为卢舍那？卢舍那就是释迦牟尼的报身像，也就是说，它其实是释迦牟尼的另一身份或者境界，也是理想的化身。卢舍那大佛是按照武则天的形象来塑造的，那么唐代为什么要建造卢舍那大佛呢？

那时候，唐高宗李治与皇后武则天居住于东都洛阳。一天清晨，武则天正在铜镜前梳妆打扮，唐高宗走了过来，端详着心爱的武皇后，忍不住说道："梓童相貌端正，雍容华贵，有菩萨之仪态。"

唐　雕刻石柱　50.2厘米×40.4厘米

　　这句话，如果用现代语言来表述，那就是：亲爱的，你生得真美，虽肥不
腻，实在是动人极了，简直就像是菩萨下凡。

　　武则天听到夫君的赞美，心里自然十分甜蜜。要知道，武则天也是女人啊，
有哪个女人不喜欢听到丈夫的赞美呢？但是武则天随即想到自己的美丽容颜也
会有枯萎的那一天，而后人也无从得知自己的美貌，便抽抽搭搭地哭泣了起来。

　　唐高宗惊讶了，我夸你呢，你怎么还哭起来了？想到这儿，唐高宗便疑惑
地问："你为什么要伤心呢？"

　　武则天抽泣着说："现在我虽然美丽，但是等我死后，又有谁能够记住我
的样子呢？"

龙门卢舍那大佛

大日如来坐像　日本雕塑　高 92.4 厘米

大都会艺术博物馆藏。

唐高宗安慰她说："让后人记住你的美貌，其实是一件很容易办到的事情呀。这样吧，我命人给你画一张精美的画像，你看怎么样？"

武则天听到这个建议后，摇摇头说："就算画家画得再好，也只不过是薄薄的一张纸，不能永久地流传下去。"

唐高宗听到以后，也觉得皇后说得有道理，谁能够保证一张纸流传千年呢？说不定什么时候就被撕毁了。不过，唐高宗实在也想不出更好的办法了，便觉得十分为难，便又问道："要你说，我该怎么办呢？"

武则天粲然一笑，说："你既然说我有菩萨的容颜，为什么不在龙门山上为我雕凿一尊石像呢？"

唐高宗一拍脑门，欣然说："对呀！我咋没想到呢？就这么办！"

于是，在25年以后，一尊名叫卢舍那大佛的佛像出现在了龙门山上的奉先寺里。由于这尊像是按照武则天的形象来塑造的，因而当地老百姓都习惯叫它"武则天像"，直到今天，依然如此。

卢舍那大佛坐西朝东，高达17.14米，仅头部就高达4米。其发髻犹如波纹，面部线条丰满而圆润，目光慈和，嘴角微露笑意，显出内心的安宁与平和。卢舍那大佛俯视着脚下的芸芸众生，慈祥与威严兼具，威武与神圣并重，堪称神性和人性完美结合的典范。

盛唐雕塑的典范之作

奉先寺不仅是龙门石窟中规模最大的露天佛龛，同时也是最具代表性的佛龛。那么，奉先寺雕刻的代表性体现在哪方面呢？

奉先寺里那些形态各异、刻画传神的造像可谓是美轮美奂，代表了盛唐雕塑艺术的最高成就，被公认为石雕艺术史上的奇葩。

我们知道，在盛唐时代，国力强盛，繁荣富强，人们崇尚光明，而这个时代也充满了光明。盛唐的审美特点与其他时代不同，不以苗条纤秀为美，恰恰相反，在盛唐时代，人们普遍把圆满丰润作为美的标准来看待。而与其他时代相比，社会风气也要开明得多。

奉先寺里的造像明显体现了盛唐时代的这些特点，尤其是奉先寺里的主像卢舍那大佛，更是集中体现了这些特点。卢舍那大佛于唐贞观二十三年（650年）开始开凿，那一年正是唐高宗即位后的第一年，那时武则天皇后只有25岁。又过了25年，佛像才宣告完工。

根据史料上的记载，卢舍那大佛就是武则天皇后当年的形象，其头部就是武则天25岁时容貌的再现。这座高高的卢舍那大佛，将武则天母仪天下的威严和风度淋漓尽致地展现出来了。

如今，人们已经无法真切地目睹当初大佛被粉饰一新、受人顶礼膜拜的情景了，不过我们仍然可以推想出当初皇家贵族在这里举行祭礼的隆重场面。卢舍那大佛以及隆重的祭礼，无不是大唐盛世的伟大和繁荣的表现。

近处凝望大佛，只见大佛身着通肩袈裟，自右肩回绕至左肩，衣褶舒缓，显得飘逸而浩荡。流水一样的服饰下，显示出了健美躯体的质感。透过壮实厚重的佛身、韵律般的道道曲线，还有那额面上大而弯曲的眉线以及微微浮起的唇线，旺盛的生命力与鲜活的艺术气息瞬间呈现在我们眼前。

在卢舍那大佛的身后，是宝珠形的头光，以及马蹄形的神光，可谓是光艳夺目，光彩照人，将大佛的器宇轩昂淋漓尽致表现得更加突出。神光上的火焰纹冉冉跃动，为大佛增添了舒适而悠然的动感，使其整体造型既显得清丽幽静，又显得厚重庄严。当你站在佛像脚下，认真凝视大佛目光的时候，只觉它慈祥、恬淡、智慧，让人的心灵顿时空灵起来，甚至有大彻大悟之感。

时至今日，卢舍那大佛保存得依然完好，其手足虽有些许残破，但就整体看来，大佛所显示出的高超佛雕技艺仍让现代人叹为观止。总而言之，以卢舍那大佛为代表的奉先寺雕塑虽然是大唐佛教中的常见雕塑类型，却依然显示出了中国古代艺术家的匠心独具，堪称那个时代石雕艺术的最高水准之作。

唐 迦叶头像 高 53.3 厘米 重 63.5 公斤

唐　龙门菩萨头　石灰石　24.9厘米×17.2厘米×9厘米

唐 龙门菩萨头
东京国立博物馆。

贺兰山岩画群：西域先民的生活画卷

"驾长车，踏破贺兰山阙。"抗金名将岳飞的豪迈诗句让贺兰山名扬天下。

贺兰山，绵延两百多千米，巍峨壮观，令人赞叹。在这里，曾经聚集着大量的北方游牧民族。可以说，在贺兰山总能找到那些游牧民族曾经在这儿生存过的烙印，譬如说，贺兰山岩画群……

那些铭刻在岩石上的数不尽的画像都是什么模样？画像上的主角都有哪些？在那些画像的背后，究竟隐藏着哪些鲜为人知的秘密？先民们在岩石上绘制图像，到底是在诉说着什么样的故事呢？

贺兰山的神秘"涂鸦"

1969 年，李祥石大学毕业后，在生产队务农。这本不是他选择的生活，然而下乡接受贫下中农再教育是当时的大趋势，非他愿望所能改变。李祥石苦闷之余，经常跑到贺兰山口去游玩。在贺兰山口，他能忘掉劳累的工作，获得短暂的自由和清闲。

这一天，李祥石又来到了贺兰山口。只是这一次有所不同，因为他在这里发现了许多动物的画像，不仅有牛、马、羊、鹿、骆驼、老虎等，还有一些奇怪的说不出名字的动物，这些动物都有长长的脖子以及粗大的尾巴。这些动物画像都画在一块巨石上。

看到这些不同寻常的图画，李祥石非常吃惊，他想不到在这儿还有这等奇遇。他沿着山沟继续向前走，发现岩壁上还有许多类似的图画。李祥石忍不住暗暗惊奇，究竟是谁刻下了这么多的动物图像呢？

山脚下住着一个 80 多岁的老人，他告诉李祥石，村子里没有人能说清这

些动物画像是什么时候刻下的，也不知道是被谁刻下的，因为这些画像比村子里任何一个人的年龄都要长，至于到底长多少，也没有人能说得清。人们只知道，当他们生下来的时候，那些图像就已经在那儿了。

听到老人的话，李祥石对这些动物画像的兴致变得更加高昂了。他比以往来贺兰山口来得更加勤了，他甚至每天都要抽空来一回。原来，这里不仅有数不清的动物画像，还有大量的人物画像呢！那些鲜活的人物形象，与无数知名或不知名的动物，似乎都在诉说着什么。李祥石真想把隐藏在这些画像背后的秘密搞清楚，但是他没有时间了，他必须要返回单位了。不过他走以后，一直惦记着贺兰山的岩画。去贺兰山研究那些栩栩如生的图画，成了他心中最大的愿望。

一直到 9 年以后，李祥石才终于再一次来到了贺兰山口。在来的路上，他暗暗发誓一定要彻底解开那些岩画的秘密。但是，当他来到贺兰山口的时候，发现了一个令人痛心疾首的事情：当地人为了引水，在这里开山修渠，一些刻有宝贵岩画的石头已经被炸得粉碎。李祥石既感无奈，又觉惶恐，他生怕这些岩画继续遭遇不测，以至于以后再也不能看到它们了。所以他便用照相机尽可能多的拍下了它们，把它们永远定格在照片里。

又过去了 5 年，李祥石对贺兰山岩画的研究已经颇有小成，便将研究结果汇成了《宁夏贺兰山贺兰口岩画调查报告》一稿，并投给了《文物》编辑部。

李祥石的这篇调查报告发表后，可谓是一石激起千层浪，立即引起了很多人特别是考古学界的注意。考古学家经过调查、分析，认为这些岩画是北方游牧祖先留下的珍贵艺术精品，具有极高的艺术文化价值，是重要的文化遗产。

少数游牧民族的文化长廊

贺兰山的岩画究竟是何时产生的，它又为什么会产生呢？

我们人类的智商的确发达，在文字出现以前，聪明的祖先已经想到使用图画来记录生活、传达情感。当把这些图像刻画在石头上的时候，画像便随着石头一起穿过悠长的岁月，成为供今人顶礼膜拜的远古文明。实际上，作为远古印记的画像，往往也为今人提供了研究远古历史的重要资料。

贺兰山是我国历史上著名的少数游牧民族集中区之一，几千年来一直如此，先是有西戎与鬼方居住在此，后来又有匈奴、鲜卑、突厥、党项等诸多游牧民族。这些游牧民族长期在贺兰山生活，留下了各种他们在这里生活过的印迹，而岩画就是其中一种。

考古工作者经过不懈努力，在贺兰山区发现了 2000 多处遗存下来的岩画。贺兰山岩画可谓是丰富多样，包括人面、人体、动物、植物。通过这些岩画，我们可以切实地感受到原始、粗犷而又神秘的社会习俗、生活情趣以及对美好生活的追求，生动地展示了古代先民的生活特色。

值得注意的是，贺兰山的岩画因地而异，也就是说，在贺兰山的不同区域，岩画的特点是有所不同的。譬如在石嘴山附近，这里的岩画有数不尽的矫健的山羊、雄壮的牛、狡猾的草原狼、健美灵巧的鹿、威猛的老虎等，大多是森林草原中的动物画像。这些动物形象或奔跑或静止，无不栩栩如生，向后人展示了古代贺兰山多姿多彩的动物群体。在这些动物画像中，最具代表性的作品当属大西峰的老虎画像。该画像形神兼备，惟妙惟肖，代表了先民们制作动物岩画的最高成就。

在中卫、青铜峡等地，岩画中的主角就是北山羊，除此之外还有很多放牧的场景；白芨沟的岩画又有所不同，在这里出现了古代骑兵征战的彩绘画面。

白芨沟岩画在贺兰山岩画群中的地位比较独特，它是唯一一处彩绘岩画。这组岩画绘在天然石洞东侧岩壁上，以红色为主调，颇有南方岩画的特点。白芨沟岩画除了动物形象以外，还出现了英武的骑兵和正在狩猎的猎人，此外还有一些奇特的手印和符号。

在贺兰山岩画群中，最引人瞩目的恐怕是贺兰山口的一系列人物图画，这些图画简单写实又充满神秘。在这些岩画上，女性头上都戴着迥异于中原风情的头饰，绾着奇特怪异的发髻，再现了几千年前北方先民们对美的追求；还有被认为是图腾巫觋的几幅人物岩画，该形象双臂弯曲，两腿叉开，腰佩长刀。这些人物画像可谓奇特，长着犄角的人头、高鼻大耳、满面生毛、口衔骨头，这让考古学家疑惑不已，不能理解这些形象背后的含义。此外，在贺兰山一系列图画中，还有一些人手和太阳的画面以及古人祭祀神灵的原始宗教活动场面。

考古学家经过仔细研究，认为这些岩画大都出自春秋战国时期北方游牧民族之手，是他们留下的珍贵艺术精品。古代北方游牧民族方方面面的生活，大都能在贺兰山的岩画中找到相对应的画面。这些古代北方游牧民族的先民们在石块上凿刻出一幅幅生动的画像，成为供后世观瞻的文化长廊。

濒于毁灭的黑石峁岩画

黑石峁岩画在贺兰山岩画群中显得特别神秘。在黑石峁的山顶上，布满了黑色的石块。这些黑色的石块坚硬无比，而且细腻光滑，呈墨黑色，隐隐泛着油光，与普通的石块迥然有别。从山顶到山脚，这些石块不规则地延伸着，而块状也越来越小，到山脚下，就成了在贺兰山寻常可见的灰白石块。

对于这些石块的来历，人们莫衷一是，有人说它们是来自天空的陨石，又有人说这其实是历代少数民族搬上山来的。专家研究以后，发现这些石块之所以呈现出黑色，实乃岩漆所致，只有约 1.2 厘米厚的黝黑表层，其下仍是白色。

黑石峁岩画共有 60 多幅，其中可辨认的图像有 170 多个，大的宽达 210 厘米，小的则不足 20 厘米。难能可贵的是，这些图像大多很完整，相对而言也要清晰得多。

黑石峁岩画以动物图像为主，有虎群、狼群、羊群以及鹿群。在鹿群画中，

静静地站着两只大鹿和六只小鹿，它们正处在危险之中，因为远方有一人手持弓箭，准备射杀它们；虎群画中的虎，狼群画中的狼，都威猛异常，形态各异；至于羊群画中的羊，大多长着弯曲粗大的角，或站或卧，有一些羊还抬着腿，仿佛正在跳跃。

在整个黑石峁岩画群中，《双羊图》可以说最具代表性。画中两只山羊造型相同，均硕大无比，而且还生着两只大角，拥有直线形的臀部。《双羊图》采用了花格图案的表现方法，使整个画面显得粗犷，而其中又不乏工整，优雅的气质于自然的神韵中表露无遗。

此外，先民们还在黑石峁的岩石上刻画了集会舞蹈、出征作战、祈祷祭祀等场面。在这类画像中，《双人舞》岩画显得比较独特，岩画中有一男一女，他们并肩而立，头戴饰品，双臂上举，两腿分开，做出骑马蹲裆式。他们为何要做出这种姿势？这样做意味着什么呢？可谓是仁者见仁智者见智，终究难有定论。

大体说来，黑石峁的岩画造型优美，线条流畅，刚劲有力。白色刻痕凿在黑色石头上，异常鲜明，使岩画清晰可辨，增强了表现力。黑石峁的独特优势，使其成为贺兰山群像中的代表作品，备受关注，惹人深思。甚至有人认为，黑石峁岩画非人力所为，而是很久以前坠落在此地的外星人留下的神秘文化。

令人感到遗憾的是，如今在黑石峁地区，比较清晰的图画已不多见。之所以出现这种状况，有自然侵蚀的原因，不过更为重要的因素则是人为破坏。实际上，整个贺兰山的岩画都面临着严重的危机，而黑石峁岩画只是其中一处。盗取岩画的现象在贺兰山区非常猖獗，致使管理人员不得不推倒保护碑，以加大盗贼窃取岩画的难度。包括黑石峁岩画在内的贺兰山画群，是重要的文化遗产，我们理应重视！

贺兰山山脉

第四章

故都废墟：辉煌不再掩尘埃

偃师二里头：初揭面纱的第一神都

夏、商、周是中国古代文献中记载得最早的三个王朝。其中，夏王朝的建立被看作华夏民族告别史前孩提时代的成人礼，是中国文明史上的一座里程碑。但这一民族的久远记忆，却因时光的流逝而变得黯淡模糊，人们甚至怀疑这一段辉煌是否曾经有过，夏王朝与夏文化成为我们心中一个拂不去的梦。

有夏吗？如果有，现代是否能或者如何证明它的存在？人们不禁要问。

夏王朝是否存在

从 1959 年发现二里头遗址以来的几十年间，有关二里头遗址与夏文化的争论持续不断。二里头早于郑州商城，但它究竟是夏都还是商都，抑或是前夏后商，考古学者们长期以来聚讼纷纭，争议不休。著名古史学家徐旭生先生本来是在踏查"夏墟"的过程中发现二里头遗址的。但他根据文献记载以及 20 世纪 50 年代对二里岗文化及相关文化遗存的认识，仍推测二里头遗址"为商汤都城的可能性很不小"。此后，这一意见在学术界关于夏商分界的热烈讨论中占据主流地位达二十几年之久。20 世纪 70 年代后期，北京大学邹衡教授独自提出"二里头遗址为夏都"说，学界遂群起而攻之。此后，各类观点层出不穷。从作为先行文化的中原龙山文化晚期到二里头文化，直至二里岗文化初期，每两者之间都经常有人尝试着切上一刀，作为夏、商文化的分界，而且也都有各自的道理。三十年河东，三十年河西，不久前的学术界又一边倒地形成了以邹衡先生的观点为中心的共识。

而在 20 世纪初，国学大师王国维已成功地释读了甲骨文，证明《史记·殷本纪》所载商王朝的事迹为信史；1928 年对安阳殷墟的发掘，确认该地是商王朝的晚期都城，从而在考古学上确立了殷商文明。这些重要的学术收获给中国学术界以极大的鼓舞。王国维本人颇为乐观地推论："由殷周世系之确实，因之推想夏后氏世系之确实，此又当然之事也。"由《史记·殷本纪》被证明为信史，推断《史记·夏本纪》及先秦文献中关于夏王朝的记载也应属史实，进而相信夏王朝的存在，这一推断由此之可信，得到广泛的认可，成为国内学术界的基本共识，也是在考古学上进行夏文化探索前提之所在。人们开始认可二里头文化只是夏文化的一部分的观点。

二里头文化是夏文化的一部分，那么，二里头宫城就有可能是夏王朝的都城，并且是中国最早的"紫禁城"。公元前21世纪至公元前16世纪的夏王朝，建立了我国历史上第一个奴隶制国家，标志着我国历史正式进入了文明时代，也标志着中国几千万年的原始社会基本结束，数千年的阶级社会从此开始，它的诞生成为中华文明史上的一个重要里程碑。

掘不尽的宝藏：二里头遗址

夏王朝雄踞大河两岸，居住在伊、洛、河、济一带。而偃师二里头遗址正是这一时期的一个缩影。

经过我国社会科学院考古研究所几十年的考古发掘，现在所知的遗址范围大概为9平方千米，东西与南北各约3千米，主要遗迹分布在二里头和四角楼之间。1977年，夏鼐先生将二里头遗址类型的考古学文化正式命名为"二里头文化"。考古研究所在二里头遗址共进行了20多次发掘，使人们对二里头遗址是否为王都的问题有了进一步的认识。遗址发现了房基、灰坑、墓葬宫殿基址、坩埚片、铜渣、残陶范，南部发现有烧陶窑。除此之外，二里头遗址还出土了精美的成组玉器、铜器等珍贵物品。

1975年夏，偃师市翟镇公社社员在公社南不远处的二里头遗址附近，发现青玉器和铜器。我国社会科学院考古队员闻讯赶来，发掘出土了大量的青玉器。例如，铜爵：底部呈椭圆形，中间排列有五个乳钉，束腰平底，腹部的一面有两道凸线，三足较细，像铁钉形。玉钺：略呈长方形，刃微弧，上部中间有一圆孔，两侧有对称锯齿形纹饰。玉立刀：把下部中间有一圆孔，上部两侧有线条和对称的锯齿纹饰。七孔玉刀：有七个回孔，两侧有对称的锯齿，并有斜线划纹。柄形玉饰：柄上端内凹，末端稍有斜刃，尖端有残痕，白玉甚光润。在二里头村南11号墓还出土了牌饰，长16.5厘米，宽8～11厘米，正面有许多碎小的长方形绿松石片很整齐地镶嵌成兽面纹。背面附铸四个穿纽，上下两两相对。兽面纹两目写实，中心分置有正圆形眼球，须纹对称内收，眉纹内弯曲，上有角纹和额纹，鼻与脊纹为额纹所阻断，其形更近于商周时期流行的兽面纹。一件铜刀的柄部穿有6个长方孔，其尾部有环，经过了精心制作，与中原以北的鄂尔多斯文化可能有渊源关系。青铜艺术的起源及发展，昭示着上古文明的进程走入青铜时代。为研究华夏文明的形成和发展提供了宝贵的实物资料。

此外，二里头遗址还出土了相当数量的铜器——足形小刀。截至2002年，二里头遗址出土铜器约200件，公开发表有117件，其中，有铜礼器近20件。有凿、锥、锯、鱼钩、铜条、较大型的铜戈、透雕铜饰以及疑为大型礼器圈足的残片等。其中，凿不具銎顶端往往有直接锤击痕迹，使用方式和后期成熟青铜时代加装木柄有所不同，具有比较原始的特点。铜器的出现，对当时的社会生活产生了较大影响。这说明铜器在二里头遗址中弥足珍贵和具有特殊的地位。

偃师二里头有着说不完的秘密，挖掘不尽的"宝藏"。那么秘密的背后又隐藏着什么呢？

名副其实的华夏第一都

1959年夏，中国科学院考古研究所开始在豫西对"夏墟"进行考古发掘，偃师二里头从此进入学者的视线，掀开神秘的面纱一角，中国考古界由此开始探索夏文化。

此后，我国考古工作者对二里头遗址持续不断的考古发掘，从该遗迹中先后发现了迄今为止中国最早的宫城。据说宫城距今约3600年，缜密规划、布局严整，面积逾十万平方米。宫殿区的四围均有宽达十余米至二十米左右的大路，大路纵横交错，大体呈"井"字形，构成二里头都邑中心区的道路网。

宫城平面略呈长方形，形制规整方正，保存完好的东北角呈直角。宫城东

夏晚期　神祖面纹玉饰

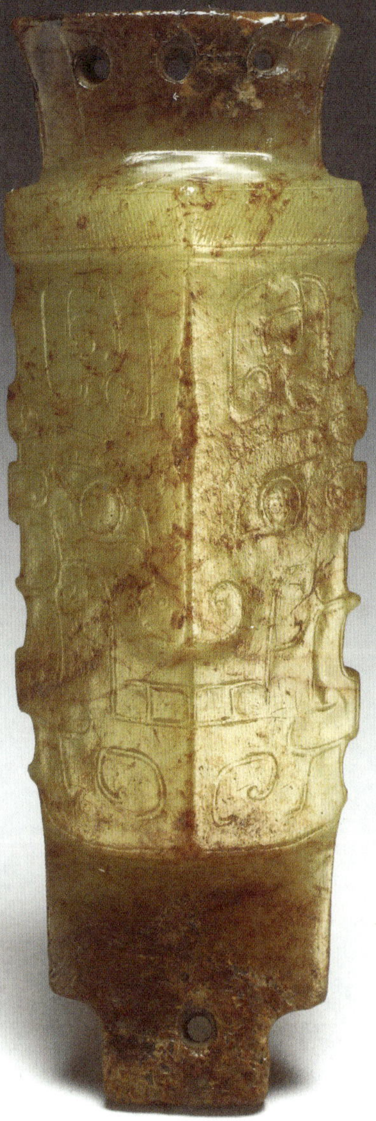

西宽约300米，南北长约360米至370米。城墙用夯土筑成，宽约两米。每组都有明确的中轴线。宫城、大型建筑以及道路都有统一的方向，显现出极强的规划性。

新的发现使我们知道，中国古代都邑营建制度的许多方面，如纵横交错的道路网、方正规矩的宫城、建筑群中多进院落的布局、坐北朝南的建筑方向、宫城内多组具有中轴线规划的建筑群以及土木建筑技术的若干侧面等。至少在距今3600多年以前，即已出现的二里头宫城可以看作中国古代宫城的"祖源"。它是迄今为止可以确认的中国古代最早的具有明确规划的都邑，其布局开创了中国古代都城规划制度的先河。许多形制仍被后世所沿用，不愧为"华夏第一王都"的称呼。

挖掘才刚刚开始

"华夏第一王都"突然闯入人们的视野，遗址背后的秘密渐渐浮现在人们的面前。从1959年的二里头遗址发现至今，中国考古工作者对二里头遗址进行了持续不断的发掘，考古工作一直在进行，惊喜不断。

1959年夏，对"夏墟"考古发掘，使偃师二里头从此进入人们的视线，遗址的神秘面纱渐渐掀开。此时发现了时代距今约3550年～3850年的宫殿基址，相当于我国历史上的夏、商王朝时期。考古发现是始建于二里头文化晚期的宫殿基址。沉寂的中国考古界出现了新的兴奋点。

在1978年之前对二里头的考古发掘中，发现宫殿基址下叠压着二里头文化早期的大面积夯土遗存。考古鉴定表明，基址下面叠压着时代更早、结构更为复杂、规模更大的二里头文化早期大型建筑基址。自2001年起，二里头工作队对二里头遗址宫殿区进行系统钻探与重点发掘，发现并清理大型建筑基址数座。同时，对宫殿区及其附近的道路进行了追探，在宫殿区外围，发现了纵横交错的大路。2002年春，在清理基址南院内的墓葬时，在其中一座贵族墓中发现了1件大型绿松石器。器物全长逾70厘米，由2000余片形状各异的细小绿松石片粘嵌于有机物上，组成龙身和图案，每片绿松石的大小仅有0.2～0.9厘米，厚度仅0.1厘米左右。绿松石龙形体长大，巨头蜷尾，龙身起伏有致，

形象生动传神。龙头略呈浅浮雕状，为扁圆形巨首，鼻、眼则充填以白玉和绿松石。2004年春季，在宫城以南，发现了一处绿松石废料坑，坑中出土了数千枚绿松石块粒，相当一部分带有切割琢磨的痕迹。考古学家鉴定该坑时代属二里头文化偏晚期。2011年，经过考古工作人员一年多的考古发掘，又有一座保存很好的早期大型夯土基址被发掘。此基址台基坐北朝南，总面积超过2100平方米，由至少三进院落及东围墙、东庑组成，至少经过三次修建或增建。考古学家推断，距今3600年～3700年，这是目前为止发现的年代最早的多院落大型宫室建筑遗址。在宫城东北部、宫室建筑群以北发现的一处巨型坑，总面积约2200平方米。据专家介绍，这一重大发现，为探索偃师二里头遗址的源头提供了重要线索。

考古工作者默默辛勤地探寻着"宝藏"，二里头遗址慢慢地被除去覆盖在身上的黄土，一天天，一年年，等待着那些喜爱它的考古工作者，将它轻轻捧起。在明媚的阳光下，我们倾听，不过倾听才刚刚开始……对二里头遗址的挖掘也才刚刚开始，秘密还有待于人们去探索！

二里头时期 青铜爵

郑州商城：殷墟文化的源头

郑州市位居河南中部，历史悠久，文物荟萃。在这里，有5000多年前的原始村落遗址，历代王朝还在这里留下了不少古城、关隘、石刻等，其中闻名中外的莫过于郑州商城。郑州商城，建筑宏伟，气势磅礴，是我们祖先留下的珍贵遗产。

"破烂"中的惊世发现

1950年秋，考古学家韩维周在郑州东南郊的二里岗和南关外一带作业与调查，发现并采集到一些绳纹陶片和磨光石器。经有关文物考古部门鉴定，证实它们是商代遗物。其后，经过各级文物部门的调查和发掘，了解到这种商代文化遗址分布范围较广。大致东起凤凰台，西至西沙口，北至花园路，南到二里岗，遍及整个市区，面积约为25平方千米。1953年秋，在东起凤凰台、二里岗至南关外等地，发掘出一段夯土墙基础。后来确认，这是商城外郭城的一部分。

在郑州商城外周围，发现了二里岗期的紫荆山铸铜作坊遗址、制骨作坊遗址、制陶作坊遗址等。房基、壕沟、墓葬和以猪、牛为牺牲的祭祀坑等遗迹中，还出土有铜器、玉器、陶器、骨器、蚌器、原始瓷器以及习刻字骨和陶文符号等遗物。其中，南关外商代铸铜遗址，面积达2.5万平方米。宫殿区的范围不断扩大，约占城内总面积的一半。城址的宫殿区建筑物分布密集，已形成规模宏大、结构复杂的宫殿建筑群。在白家庄西北部发现两座商代二里岗上层一期的房基下叠压有商代夯土层。经发掘，发现夯土层继续向东南和西北方向延伸，后经全面钻探，证明是二里岗期的一座城垣夯土基址，大致呈南北纵长方形，将近 7 千米。在四面城墙共发现大小不等的缺口 11 处，有的可能是城门，有的则是城墙废弃后挖土损毁所致。在城内东北部发现宫殿区，略呈东西长方形，东西长约 800 米，南北宽约 500 米，总面积约 40 万平方米。宫殿区部分边沿处发现夯土城墙、石筑水管道涵洞、石筑水槽、壕沟等防御设施遗迹。水管道涵洞两端均未到头，残长约为 30 米，高和宽约为 1.5 米，底部用青石板平铺，两侧墙壁用青石板重叠平铺砌成，用大石板覆盖其顶部。

经考古发掘证明，这是比安阳殷墟还要早的商代城址。截至目前，商代遗址出土的文物数以万计，其中有很多都是稀世珍宝。沉睡了近 3000 年的郑州商城，终于展现在人们面前。

重现人间的商代古都"亳"

通过上面的介绍可知，郑州商城有 25 平方千米的广阔范围，长达 7 千米的高大城垣，多座雄伟的宫殿建筑，这说明这里不是一般的城市，而是一座可与安阳殷墟媲美的商代王都。

郑州商城的北部和东北部，在商文化层之上，还发现了东周文化层，商城有的墙段显然经过东周时期的修补，可以证明郑州商城曾经被东周时期的人们利用过。值得注意的是，自 1956 年以来，在商城北部及东北部的金水河、白家庄一带，曾经发现了几批东周时期的陶文。这些陶文是用印戳打上去的，其中有"佮""亳""亳丘""十一年以羞"，但为数最多的是一个"亳"字。由于陶文出土数量甚多，而且分别出于不同的地方，郑州附近又无其他名"亳"之地，尤其是带亳字的陶豆形制在郑州是常见的，根据这些情况，可以说明带"亳"字陶器不可能是从外地运来的，而应该是在当地烧造的。这就很能证明郑州商城的北部和东北部一带，在东周时即称郑州商城为"亳"。可见郑州商城名亳，并不是始自东周，而在东周以前早有此名。很可能就是因为郑州商城本是商的亳都而得名。郑州商城即"汤都亳说"，这种推断是正确的，即郑州商城是商代的都邑。

311

商　青铜爵　高 25.4 厘米

商　青铜鸮形觯　高 15.2 厘米

千年沧桑难掩的繁华

到了商代后期，随着王都的他迁，郑州商城政治地位低落，经济生产自然也大受影响，但仍有不少人在这里及其附近居住。在商城内，尤其是城西侧，即今郑州人民公园一带，曾发掘出大面积的相当于安阳殷墟的商代晚期遗址和一大批商代晚期墓葬。

约在公元前 1027 年，周武王领兵伐纣，牧野一战，奴隶倒戈，殷商覆亡，周武王建立了周王朝。在西周初，这里在政治上和经济上一定是一个重要的地方，不然，在周武王灭商之后，便不会封其弟叔鲜于此地，并作为管国的首都了。从考古发掘来看，管城是利用郑州商城城垣建立起来的。城垣的走向和范围的大小与原商城相同。到了西周末东周初之际，郑桓公和郑武公先后灭此二国，管城归郑。东周时期，对这座城垣又进行了补修加固，继续使用。几年前，在城内东北部发现大面积的战国夯土建筑基址。韩灭郑后，这里又属郑。秦始皇统一六国后，这里称为管县，东汉时称为管城县，但城垣的规模却较周代时的管城缩小了三分之一以上。而北半部却被废弃，又重新修筑了一道北城墙。这道新墙西起今郑州人民路南端的市体育场，沿工人第一新村南侧和城北路南侧向东延伸，到第一木器厂与东城墙相接。近年来考古发掘证明，这条北城墙修建于东汉时期，而唐、宋时期又进行过修补。城墙的东段至今保存完好，就是现在的郑州老城。

在郑州商城内外，多次发现粮食加工工具，如石臼和石柞。用它们来加工粮食，比新石器时代使用的石磨盘、石磨棒，显然是进了一步。商代种植的谷物种类多种多样，甲骨文中就有禾、麦、黍、稻、款、粟等。在郑州商城石家庄遗址中曾经发现稻壳，由此可见，中原地区当时也种水稻。此外，在郑州商城曾出土了大量青铜制的酒器，这表明当时饮酒之风很盛。酿酒也需要大量的粮食，这从另一个侧面反映出商代农业生产确实有了比较高度的发展。这样，更促进了农业与手工业的进一步分工，使商代创造出远远超过夏代的物质文明。

在郑州商城遗址中，发掘出不少牛、马、猪、羊、狗的遗骨。这些都是当时饲养的家畜，其中尤以牛、猪、狗为最多。仅在郑州商城东北城角内的一条深沟中，就发掘出 8 个殉狗坑，用狗达 92 只之多。

商代属于青铜器时代，冶铸青铜器是一种最先进的生产技术，是当时各类手工业中最重要的生产部门。在郑州商城内外出土了一大批商代中期青铜器。如青铜容器：圆形夔纹鼎、夔纹扁足小圆鼎、夔纹或人字形纹鬲、素面或夔纹铜盘、夒餐纹等。这些已出土的青铜器为研究我国商代青铜器铸造工艺和独特的装饰技术提供了重要的实物资料。郑州商城虽历经千年沧桑，但它向全世界显示了中国古代劳动人民高度的智慧和创造。殷墟文化在人类历史的长河中，谱写出不朽的篇章。

2003年11月30日，由中国殷商学会中国古都学会和郑州市人民政府联合召开的座谈会指出，郑州是我国现存商代最早和最大的都城，即商汤所建的亳都，并倡议把郑州列为中国八大古都之一。

商　青铜钺　高 24.9 厘米　宽 16.2 厘米

周原：众多传世名器的诞生地

　　周原是周人的发祥地，周族之祖公亶父率众由豳地所迁居之处。公元前11世纪，周推翻殷商建立王朝，在总结殷商典章制度的基础上，制定了等级严密的礼乐制度，用于管理国家。实行分封制度，全天下的土地和百姓都归周天子管辖。

　　《诗经》道："普天之下，莫非王土；率土之滨，莫非王臣。"这就是西周社会状况的真实写照。

礼乐文明的发源地

　　宗法制的实施，根据血缘关系对族人进行管理，其核心是嫡长子继承制，之后发展为系统制度。为了加强宗法观念，以巩固自己在政治上的权威，在鼎上刻上铭文，借助于铭文宣传王的善德天命、文治武功以及臣下的恩宠和封赏。分封制和宗法制度结合起来，密切了周王室和各诸侯国的政治、经济和文化联系，扩大了周王朝的统治范围和对周边民族的影响力，周王作为天下共主的权威地位得到加强。比起夏商时期众邦林立、各地与王都之间的松散关系来说，无疑是一个巨大的进步。仪式典礼演出的音乐和乐舞，也是周宗法等级制度的重要组成部分。"乐"可以使人互相和敬，人们在一种礼仪规范中遵循社会道德和秩序，维护社会人伦和谐。二者虽然功能各不相同，但相辅相成，构成了一个完整有序的社会政治制度。

　　周朝的礼乐制度，不仅维系了周王朝长达800多年，更为以后秦汉帝国建立的大一统华夏文明奠定了深厚的文化基础。2000多年来礼乐成为儒家思想根本的支撑，礼乐教化在人们修身治国与构建融洽的社会关系方面，起到了十

西周早期　**銮铃銮**　共有铃、颈、座三部分。

分重要的作用，成为古代中国文化主要的理论基础和价值标准，也成为中华文明区别于世界上其他古老文明的一个重要标志。

青铜器层出不穷

著称于世的周代原遗址，在今陕西扶风、岐山一带。此地区北倚岐山，南临渭水，形如高阜。东到今武功，西到今凤翔、宝鸡一带。东西长达 70 千米，南北宽约 20 千米。这里地势平缓，土地肥沃，气候宜人，是周文化的发祥地。遗留有大量大型的宫殿、宗庙遗址及众多的王室、贵族的祖茔。由于西周末年政治经济中心东迁，众多的周朝王室、贵族为避战乱，多将青铜礼器埋入地下，因而在周原一带形成了大规模的青铜器窖藏群。自汉以来，周原地区就不断有周代的青铜器零星出土。之后各个朝代出土的商周青铜器从未间断过，数以万计。其数量之大，制作之精美，都堪称是奇迹。

1890 年，扶风县考古出土了一窖青铜器，达 120 余件。著名的毛公鼎、大克鼎、小克鼎和卫鼎等，都出土于此。毛公鼎就是出土于周原的青铜器之一，现在收藏于中国台北故宫博物院。这件鼎内，铸有 497 字铭文，是中国目前出土的所有青铜器中铭文最多的一件。大克鼎出土于清末金石学和金石书法鼎盛时代，故其铭文书法在当时倍受推崇，堪称西周中晚期青铜器铭文的典范。大克鼎高近 1 米，直径 1 米，造型宏伟、壮丽。现存于上海博物馆。1957 年，岐山县京当乡董家村出土了一窖青铜器共 37 件，其中有卫鼎、卫等。1966 年在发掘的一座墓中又出土了鼎、簋、尊、角等 17 件铜器，还有兵器和车马器。1974 年冬，扶风县庄白村南出土了窖藏青铜器 103 件，为新中国成立后一次出土数量最多的窖藏青铜器。其中名气最大的是墙盘，墙盘的铭文长达 284 字，记述史墙的家族史，并追述了文、武、成、康、昭、穆诸王的世系，对研究探讨西周的历史提供了极其珍贵的资料。

窖藏青铜器的文化内涵十分丰富，因而这里被世人誉为"青铜器之乡"。

西周早期　蟠龙兽面纹盉（逆盉）

321

西周　夆伯甗

烹饪用的厨具。

西周晚期　人足兽鋬匜　高 24.5 厘米

给客人洗手的青铜水器。

琉璃河：西周时期的燕国王都

　　早在 70 万年前，在北京周口店地区就出现了原始人群部落。自秦始皇于公元前 221 年统一中国以来，北京一直就是中国北方的重镇，战略地位极为重要。可以说，北京是当之无愧的世界历史文化名城。

　　然而，在这片古老的土地上，究竟是什么时候才出现了真正意义上的城市呢？考古学家们曾经因为这一问题而困惑了很多年，苦恼了很多年，一直找不到准确的答案。

　　直到 1945 年，情况才终于出现了转机。

路边不寻常的陶片

　　"周武王之灭纣，封召公于北燕。"这句话出自《史记·周本纪·燕召公世家》。这句话的意思是，周武王灭掉商纣王以后，把召公分封在了北燕。

　　召公，何许人也？这可是一位了不起的人物，他姓姬，与周王室同姓，贵为西周的开国元勋。可是周武王竟然把这样一位为江山社稷立下汗马功劳的人封在了北燕？你或许会说，北燕就是今天的北京地区啊，有什么不好吗？北燕的确是北京地区，可是今天的北京地区，在当时，地处偏远，交通不便，甚至被认为是一片蛮荒之地。

　　于是，我们的疑问来了，周武王会把一个有功之臣分封到偏远之地吗？当时的北燕果真如此不堪吗？对于这一问题，众多学者长期无法做出令人信服的解答，直到琉璃河的发现，而琉璃河的发现颇具传奇色彩。

　　1945 年，有一位姓吴的银行代办员迎来了自己人生中最不平凡的一天。当这位吴姓兄弟路过北京城西南房山区琉璃河乡时，看到了一些不寻常的陶片，而这些陶片就散落在路边。之所以说这些陶片不寻常，是因为吴兄弟认出这并非现代的陶片。如果换作别人，对陶片大概是没有什么兴趣的。但是，发现这些陶片的却恰恰是这位吴兄。

这位吴兄平时的最大爱好就是钻研考古学，看到这些不寻常的陶片自然是要捡回来的。不过吴兄的考古知识不扎实，不能确定这些陶片的生产日期。这也怪不得他，毕竟他非科班出身，也就是一个考古业余爱好者。

后来，吴兄所捡来的这些陶片辗转到了苏秉琦的手里。苏秉琦是科班出身，系统学习过，因此具有过硬的考古知识。苏秉琦经过考证以后，得出了一个惊人的结论：这些陶片属于商周时代！

考古学家苏秉琦的这个发现，应该说是意义重大的，按理说应该尽快展开琉璃河的考古工作，但是由于种种原因，琉璃河考古工作迟迟没有提上日程。

到了1958年，新中国展开了首次全国性的文物普查活动。在这次普查活动中，琉璃河终于进入了更多考古学家的视野。经过勘测，考古学家一致认定琉璃河（尤其是琉璃河北部）是一处大型的古遗址。琉璃河距市区有43千米，范围包括洄城、刘李店、董家林、黄土坡、立教、庄头6个自然村落。

4年以后，也就是1962年，在刘李店遗址，北京市文物工作队进行了小型的试掘。他们在这一次试掘中，共发现了锥、镞等8件

单子工父戊卣　西周早期

北京房山琉璃河出土，现藏于北京首都博物馆。

327

伯矩鬲 西周早期青铜器

出土于北京市房山区琉璃河遗址。拍摄于首都博物馆。

骨器，3件石器（2件石刀，1件石杵）。陶器在出土物中所占数量最大，有鬲、盆、罐、缸、纺轮等。根据这些器物的形制，考古学家认为刘李店遗址的年代可早到商代。

墓葬区：燕国都城的指向标

大规模发掘琉璃河，一直是考古学家的心愿。直到1973年，对琉璃河全面的考古发掘工作终于轰轰烈烈地展开。前来进行发掘工作的考古队是由北京文物研究所与中国社会科学院考古研究所联合组成的，代表了当时最优秀的考古队。这支考古队进驻琉璃河古遗址以后，就立即展开了工作。

在刘李店村南，考古队员们发现了两座墓葬，而在这两座墓中出土的文物可谓数量众多，引人注目。这批文物包括"筒腹鬲""圆腹鬲""敛口罐"和铜耳环等。根据这些器物的特征，考古学家们做出了判断：这两处墓葬属于夏家店下层文化，不过年代较晚，大致属于商代晚期。

在琉璃河刘李店村发现的文化遗物表明，在殷商势力向北发展到燕山地区的时候，这里曾经一度并存着夏家店下层文化和商文化两种不同的文化。换句话说，在琉璃河刘李店村同时存在着夏家店下层文化的土著民族和殷人。

墓葬最为集中的地方是在黄土坡村，位于刘李店村的东南方。自1973年开始，考古学家就在这里进行了发掘，一直发掘到了 1983 年。在这十年间，考古工作者们在黄土坡村共发掘出了 300 多座墓葬和 30 多个车马坑。由于京广铁路从中穿过，考古学家们便将墓葬区分成了东区和西区。

考古工作者们在西区共发掘了 33 座墓葬和 3 座车马坑。在这些墓葬和车马坑出土的文物中，最有价值的是带有铭文的铜器。比如，在 52 号墓中出土了一件盾饰，背面铸有阳文"匽侯"二字，意思是燕侯，表明了该遗址与西周燕国的关系；再比如，在 54 号墓中出土的铜盘，可以推究出其年代早至商末周初时代。

在东区的黄土坡遗址中，考古工作人员发掘出了许多价值连城的青铜器。比如，在 251 号墓中出土了珍贵无比的"伯矩鬲"，令人惊叹。伯矩鬲形制端庄厚重，纹饰制作极其工细，高浮雕装饰的风格别具一格，而其铭文有"在戊辰，燕侯赐伯矩贝"，由此可知，此物是燕侯赐予伯矩的什物。

在 253 号墓中出土了堇鼎，这是北京地区迄今为止发现和出土的最大的商周青铜器，高达 62 厘米，重达 41.5 千克。堇鼎内壁中铸有 26 字铭文，而这些铭文反映了燕地与周王室的关系，说明了周初召公虽然受封于燕，但由于他长期在宗周担任职务，实际统治燕地的是他的子辈。

到了 20 世纪 80 年代初，考古学者在黄土坡遗址东区又发掘出了 121 座西周初期墓葬以及 21 座车马坑。在这 121 座墓葬中，有 3 座是带有斜坡墓道的燕国高级贵族墓葬。一般大中型墓葬均有车马陪葬，陪葬的车辆大多是拆开后埋放，而这与西区车马坑中的整车埋放截然不同，这就表明了殷人与周人在风俗习惯上的区别。

在这些墓葬中，有大量的随葬品，包括陶器、铜器、漆器和玉、石、玛瑙制作的装饰品。其中，陶器绝大部分是用来陪葬的明器，表面多有饰绳纹；部分铜礼器也有铭文，不过与以前发现的铜器铭文相比较，这些铭文并没有突破性的内容；漆器包括豆、杯、壶、俎等器类，表面多有彩漆绘制成的各种图案。这批漆器的发现，把中国发现螺钿漆器的历史提前了 1500 年，可谓是有着非常重大的意义。

综上，我们知道，在刘李店发现了商周墓葬和夏家店下层文化（相当于商晚期）墓葬，而在黄土坡遗址中又发现了大规模的西周燕国墓葬，且其中个别

西周初　青铜壶　高 46.1 厘米

西周早期 青铜尊 直径 23.1 厘米

西周晚期　颂壶

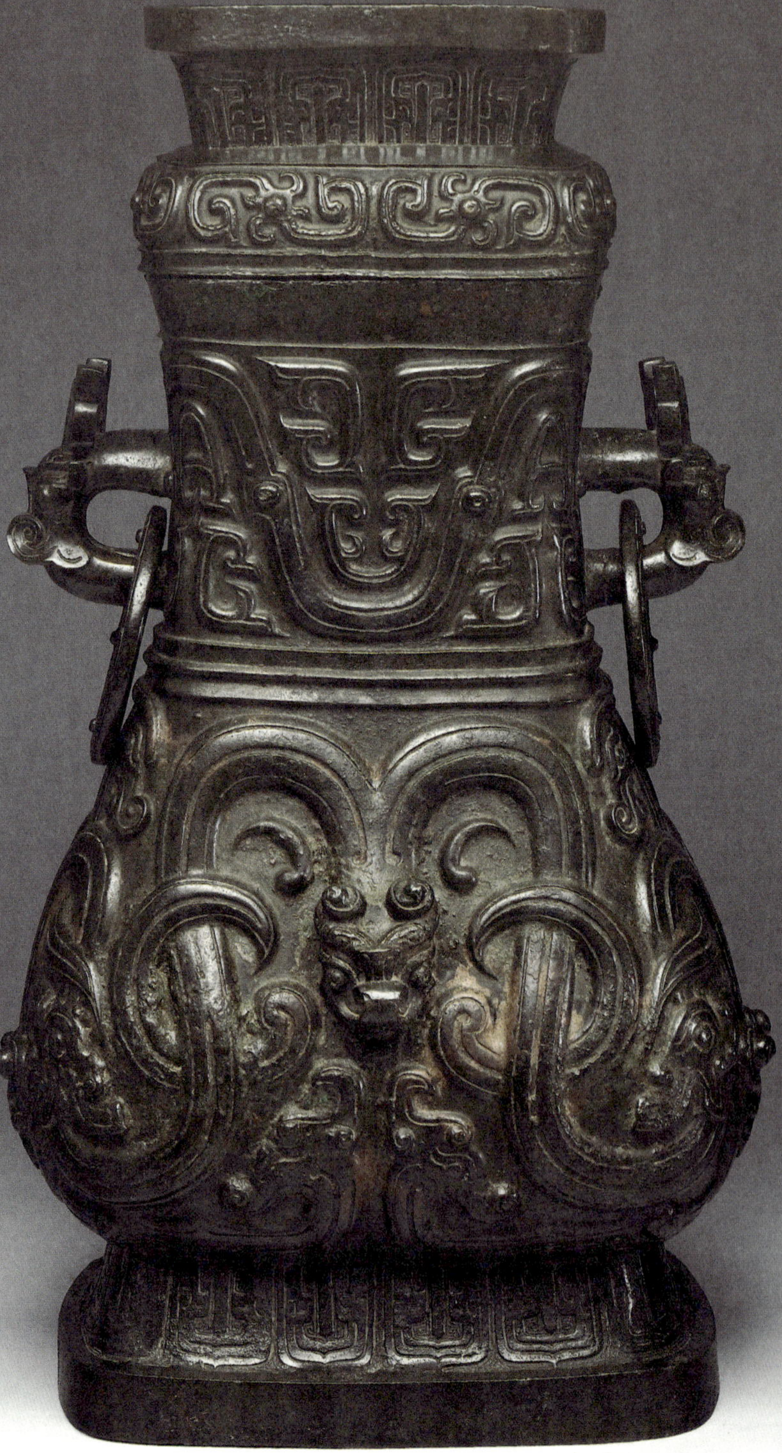

大墓可能是燕侯陵墓，因此我们有理由相信，周初燕国的都城就在附近。

确定北京建城史的大发现

董家林村位于刘李店和黄土坡村之间稍北，考古工作人员在这里又发现了一处古城遗址。董家林都城遗址地面尚存有北城墙和东西城墙的北半部，其中北城墙约829米，东西城墙北段长约300米。

据考证，考古学家认定董家林都城遗址属燕国，其建城年代约在西周初期。董家林都城遗址是北京地区迄今为止所发现的最早的古城遗址，对研究燕国早期的历史与文化有着不可估量的价值。

董家林都城遗址的城墙外有城壕，约2米深，其横断面呈梯形，上宽下窄，在其底部有约10厘米的淤泥层。这就表明，当时人们已经知道利用护城河来保卫城市。

城墙由主墙体和内外护坡组成，其中主墙体下挖有浅基槽，并直达生土层，填土与基槽直至相平，然后墙体再向两侧展宽。主墙体采用封层夯筑技术，夯层约厚5厘米。夯土质地坚硬，呈现纯净的红褐色。由此我们可以知道，当时的筑墙技术已经很发达。

古城外有着相当丰富的古代遗存，在村道两旁的黄土断层中，考古学家们常常会发现混杂着早期绳纹灰陶碎片的灰坑遗迹。即便是在都城遗址的地表，也散落着许多古代的遗物，比如一些农民在耕地时，不时就会翻出陶纺轮等什物。

这座古城的内侧护坡被商末周初墓葬和西周时期灰坑、房基打破，据此可知该城的建造年代应该早于西周初期，大约是商朝末期，甚至还要更早一些。

在董家林古城东南方的不远处，就是黄土坡村，而就在那儿存在着大量西周燕国贵族墓葬群；此外，考古学家再根据董家林古城自身的年代和规模，推断该城就是西周时期的燕国都城。

1986年的大发现，使考古学家的这一判断得到了证实。这年秋，考古队员们发掘了黄土坡东区墓地的1193号墓，而在墓中发现了大量的青铜器。最让考古学家们欣喜若狂的是，在椁室东南部出土了铜罍。这个铜罍之所以让考古学家欣喜异常，是因为上面有 44 字铭文。这些铭文的大意：周王说，太保，你用盟誓和清酒来供你的君王，我非常满意你的供享。这样吧，我命你的儿子克做燕国的君侯，管理和使用那里的人们。

周朝时期，太保这一称谓专指召公，据此我们可以确定，克就是召公的儿子。至于铭文中的周王是否就是周武王，考古学家尚不确定。即便如此，该 44 字铭文依然有着莫大的意义，因为它强有力地说明了北京建城史始于 3000 年前。换句话说，北京历史上最早出现城池的地方，是北京市房山区琉璃河镇的董家林。

根据铜罍上的 44 字铭文，北京建城的年代，被推断为公元前 1045 年，而那一年正是周武王灭商之年。

时至今日，琉璃河的考古工作仍在继续。随着琉璃河考古工作的不断深入，越来越多的历史开始浮出水面，这为学者们对北京古代的城市建设、社会经济以及文化发展水平的研究也提供了宝贵的资料。

齐国故城遗址：姜太公子孙的栖息地

春秋战国，一段充满了战争、无奈、神秘又传奇的历史，像是一位残忍刁钻的美人，纵然我们难以容忍她的恶毒，然而却也同样无法抗拒她的魅力。而作为春秋五霸之首、战国七雄之一的齐国，更是以其发达的经济、开明的政治、强大的军事独霸群雄。在这座充满了传奇色彩的国度里，涌现了太多的历史名人和经典故事，让人难以忘怀，千载余情。而齐国的古都临淄，就好像一位历史的见证人，永久地坐落在这片土地上，用它毫不逊色于这段历史的美丽，为我们展示着那段千年的历史遗迹。

屹立东方600余年的诸侯大国

齐国是中国历史上从西周到春秋战国时期的一个诸侯国。自从西周时齐献公攻杀胡公，将齐都从薄姑迁居临淄（约公元前859年），至齐王建四十四年（公元前221年）秦灭齐，齐都就一直在临淄。中间虽然经历了由田姓齐国代替姜姓齐国的政权更迭，但是临淄作为都城未有改变。

齐国是春秋战国时期最强盛的国家，因此作为齐国都城的临淄，更是整个春秋战国乃至西汉时期齐国最大的商业都市，素来有"海内名都""东方古罗马"的美誉。

齐国故都临淄在今山东省淄博市临淄区辛店北8千米的齐都镇，东临淄水，西傍系水，北为平原，南有牛山、稷山，为鲁山余脉。临淄原名营丘，因东临淄河，被齐献公更名为临淄。临淄故城由大城和小城两部分组成，小城建立较晚，于战国时期建成。小城在大城的西南方，其东北部伸过大城的西南隅，两城互相连接。大城的南北近4.5千米，东西3.5千米，是官吏、平民及商人居住的郭城；小城南北 2 千米，东西 1.5 千米，是齐国国君居住的宫城。两城总面积达 30 多平方千米，正所谓"三里之城，七里之郭"，"筑城以卫君，造郭以守民"。

故城的城墙残垣尚存，夯筑痕迹依稀可辨。据文物部门探测，故城城墙有的呈直线，有的沿河岸蜿蜒曲折，有城墙拐角 24 处。小城周长约 7275 米，墙宽一般在 20～30 米，最宽处达 55～67 米。大城周长 14158 米，墙基均在 20 米以上，最宽处达 43 米。在城垣遗迹中，保留较好的一段是大城西墙南端与小城北墙交接的地方，位于小城北门以西 100 米处。城墙残高约 5 米，全部用泥土分层夯筑而成。

为了更好地保护这些齐国故都的遗址，中国政府在 1984 年建立齐国故城遗址博物馆。齐国故城遗址博物馆建立在齐国故城宫城遗址东部，是以齐国故城大城与小城相互衔接的特殊形制做外形，青砖砌垒，形似古代城堡。齐国故都博物馆中保存了众多的古都遗址，如桓公台遗址、齐故城城墙遗址、排水道口、手工业作坊遗址等，其中有很多建筑和设计即使在今天，仍然会让我们叹为观止。

世界罕见的排水系统

齐国古城临淄总面积 15.5 平方千米，是春秋战国时期最繁华、人口最多的工商业大都市。当我们面对一座富丽堂皇的古都时，可能无暇去想那些与这华丽完全不相干，甚至是有些煞风景的不美好的事物，比如，一整座城市的污水。一座人口众多的大城市，其污水处理问题一直是让人们头疼的，即便是在科学技术如此发达的今天，我们也从未停止过对糟糕的排水系统的抱怨。如今，让时光倒流，回到两千年前繁华的临淄城，在那样不发达的古代社会，你能想象他们是怎样解决 7 万户、30 余万人口的排水问题吗？让我们来探寻答案吧，你肯定会再一次为我们伟大先辈们的智慧所震惊。

齐国古都临淄城，东临淄河，西靠系水，于是聪明的齐人们便以这两道河岸为基础建起了东西两面城墙，并把淄河与系水变成了两道天然的护城河。他们又在南、北城墙外挖筑了人工护城壕沟，使之与淄河系水相互沟通，形成了四面碧水绕城的外部排水护城网。同时根据南高北低的自然地势，在修建城池时周密设计和科学安排了排水道口，以及时排泄自然降水和城内生活废水。

根据勘探得知，临淄齐国故城大城、小城设有三大排水系统，4 处排水道口。

1 号排水系统位于小城西北部宫殿区中心部位，全长约 700 米，宽 20 米，深 3 米，起于桓公台东南方，经桓公台东、北部往西，穿过西城墙下排水道口注入系水。

2 号排水系统在大城西北部，由两条不同走向的排水沟组成。其中南北向的一条，全长 2800 米，宽 20 米，深 3 米，南起小城东北角，与小城东墙和北墙外护城河相接，向北顺势直通大城北墙西部 2 号的排水道口，注入北墙外护城壕。另一条东西向排水沟，长约 1000 米，宽 20 米，系南北向排水沟北段向西分出的一条支流，通过大城西墙北部 3 号排水道口注入系水。这一排水系统承担着大城内绝大多数积水与废水的排泄任务，因此增设了一个排水道口。这样可以在降暴雨时，将骤增的积水迅速排泄出去。

3 号排水系统长约 800 米，止于大城东墙北段的 4 号排水道口，向东注入淄河。上述排水系统在城内都走明渠，只有排水道口从城墙下穿过，与城外护城壕沟相接。

在了解了以上这三种排水系统的严谨布局和巧妙设计后，你可能已经对勤劳智慧的临淄先民们佩服得五体投地了，然而真正让世界都震惊的排水杰作，还没有登场呢！

1976 年，齐国古城遗址博物馆会同省文物考古研究所，在发掘清理了位于大城西墙北段的 3 号排水道口时发现了一处巧夺天工的建筑设计，被誉为同期城郭排水设施建筑史上国内仅有、世界罕见的杰作。这一排水道口东西长 42 米，南北宽 7～10 米，深 3 米左右，用巨石砌成。水口分上中下三层，每层 5 个方形水孔，孔内石块交错排列，水经空隙流出，而人却不能通过，既能排水又利城防，建造十分科学。据专家考证，此排水道口是与大城西墙同时修建的，距今近 3000 年。从临淄作为齐国都城一直到唐代，它使用了近 2000 年。此排水工程，设计巧夺天工、构筑坚固持久，充分显示了齐国人的非凡智慧和高超的建筑技术水平，真可谓是世界排水建筑史上令人叹为观止之作。

春秋青铜鎏金虎噬羊形器座　移交
甘肃省博物馆藏。

春秋战国时期　青铜簠　34.3厘米 × 44.5厘米

战国 鸟柱盆 23.3厘米 × 18.3厘米

四大手工业作坊遗址

众所周知，从春秋战国一直到西汉这 1000 多年的漫长历史里，齐国一直是工商业最发达、人民生活最富裕的国家。而作为齐国的都城，临淄更是富冠海内的天下名都，无论从城市规模、人口密度、工商业繁荣程度，还是市民文化素质，均一直雄踞全国各城市特别是工商业城市之首。作为当时全国的手工业中心之一，临淄可谓是"功盖天下""器盖天下"。临淄的冶金、纺织、制车、制陶、漆器制造、铸镜、铸币等许多手工业都十分发达而且享誉盛名，是当之无愧的手工业科技中心。

如今历史已成陈迹，若想亲眼再见当年临淄的手工业的富庶繁华当然是天方夜谭，但是通过对临淄手工业作坊遗址的探寻，我们还是可以在如今的断瓦残垣中对当时的盛况窥见一斑。

如上文所述，临淄古城分为大城和小城两部分。在大城中部偏西和南部发现了大片战国、汉代冶铁遗址，在东北部和北部发现了东周与汉代制骨遗址，在中部阚家庄东南发现了汉代冶铜、铸钱遗址，而在中部偏南刘家寨周围则发现了大型的夯土建筑基址。此外，在小城南部也发现了炼铁、冶铜和铸钱遗址。综上所述，今已发现临淄四大手工作坊遗址：冶铁遗址、炼铜遗址、铸钱遗址、制骨遗址。

在临淄城内发现的冶铁作坊遗址有 6 处，其中大城 4 处，小城 2 处。小城中发现的两处冶铁遗址中一处位于小城西部，范围南北约 150 米、东西约100 米。另一处位于小城东部，范围南北约 70 米、东西约 60 米。而大城中发现的四处冶铁作坊遗址则分别分布在大城西部、中部偏西、南部和东北部。

炼铜作坊的遗址主要有两处。一处位于小城南部，分两片。一片是在小徐村北，其范围东西约 80 米，南北 100 余米，属下层文化堆积；另一片位于西关石羊村北头，其范围东西约 150 米，南北 100 米，层位与前者相同，皆属东周时期。另一处则位于大城的东北部，位于阚家寨东南及东北方向的"韩信岭"一带，探知这一带地层堆积有四层，铜渣、炉渣、烧土等发现于二至三层之间。第三层是灰绿土，土质坚实，从试掘中知是春秋前期的地层。

已发现的铸钱遗址也有两处，即"齐法化"铸址一处，在小城南部居中安

343

合村南，靠近城墙，范围长宽 200 米左右。西汉"半两"钱铸址一处，位于阚家寨村南一带，村南的东部和西部都有成批"半两钱范"出土，耕土层下即铸钱遗迹。

至于在故城中发现的制骨作坊遗址则主要在大城东北部和北部，分布范围较广。其中比较集中的有四处地方，即崔家庄东北、河崖头村西南部、东古城村以南、田家庄东北。

以上是对已经发现的齐国故都临淄的四大手工作坊遗址的简单介绍，相信随着科学技术的发展和考古学家们的努力，在这座被誉为"地下博物馆"的历史名城的遗址之上，我们还会收获更多的惊喜。

齐国历史的大图谱

在游历过这座千年之前的历史名城之后，您肯定对在这样一座富丽之城中上演了千年历史的国家更加感兴趣了吧？不用心急，齐国的历史和这座临淄故都同样精彩，绝对不会令您失望。追根溯源，让我们穿越到 2000 年前，一起见证一段非同寻常的齐国兴衰史。

被一部著名神魔小说《封神演义》描写得神乎其神的姜太公就是齐国的始祖。姜太公姓姜或吕氏，名望、尚，字子牙，号飞熊，炎帝神农皇帝 51 世孙，伯夷 36 世孙。姜太公辅佐周武王灭商建周，立了首功，因此被分封在齐地，称为齐国君主，始有齐国。

齐国的疆域最初只在今山东北部，东与纪、莱，西南与鲁，北与燕、卫为邻。后来周公旦摄政时期，三监作乱，淮夷叛周，于是周公便命令姜太公向四方征讨五侯九伯，铲除祸乱。自此以后，齐国便有了征伐权，也从此成为周王朝中的东方大国。公元前 685 年，公子小白登上君位，是为齐桓公。齐桓公拜管仲为相，继承发展了太公思想，在国内进行了一系列改革，使齐国很快走上了富国强兵之路。在先后主持了 3 次武装会盟、6 次和平会盟之后，齐桓公终于"九合诸侯，一匡天下"，完成了春秋首霸的伟业，将齐国的繁盛推向了巅峰。

公元前 643 年，桓公卒，齐国失去了霸主地位。至此之后，齐国逐渐走向衰落，卿大夫之间相互倾轧兼并，姜氏齐国名存实亡。直至公元前 391 年，田

成于四世孙田和废齐康公自立为国君，至此，姜氏齐国彻底被田氏齐国所取代，齐国的历史也从此进入了"田齐"时期。

　　齐国进入"田齐"时期以后，强盛依旧。公元前 356 年，齐威王即位后，任用邹忌为相，改革政治，齐国遂越加强大，并成为战国七雄之一。直至战国晚期，秦国统一六国之前，齐国一直都保持着十分强盛的地位，始终是众诸侯国之中屹立不倒的东方大国之一。

　　浩浩荡荡的一部齐国历史，犹如一条奔流的长河在我们面前翻滚。这条长河中激荡着的滚滚浪花，就像是这部齐国历史上涌现出的一个又一个传奇人物。在历史面前我们都是微若尘埃的，纵使那些英雄伟人，也终究是要被巨浪淘尽的。然而尽管历史是残酷的，岁月是无情的，可是站在这座千年故都的遗址之上，触摸那些断壁残垣，回想着那些流传至今的动人传说，或许我们能感受到历史的真实，就仿似故事仍在继续，且从未曾离开过。

南越王宫署遗址：广州的三宝之一

苏东坡的一句"日啖荔枝三百颗，不辞长作岭南人"勾起了多少人对广东岭南的向往之情。可是除了岭南的荔枝、岭南的神山秀水、岭南的异域风情之外，还有一件岭南独有的"宝贝"，更是不可错过。这就是人称广州"三宝"之一的南越王宫署遗址。广州的另外"两宝"，一是秦代造船工场遗址，二是西汉南越王墓，能和这"两宝"齐名，由此也可看出南越王宫署遗址在后人心目中的重要地位。

让时光倒流回2000多年前的秦汉时代，想象着一位横刀跨马的非凡将军，浩浩荡荡地驰骋在岭南这片美丽而又神秘的土地上，凭借超人的智慧与勇气建立起一座气势磅礴的南越王朝。仅凭着脑海中的想象，这画面就已经足够震撼人心了。然而更加值得庆幸的是，这座神话般存在了不到百年的南越王宫并没有就此沉没于历史的浩瀚海洋之中，在2000年后的今天，我们仍然可从那些残砖断瓦中寻得故事的端倪。

开发岭南第一人：赵佗

毛泽东曾评价赵佗，说他是"南下干部第一人"。这是一句幽默的赞美，但并不是过誉，因为赵佗真的是开发岭南的第一人。赵佗在岭南名头很大，他曾是岭南的"拓荒者"，同时，也是第一代"南越王"。

赵佗是河北省正定（真定）县人，19岁时便获赐护驾御剑随秦始皇出巡。公元前219年，赵佗被封为秦军副帅，随主帅任嚣率领50万大军征战岭南。公元前214年，岭南正式划进了大秦版图，秦始皇在岭南设立了桂林郡、南海郡和象郡三郡，并委任赵佗为南海郡龙川县令。赵佗上任后，采取了"和辑百越"的民族政策，并上书朝廷，要求从中原迁居 50 万居民至南越，这样既可促进民族融合，又有利于休养生息。

公元前 208 年，南海郡尉任嚣病重，临终前将南海郡尉一职委任于赵佗，并嘱咐他伺机而动，以免受中原祸乱的危害。任嚣死后，赵佗立刻集合军队，兼并了桂林郡和象郡，并大量安插自己的亲信，掌控了全局。终于在公元前 204 年，赵佗创立了南越国，自号"南越武帝"。

公元前 196 年和公元前 179 年，南越国曾先后两次臣属于西汉，称为西汉的"外臣"。公元前 112 年，南越国末代君主赵建德与西汉发生战争，被汉武帝于公元前 111 年所灭。南越国自赵佗建国以来，历经五代君主，共存在 93 年。

南越国是岭南地区第一个封建王国，它的建立保证了秦末乱世岭南地区社会秩序的稳定。来自中原地区的赵佗，十分重视汉民族的文化，他将中原先进的政治制度和生产技术引进岭南，使岭南地区落后的政治、经济状况得到了有效的改善。南越国赵佗推行的"和辑百越"政策，也促进了汉族和南越国各个民族之间的相互融合。正是从赵佗开始，岭南才有了人类文明的标志——城堡和文字，岭南社会经济发展进入了新的历史时期。正因为赵佗的英明领导，岭南的百姓才得以安居乐业。因此历史上也流传着许多赞颂赵佗的诗篇，这些也都充分表明了百姓对他的崇敬和怀念。

这就是充满了传奇色彩的南越王和他所建立的显赫一时的南越王朝。虽然短暂，却足够回味。

中国最早的御花苑遗址

南越国遗址中的御花苑遗址是在 1995 年被发现的，在遗址中发掘出方池、弯月池、曲渠、平桥、步石等宫殿园林的遗迹。南越国宫署御花苑，建筑时间比北京的颐和园和承德避暑山庄要早 1000 多年，是中国年代最早的宫苑遗址，是名副其实的中国园林之最。

早在 1984 年，专家们就在中山四路忠佑大街电信局电信枢纽大楼工地上发现了南越国御花苑的一个大型的石构蓄水池，面积大约 4000 平方米。水池距离地面约 8 米，是用冰裂纹密缝石板铺砌而成，池壁呈斜坡形，池底平整，用碎石和卵石平铺，向南还埋有木质的输水暗槽。石池中散落有八棱石柱、石栏杆、石门楣、大型铁石柱、铁门枢轴、"万岁"瓦当、绳纹板瓦、筒瓦和铺地印花大砖，还有一段木船桨。据分析，水池可荡舟，池边应该还有石构廊榭或凉亭等建筑。水池中的建筑为国内首次发现的石构建筑，被认定为秦汉时期南越国的王宫遗址。

不得不提的是水池中的 95 厘米 ×95 厘米的铺地大方砖，如此大型的方砖堪称全国之最。而且这样大型、平整、古老的方砖，在烧制时竟然没有变形，由此可见，当时的烧砖技术已经达到了相当高的水平。此外水池中石刻"蕃"字、"赀"字和"阅"字，也是在岭南地区发现年代最早的石刻文字。

等到 1997 年时，专家们又在外商计划兴建 5l 层信德文化广场的地下 3 ～ 5 米处发现了宫署御花苑的全石构曲流石渠。石渠长 150 米，已发掘 4000 平方米，是一处人工园林水景。石渠迂回曲折，由西向东延伸，渠底铺满了黑

色卵石。东头有弯月形石池，西头有石板平桥和步石，外连曲廊。弯曲石渠当中有两个用以限水和阻水的渠坡，以形成碧波和粼粼水景。石渠还连接着一座大型蓄水池用来引水，并有木质的暗槽出口将水排入珠江，以保持水流长年不断。御花苑曲渠设计科学，建筑精巧，充满情趣，是一处古代山水园林建筑精品。

说到建筑，众所周知，中国古代的建筑大多是木架结构或者砖木结构，可是这座我国最早的皇家园林却恰恰采用了类似罗马古城的石杨建筑，这在我国秦汉时期的遗址中可是独一无二的。也有不少人因此揣测，是否是在番禺时便已有西方的建筑技术传入中土了呢？答案至今仍不得而知。不过再细细研究南越国御花苑遗址的建筑，不难看出，其曲渠弯流，隔景借景，小巧玲珑，把大自然山水缩微于庭院之间的建筑风格，是典型的东方园林特色，完全不同于西方园林一览无余的人造园林风格。抛开种种疑虑和猜测，我们不妨把罗马的石构建筑技术和东方造园风格相结合的建筑风格当作南越国宫署御花苑的独创，这也算是我国建筑史上最早进行中西结合的庭院。

秦汉　香炉

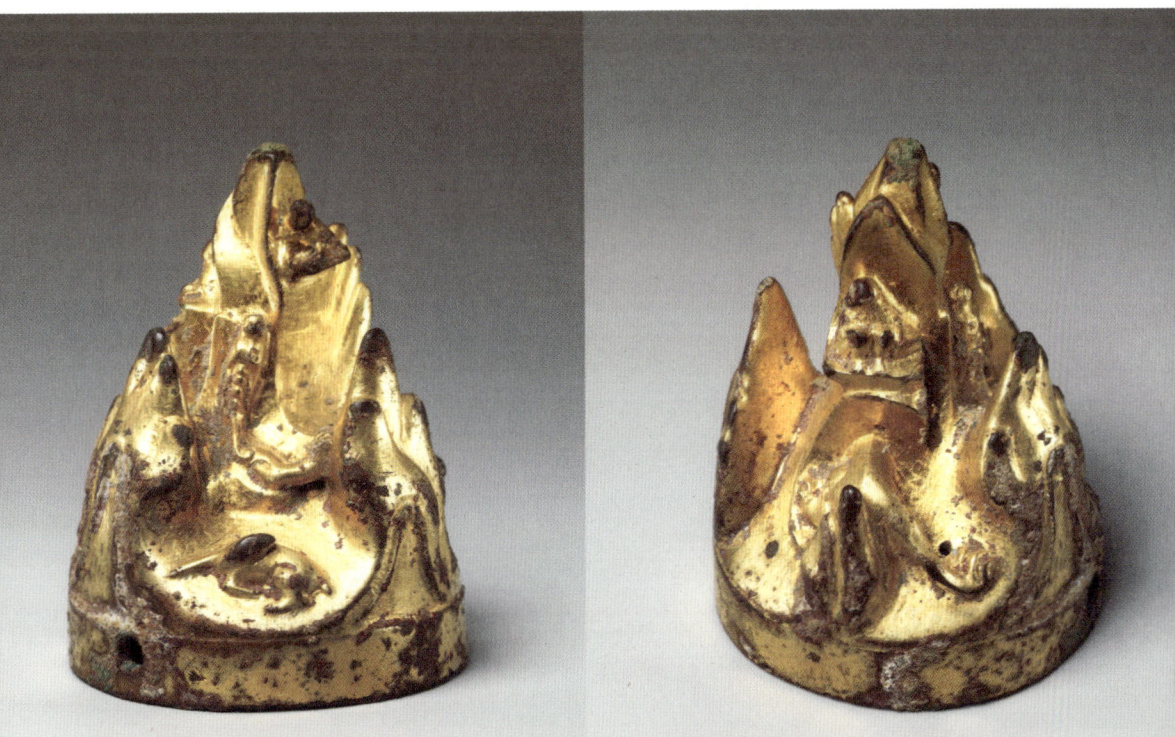

西汉早期　螭纹镳

青铜温酒器

西汉　玉神鹰玉珮

才露一角的南越王宫殿

南越王宫殿遗址是南越王宫署遗址三个重要组成部分之一，另外两个部分分别是，上文介绍的南越王宫苑的遗址和 2000 年发现的城市中心的遗址。南越王宫殿是考古工作者在 2000 年年初发现的，王宫的中心是约 500 平方米的 1 号宫殿遗址，在这里我们可以清楚地看到 2000 年前两条南越王宫殿的"散水"，1300 年前的唐代铺砖廊道，1000 年前的四列南汉宫殿的"磉墩"基槽，以及各种建筑结构的遗址。

在 1 号宫殿遗址的坑底有一行卵石铺就的石带。卵石带的作用是承接雨水的"散水"，所以通常铺在古代皇宫房檐下的地面上。在汉代建筑结构中，以卵石做"散水"是有阶级限制的，如果在宫殿屋檐四周地面全部铺上"散水"，是皇宫的标准，只铺两边是王的标准。从已经发现的遗址现场来看，宫殿北面和东面都铺了卵石"散水"。按照中国建筑对称的规律，尚未出土的西面和南面也应该铺有卵石"散水"。由此可以看出，南越王的这座宫殿是完全依照汉代皇宫的标准建造的。由此，我们也可以畅想一下南越王当年八面威风的盛况了。

目前出土的只是南越王宫殿的一角，还不到整个宫殿群的 1%，还未露出宫殿的主体部分。从已经出土的部分加以推测，我们可以看出，宫殿形制是模仿西汉的长安城建造的，宫殿中有规模庞大的排水系统。1 号宫殿位于赵佗城的东南方，其东南面是御花园，很有可能是模仿长安城的长乐宫建造而成。而在其西面的 2 号宫中的"散水"面上出土的一块陶器残片上印有的"华音宫"三字，这表示 2 号宫殿可能名为"华音宫"。

在南越国宫殿遗址旁，还发现了南汉国宫殿的遗址。该遗址建筑面积约有 1000 平方米，在发掘现场西部和南部也各找到其他宫殿的铺砖铺石板地面，做工同样精美。

南越王宫殿刚刚才露一角，就已经给我们后人带来了足够的震撼，随着科学技术的发展和考古工作的不断努力，相信在不远的将来，我们就能彻底地解开这座神秘古堡的面纱，再次回到那个繁华一时的南越王国，重新感受一次它的威严美丽。

隋唐长安城遗址：当时世界上最大的都市

在漫长的中国历史上，涌现出了许多著名的古城，而长安便是其中的佼佼者。

长安，取"长治久安"之意，是中华文明及东方文明史上最负盛名，同时也是最有影响力的全球著名都城。

闻名世界的丝绸之路的起点就是长安。长安在其发展的极盛阶段，一直充当着世界中心的地位，吸引了大批外国使节与朝拜者的到来。在建都长安的诸多朝代中，汉朝、隋朝和唐朝都是中国历史上最强盛的时代，当时的长安已成为国际性大都市。

那么，这座闻名遐迩的繁华古都是如何建立起来的？为何被看作中国古代都城建设的典范？它又经历了哪些令人痛心疾首的灾难呢？现在，就让我们沿历史的长河逆流而上，进入长安那片繁华之地吧。

隋唐盛世的繁华帝都

长安的地点由于历史原因有过迁徙，但大致位于现在中国陕西的西安和咸阳附近。长安历史悠久，建都时间超过 1200 年，先后有 17 个朝代及政权曾建都于此。

毋庸置疑，长安古都是中国历史上建都朝代最多的都城，也是影响力最大的都城。长安当之无愧地成为中国四大名城之首，为万人敬仰。中国长安、希腊雅典、意大利罗马与埃及开罗并称为四大文明古都，可见长安的世界影响力。

隋文帝杨坚篡北周建立隋朝后，开始考虑建都的问题。最初他把都城定在汉长安城，不过他对汉长安城很快就不满意了，因为当时的汉长安历经长期战

隋　烛台　高 20.1 厘米

唐三彩骆驼 高 79.4 厘米

乱，可谓是年久失修、破败狭小，再加上这个地区环境污染严重，不能体现出君王的威严。隋文帝很快便做出了一个决定，那就是另建一座新城。

开皇二年，也就是 582 年，隋文帝在长安城东南龙首塬南面选了一块上好的地方，"川原秀丽，卉物滋阜，卜食相土，宜建都邑"。隋文帝命人在此建造新都，新都定名为"大兴城"。大兴城的面积达 84 平方千米，主要由建筑学家宇文恺（这个名字将会永久地载入史册）主持规划建设，先造大兴宫城，后造皇城。

一年以后，施工队员在城西侧开挖龙首渠、永安渠和清明渠，引浐水、交水与潏水，直通宫城。后由大兴城东凿 300 余里至潼关，名为广通渠，引渭水注入渠中使漕运直通黄河。605 年，建通济渠运河，自大兴至江都，即今天的扬州。608 年，又兴建永济渠运河。大业九年（613 年）又动用 10 万余人修筑大兴城外郭城，大兴城的总体格局至此形成。

618 年，中国历史上发生了一件大事，那就是唐朝建立。这一年，李渊称帝，建立唐朝，并改大兴为长安。在唐朝，大兴（也就是长安）得到进一步的修建与完善。唐太宗年间与唐玄宗年间，长安城内先后增建了大明宫和兴庆宫等宫殿。

长安城周长达 35.56 千米，面积约 84 平方千米，相当于现在西安城墙内面积的 9.7 倍，相当于汉长安城的 2.4 倍，隋唐洛阳城的 1.8 倍，元大都的 1.7 倍，明南京城的 1.9 倍，明清北京城的 1.4 倍，相当于 447 年所修君士坦丁堡的 7 倍，800 年所修巴格达的 6.2 倍，古代罗马城的 7 倍。通过这一系列的对比，长安的规模可见一斑，尤其是到了盛唐时期，长安无疑是当时世界上规模最大、最为繁华的国际都市。

在世界历史上，第一个达到百万人口的大城市就是唐长安城。在唐都长安中，聚集了各类人口，除居民、皇族、达官贵人、兵士、奴仆杂役、佛道僧尼以及少数民族外，外国的商人、使者、留学生和留学僧等总数少说也有 3 万人。在当时，有超过 300 个国家和地区来长安与唐通使。

大唐的科技文化、政治制度以及饮食风尚等，都要通过长安传播到世界各地，因此，长安是盛唐时期重要的枢纽城市。长安的重要性还体现在，传播进来的西方文化通过长安城消化以及再创造后，又辗转传到周边的许多国家，如日本、朝鲜、缅甸等国家和地区。唐长安成为世界西方和东方商业、文化交流的汇集地，不愧是当时世界上最大的国际大都会。

中国古代都城建设的典范

前文介绍过，唐都长安的前身是隋代帝都大兴城，也就是说，长安是在大兴城的基础上经过增修与扩建而形成的。长安城规划气势恢宏、构思奇伟。整个城市由郭城、皇城和宫城三部分组成。其中，宫城为皇室所在地，皇城则为百官之所，而郭城，则是一般贵族和普通居民的居住与活动之所。

城内有三大宫殿群，即太极宫、大明宫、兴庆宫。其中，大明宫含元殿高大雄伟，超过北京故宫三大殿的规模。城内有 11 条南北大街以及 14 条东西大街。城内街衢极为宽广笔直，其中，位于中间的朱雀大街宽度达 150 米，贯穿唐长安城的南北，无疑是全城的主轴。其他通城门大街宽度亦在 100 米以上，最窄街的宽度也在 20 米以上。

部分大街用黄沙铺垫，以减少尘土。道旁有排水沟，种植榆槐和果树。甚至还有类似于现代的高架桥的立体交通的"复道"，又叫"阁道"。复道为封闭式，旁开小窗，可见外面的景色。城东北的大明宫到皇城东南的兴庆宫，再从兴庆宫到最南端的曲江池，都有复道，南北跨过整个城市，长度达到 10 千米以上，复道是皇家的专用高速路。

长安城中东西、南北交错的 25 条大街，将全城分为两市一百零八坊，坊内即住宅区或寺庙。坊周围以高墙围起，开启四门沟通内外，坊内街衢四通八达。

与现在的西安迥然有别，唐都长安从不缺水，有"八水绕长安"之说，更何况长安城又通过龙首渠、永安渠、清明渠引浐水、镐水、汉滽水入城润泽。考古发现，长安城里广泛分布着池沼，数量众多。这些池沼风景秀美，还可作为船只码头，东市、西市这两大贸易重地内大水池就是为了运输以及为两市提供用水而开凿的。

长安城水路可谓是四通八达，李太白有诗为证："李白斗酒诗百篇，长安市上酒家眠，天子呼来不上船，自称臣是酒中仙。"当时还有一位叫作伊本·瓦哈卜的巴士拉商人到过长安，他为长安的景象所深深迷醉，描述道："城市大，人口多，一条宽阔的长街把全城分成了两半。沿街开凿了小河，淌着潺潺流水；路旁，葱茏的树木井然有序。"

有水之利，更使得长安城中的园林数不胜数。根据史料，共有 35 坊 140 处有池沼和池林的园林。遥想当年，长安城树木蔚然，花草丛绿，何等美景！城内有四条沟渠提供生活和环境用水。城东南角有一座人工园林——芙蓉园，园中有曲江池。

在中国古代都城的建设中，唐长安堪称典范。长安的都城建设，也为紧邻国家的都城建设带来了深远的影响。比如，日本的平城京与平安京以及渤海国上京龙泉府都在很大程度上受到了长安城建城规划的影响。

300 年帝都沦为废墟

长安人口逾百万，锦绣繁华，是名副其实的世界性大都市。然而令人遗憾的是，在 881 年，长安遭到了一场浩劫。那时候恰值唐末黄巢起义，黄巢军攻占长安。有史料记载"黄巢力战不胜，焚宫室遁去"；唐政府军收复长安，几乎同时"官军暴掠，无异于'贼'。长安室屋及民，所存无几"。

正所谓"破窗更遭连夜雨，漏船又遇打头风"，长安刚刚经历了这一场浩劫，还没缓过劲儿来，就接着遭到了一场更大的灾难。正是这场大灾难，彻底摧毁了长安古城。唐天佑元年，即 904 年，为万世唾骂的军阀朱温在这一年元月，命令其部将出兵，强迫驱赶唐昭宗皇室及长安士民东迁洛阳，"壬戌，（唐昭帝）车驾发长安，（朱温）全忠以其将张廷范为御营使，毁长安宫室百司及民间庐舍，取其材，浮渭沿河而下，长安自此遂丘墟矣"。

士人与百姓被驱赶，被强行迁徙，处处皆闻悲伤的痛哭声。人们痛骂："贼臣崔胤召朱温前来颠覆社稷，使我们颠沛流离到这种地步！"百姓扶老携幼鱼贯而行，月余不绝。不仅皇帝百官和士民百姓迁徙，朱温还拆毁了长安的宫室、百司及民间庐舍，拆下的材木都由渭河和黄河顺水而下，运到洛阳，唐长安城沦为废墟。

到洛阳后，朱温给养子朱友恭发了一道密旨，命他杀死唐昭帝及其所有子孙，只留下第九子为帝。907 年，唐哀帝禅位，朱温登上了梦寐以求的"后梁"

皇帝宝座，大唐帝国终于在洛阳结束了一个伟大的时代。朱温以他最后的下场证明了"恶有恶报"这四个字的合理性：被亲生儿子所杀，成了刀下鬼。

从此，长安这座世界名城彻底化成了废墟，退出了世界历史舞台的中心。这座古城屹立在关中平原上300多年，隋唐的易代、宫室的内讧以及安史之乱、吐蕃入侵、黄巢起义等多次动荡都不至于让此皇都城毁灭，到最后，反被一个军阀彻底毁灭掉。

朱温摧毁了当时世界上最大、最规整、最宏伟壮丽和文化最为发达的一座城市，摧毁了世界文明的中心，长安成了永远的废都。"百千家似围棋局，十二街如种菜畦"的坊里城郭自此隐没。

后来，虽然驻守长安的节度使韩建改建长安城，但人口日稀，"巨星"渐渐失去了光彩，其后千年也难以重现汉唐繁华。

朱温毁掉了长安城，不久中国再次陷入动乱和战火之中，随后的1000多年虽有大一统强盛的朝代出现，但都无法达到大唐在世界范围内军事、政治、文化的崇高地位。

北京元大都遗址：城市文明发展的实物遗存

提起汗八里城，可能有些人不知所云。但是，如果说起它的另一个名字，恐怕没有人不知道。因为，汗八里城的另一个名字叫作北京元大都。自元世祖忽必烈至元四年（1267 年）至元顺帝至正二十八年（1368 年），元大都为元朝国都。其城址位于今北京市市区，北至元大都土城遗址，南至长安街，东西至二环路。

北京元大都的建筑形式、建造方法和规划设计极为周密严谨，令人慨叹。如今几百年过去了，元大都的城墙已经被列为北京市重点文物保护单位。

今日京城的奠基者

北京元大都位于北京市旧城的内城及其以北地区，始建于元世祖至元四年，也就是公元 1267 年。北京元大都以金代大宁宫为中心创建，七年以后建成宫城，又过两年大城，也终于竣工。到了至元二十二年，元颁布从金中都旧城迁居大都新城的占地办法，开始全面营建大都。

在元世祖忽必烈时期，元大都城的规模已经基本定型，从此跻身为世界性著名大都市的行列中。元朝灭亡以后，由明朝取而代之，元大都也被改造为明北京城。

在 20 世纪 30 年代，考古学家就已经着手对元大都进行研究与考察了。当时供职于中国营造学社的梁思成等人从文献以及地面遗迹调查资料着手，开始探讨元大都的平面布局与规划。到了 20 世纪 50 年代中期，清华大学教授赵正之对元大都的城市规划做了比较全面的研究，甚至复原出了街道系统以及其他若干重要建置。很快，赵正之提出了元大都的中轴线即北京城中轴线的新论点，

元 玉犬 长4.4厘米

元 唐草纹炉方炉 长4.4厘米

而这一新论点立即引起了巨大反响。

从 1964 年到 1974 年的 10 年间，中国科学院考古研究所和北京市文物工作队共同勘察了元大都的城垣、街道、河湖水系等诸多遗迹，并发掘了十余处类型各异的居住遗址与建筑遗存，同时对元大都的平面规划做出了复原。

可以说，元大都是在荒郊野岭上平地起建的。元大都的平地而起，建立了中国封建社会后期都城的典范。元大都在很大程度上称得上承袭了宋朝都市的模式，而不同于先期建筑的元上朝。据目前所知，元大都是最典型的开放式街巷。

三重城垣、前朝后市、左祖右社，有九经九维的街道和标准的纵横街巷制的街网布局，而这种街网布局沿袭了下来，并一直沿用至今。由此我们就可以看出，元大都在中国都城发展史上的重要地位。

此外，元大都的布局还有另一个很重要的特点，那就是宫城位置的变化。元大都的宫城位于全城靠南的中央地区，而皇城包围着宫城，在皇城的外面筑有大城，这样就形成了重城式布局，而这种重城式布局是以宫城为中心的。

与隋唐时期都市的布局相比，元大都的布局的确有很大不同，而这种不同之处还体现在宫城的地位在全城之中更加突出，而在防卫体系中也更加具有安全感。不止于此，元大都在城市规划中还特别注意促进商业的发展，并有发达的给排水系统和完善的军事防御，对内监督设施。

毋庸置疑，凭借宏伟的格局与整齐的规划，元大都的精美建筑构筑了一个伟大而不朽的东方神话。元大都在中国都城建筑史上留下了浓墨重彩的一笔，为后人永久赞叹。

北京城址变迁的实迹谱

北京元大都的平面图呈长方形，南北走向上有 7600 米长，东西走向上有 6700 米宽，其面积有大约 50 平方千米。元大都的城墙为夯土筑造而成，有 11 座城门。东西城墙即是明清时期北京内城的东西墙，而南城墙在今东西长安街稍南，北城墙在今安定门小关与德胜门小关一带。

其皇城位于外城的南部中央位置，俗称阑马墙，为扁长方形，墙基有 3 米左右的宽度。东墙在今南北河沿西侧，西墙在今西皇城根，南墙在今东、西华门大街以南，北墙在今地安门南。而宫城偏在皇城东部，其南门的位置在今故宫太和殿的位置上，而北门在今景山北部，现在已经发现了它的夯土基础。

宫城的东、西两垣约在今故宫的东、西两垣附近，然而在明代的时候，墙基就已经被拆除改建，而残存处最宽的地方有约 16 米。城中南部有南北纵贯的太液池御苑区，而西部则是宫殿群，包括兴盛宫、隆福宫和太子宫。东部为宫城，大部与今故宫重合而略偏北。宫中前朝大明殿。后朝延春阁，采用宋元时通行的"工"字形台基。南北大路纵贯宫城中央，即是元大都的中轴大路，于景山北墙外发现的南北大路遗迹，有 20 米之宽。

这一发现意义重大，纠正了元大都中轴线偏西的错误说法，证实了元大都的中轴线与明清北京的中轴线相沿未变。

在元大都的东北部发现街道遗迹，主干大街九纵九横，而在其东西两侧，等距离地排列着许多东西走向的胡同。进北京内城从朝阳门到东直门之间排列着多达 22 条东西向的胡同，这就说明时至今日，北京内城许多街道和胡同，基本上仍保留着元大都街道布局的旧迹。在元大都，有三个大型市场，包括海子北岸至鼓楼一带市场，今西四丁字街一带市场以及枢密院角头市场。

在元大都城内，河湖水系可以分为两个供水系统，包括漕运水系和宫苑用水系统。其中漕运水系是由高梁河、海子与通惠河构成；而宫苑用水系统是由金水河与太液池构成。

高梁河引白浮诸泉与瓮山泊水，从和义门北入城，汇聚为积水潭，横贯大都西城中部，范围较今太平湖、什刹海和后海较大。通惠河从今地安门桥下东南流出大都南城垣，东至今通州区，在皇城东北角有 27.5 米左右的宽度。金水河在大都城内的流向，在文献上已经找不到具体而清晰的记载，通过考古钻探，才第一次将其揭示出来。引玉泉山水的金水河从和义门南 120 余米处入城，然后沿今北沟沿南行，然后再向东转，到今灵境胡同西口内分为两支，一南一北，其中北支沿皇城西墙外向北流，继而再向东流去，入太液池北岸；而南支入太液池，然后再从崇天门南面的周桥下往东流入通惠河。

元大都遗址

1969 年，当拆除西直门箭楼的时候，考古工作人员发现了压在箭楼之内的元大都和义门瓮城城门，而在门洞内有至正十八年（1358 年）的题记。城楼建筑已经被拆去了，只剩下了城门墩台和门洞。城门残高有 22 米，门洞有 9.92 米长，有 4.62 米宽，内券高 6.68 米，而外券则高 4.56 米。

楼上尚存有一些灭火设备，而木门已经被拆去，只剩下城门轴的半球形铁"鹅台"与门砧石。在元大都的东、西垣北段与北垣西段发掘出了水涵洞遗迹，共有三处，它们均是向城外泄水的设施，其中保存得最好的是北垣的一处。

涵洞的两壁与底部都是用石板铺砌而成，而涵洞的顶部用砖起券，中部装置着一排断面成菱形的铁栅棍。涵洞的地基满打"地钉"，再在地钉上面横铺"衬枋石"，而这正是宋元时代闸坝地基的通行做法。至今西四地下发现了排水渠，而这些排水渠分布在城内大街两旁，是用石条砌筑的明渠，1 米宽，1.65 米深，在通过平则门内大街时，顶部加盖了石条。

元大都居处遗址共发掘出十余处，其中以后营房胡同的居住遗址最为重要。后营房胡同的这一居住遗址是一所大型住宅，主院的正房建立于台基之上，前出轩廊，后有抱厦，在正房的前面有东西厢房。东面正房的平面呈"工"字形，也就是说，南房与北房以柱廊相连，而这也是宋元时代最为流行的一种建筑形式。对于这种建筑风格，《马可·波罗游记》曾有过详尽的描述。

元大都遗址是北京城市文明发展的见证和实物遗存，是今人研究北京城址变迁的重要实迹，对于北京市文化历史的探源与发展有着积极作用。正是基于元大都遗址的重要意义，中国政府在元朝的首都大都土城遗址的基础上，建造了北京元大都城垣遗址公园。

元　均瓷茶碗　9.4厘米 × 20.1厘米

元

景德镇窑青白瓷菩萨像　高 29.8 厘米　宽 17.1 厘米

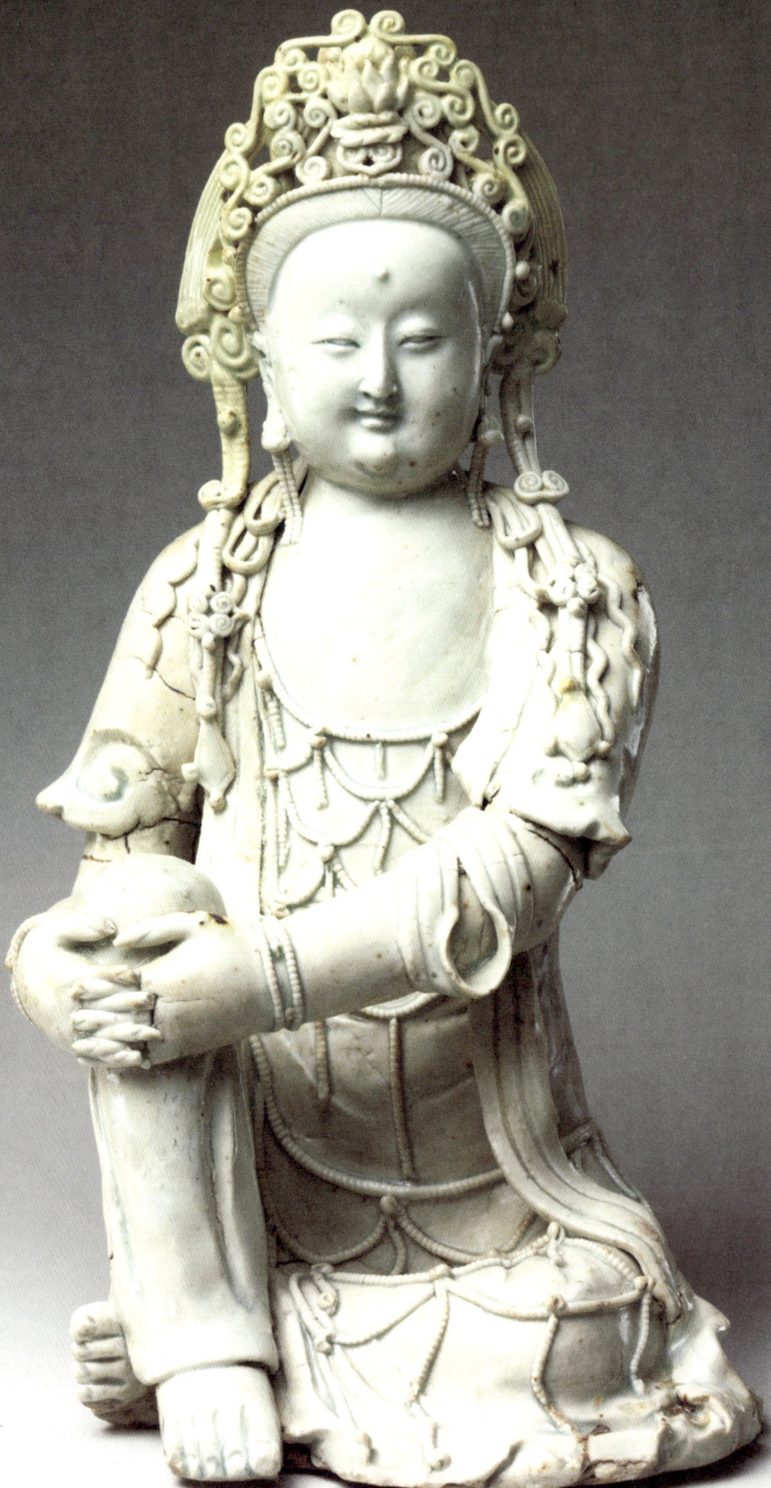

图书在版编目（CIP）数据

考古现场：再现消逝远去的古代场景 / 朱真著 . --
北京：台海出版社，2021.2（2022.6 重印）
ISBN 978-7-5168-2824-3

Ⅰ . ①考… Ⅱ . ①朱… Ⅲ . ①考古—通俗读物 Ⅳ .
① K85-49

中国版本图书馆 CIP 数据核字（2020）第 237938 号

考古现场：再现消逝远去的古代场景

著　　者：朱　真	
出版人：蔡　旭	封面设计：新华尤品
责任编辑：赵旭雯	

出版发行：台海出版社

地　　址：北京市东城区景山东街 20 号	邮政编码：100009

电　　话：010-64041652（发行，邮购）

传　　真：010-84045799（总编室）

网　　址：www.taimeng.org.cn/thcbs/default.htm

E - m a i l ：thcbs@126.com

经　　销：全国各地新华书店

印　　刷：三河市嘉科万达彩色印刷有限公司

本书如有破损、缺页、装订错误，请与本社联系调换

开　　本：710 毫米 ×1000 毫米	1/16	
字　　数：365 千字	印　　张：24.25	
版　　次：2021 年 2 月第 1 版	印　　次：2022 年 6 月第 2 次印刷	
书　　号：ISBN 978-7-5168-2824-3		

定　　价：68.00 元

上架建议：历史·考古

ISBN 978-7-5168-2824-3

9 787516 828243 >

定价：68.00元